武蔵御嶽神社及び
御師家古文書学術調査団◉編

武州御嶽山の史的研究

岩田書院

序　文

武州御嶽山(現・武蔵御嶽神社　東京都青梅市御岳山一七六)は、古くから関東屈指の山岳信仰の霊場として広く知られ、社伝によると天平八年(七三六)に僧行基が吉野金峰山から蔵王権現を勧請した時に始まるといわれている。中世以降、「金峰山」「武蔵国金剛蔵王権現」と称され、関東における蔵王信仰の中心として人びとの信仰を集め繁栄してきたと考えられている。徳川家康の関東入国後の天正十九年(一五九一)十一月には朱印地三〇石の寄進をうけ、江戸時代初めには徳川幕府の祈願所となり、慶長十一年(一六〇六)と元禄十三年(一七〇〇)には徳川将軍家によって社殿の造営が行われている。江戸前期の明暦四年(一六五八)以後、山内の運営は神主・社僧・御師の三者による合議制によって進められその運営は特異な形態がとられていた。江戸中期頃からは火難・盗難・病気などの守護神、また豊作などを祈願する作物神として広く庶民に信仰されていたが、その信仰は御師による布教活動によって御嶽講が組織されて行われており、明治以降、その信仰圏は関東全域から、東海・甲信越まで及んでいた。

ところで古くからの歴史を有する武州御嶽山については、本書に掲載した武州御嶽山の「文献解説」や「文献目録」でも触れているように、戦前から歴史研究の対象となってきており、特に一九七〇年代からは一書にまとめられた武州御嶽山史の本格的な研究書も刊行されてきている。そのような中にあって武州御嶽山には、江戸時代以来、一山を合議によって運営してきた旧神主家と御師家が存続しており、それらの家には貴重な古文書がほぼ未調査の状態で所蔵されていた。

そのため、一九九五年十月から法政大学と青梅市教育委員会は共同で「武蔵御嶽神社及び御師家古文書学術調査団」を組織し、それら古文書の保存と活用を目的とした学術調査に着手し、二〇一六年三月まで二十年余の歳月をかけて、古文書の整理と目録作成、整理した古文書のマイクロフィルム撮影、さらに史料集や市民向け図書の刊行などに取り組んできた。

本書は、そのような調査過程で得られた成果を調査団のメンバーが各自の問題関心にもとづき執筆した研究論文と、文化財年表、先行する研究文献の解説と目録などを一冊にまとめた研究書で、掲載した研究論文は近世初期から近代に至る武州御嶽山の歴史を深く掘り下げ論述したものである。本書の刊行によって、今後の武州御嶽山史研究が深化するとともに、山岳信仰史研究の一助になることを願っている。

本書刊行にあたり、調査に深いご理解とご協力を賜わった武蔵御嶽神社および御師家の方々、ならびに長年にわたって調査研究にご支援をいただいた法政大学と青梅市教育委員会に対し、この場を借りて改めて御礼を申し上げる次第である。

二〇一八年二月一日

武蔵御嶽神社及び御師家古文書学術調査団　団長

馬場　憲一

武州御嶽山の史的研究　目次

大久保長安と武蔵御嶽神社

村上　直

ご紹介いただきました村上です。実は私は五十三年前に七年間、多摩において生活したことがあります。多摩に住みましたが、後にいろいろな都合で都心のほうへ行って、それから今は川崎市のほうにいます。川崎というのはこの多摩川の下流で、青梅から川を辿って行くと川崎の私の家のそばへ行くことができます。

それから、私の家の周辺の地域からは、武蔵御嶽山への講中がかなりあります。私の家の周辺の下小田中百人講、市ノ坪御嶽講。宿河原講、木月下町御嶽講など随分あって、この青梅の武蔵御嶽神社との関係を非常に身近に感じている次第です。

今日は、法政大学と青梅市との共同のプロジェクトで研究している御嶽神社の史料が段々固まってきました。武蔵御嶽神社の金井俊雄さんをはじめ、皆さんのご協力によって、所蔵文書がはっきりしてきて、予想以上の点数があるということが分かってきました。実は私よりも若い方で、知人であった立正大学出身の齋藤典男さんが、かつて御嶽山の史料によって『武州御嶽山史の研究』（隣人社、一九七〇年）を刊行されたことがありました。先年（一九九四年）、齋藤さんは残念ながら亡くなられてしまいました。私は生前、その本を文献出版という出版社から出すように薦めて再刊されました（増補版、一九九四年）。ご本人はとても喜ばれましたが、間もなく亡くなられました。そんなことで齋藤さんとは非常に親しかったのです。特に山梨県の甲府市史の編纂委員も一緒に十年間もやりましたし、御嶽神社の研究などについても齋藤さんとよく話をいたしました。

そういう関係でしたので、御嶽神社の史料に早くから関心をもっていましたが、日本の研究の基礎になる史料が、この御嶽山や山麓の御師の旧家には非常に多く所蔵されています。武蔵御嶽神社の研究についてはいろいろあると思いますが、本日は、徳川家康の側近で代官頭という地位にあった大久保長安について、御嶽神社との関係をお話ししたいと思っています。

また、御師の旧家の方々の史料を調査することで、新たな大久保長安に関する史料の発見につながるかもしれませんので、発見した時にはそれを追加して補充していきたいと思っていますが、今回は取りあえず、今までの研究の成果からみた場合に、どのようなことが分かっているかということをお話しさせていただきます。

まず、なぜこの徳川家康の側近の大久保長安が御嶽山に関係があるのかということですが、それは、今から四百八年前、徳川家康が関東へ入ってきました。徳川家康は、今の愛知県の出身です。つまり、三河の出身なんですね。最初は岡崎城という城にいて、次が浜松です。遠江の浜松、それから今の静岡市の駿府城へ入って、そこを中心にしながらいわゆる駿河・遠江・三河・甲斐・信濃という五つの国、今でいえば愛知県・静岡県・山梨県・長野県にまたがりますが、そこを領有していました。

ところが、天正十八年(一五九〇)七月に小田原北条氏が滅ぶと、関東へ小田原北条氏に替わって、家康が入ってくることになります。通説では、家康は秀吉から命令されていやいやこの関東へ入ってきたということになっていますが、私はむしろ徳川家康は、関東へ入ることによって、自分が今までできなかった平野を中心とした一円的な支配、徳川氏を中心とした武家社会を築いていく基礎を、関東でこそ初めてできるのではないか、そういう夢と期待をもっていたのではないかと思うのです。ですから、秀吉からの命令で入ったというよりも、秀吉と二人で話をして、むしろ合意によって関東へ入ってきたと考えるのです。

しかも、江戸が自分の居城に決まりました。本来は、小田原か鎌倉かどこかを居城にしようとしたらしいのですが、やはり江戸が一番よい。江戸は海に面しているし、船は横着けになる。それから、江戸の後背地、つまりヒンターランド（後背地）が非常に豊かな生産力を持ったところである。つまり多摩地域ですね。多摩、またはその周辺が、江戸を支える物資の供給地として非常に適しているとみたのではないでしょうか。

徳川氏が江戸へ入ってくると、まず地域を開発して、そこから米や麦や雑穀を生産する、そして、いろいろな物資を江戸へ入れなければいけません。そういう物資の供給地はどこにあるかをまず探さねばなりません。そのときに、一番頼りになるのは地方巧者の代官です。

皆さんは、「水戸黄門漫遊記」を観ていると悪代官ばかり出てきますから、悪いことをしていたのが代官である。そういうのがテレビや歴史小説から受ける印象だと思いますが、もしそういう「水戸黄門漫遊記」に出てくるような代官ばかりいたとしたら、徳川政権は江戸時代の中頃で崩壊していたと思います。あるいは徳川将軍の三代目くらいで終わりを告げていたとみてよいでしょう。

だいたい代官というのは、今の知事さんや市長さんに当たりますから、その民政官がそんな悪いことばかりしていたら、まず徳川政権というのは根底から不信感を持たれて覆ってしまう。幕府のいろんな計画というのは、いまの内閣に当たる幕閣で立てます。それは老中とか若年寄というものが決める。そして、実務機関がそれを受けて、庶民の間に浸透させていく、つまり実際の効果を上げていくのは、地方行政官の仕事です。その人たちが民政手腕を持っているかどうかということは、徳川政権の盛衰や存亡に大きく響くのです。

ですから、その代官の中でも、伊奈忠次、大久保長安、彦坂元正、長谷川長綱、この四人を代官頭と呼んで家康が一番信頼して、地域の開発を行った中心人物だと考えています。私は、昭和三十年代に実はこの四人の実績を考え、四人の足跡を大体調べ上げたのですが、それまでは伊奈忠次以外の人物の名前はあまり注目されていませんでした。

なぜそれに気づいたかというと、もう今から四十年も前になりますが、私は『日本歴史』という研究誌に「関東幕領における八王子代官」という論文を書きました（百六十八号、一九六二年）。私の恩師は北島正元という先生で、日本の代表的な学者でしたが、先生は私がこの論文を出したときにはあまり評価しませんでした。代官というのはいろいろあるけれども、八王子のような代官というのもあるんだろうなくらいでした。ところが、意外にほかの大学の研究者から、八王子代官というのは非常に注目すべきであるという話が出てきました。

どういうことかというと、八王子の地元から寛文年間（一六六一〜七三）の屋敷割りの検地帳が発見されました。検地帳というのは農民の土地を調べた台帳です。それと同じ形式の帳簿に代官の名前がズラッと出てきている。たとえば代官といって武士でありながら、岡上次郎兵衛とか、雨宮勘兵衛と出てくる。それを見ると、当時まだ初期には給人名請といって、武士であっても検地帳のようなものに登録させることがあったということが分かったのです。

「武州多摩郡柚井領横山村未御縄打御拝領屋敷水帳」と書いてあって、それを開くと十五人の代官の名前が出てきて、屋敷の面積も出ています。これは他にはありません。百姓の場合は出てきますが、代官である者の名前が記載されている八王子という地域では、代官支配のときに、こういう形式がとられていたのです。

これを給人名請といいますが、給人というのは武士層ですね。それが名請人となる。名請というのは検地帳に名前を登録していくことですが、そういう形態をとりながらだんだん在地の民政を浸透させていった。ほかのところには見られない形態を発見したので、私はそれを論文にしたわけです。

そうしたら注目されたのですが、その十五人を纏め統率していたのが、大久保長安であった。これは一般に関東十八代官といわれています。十八人くらいいたというんですが、屋敷水帳を見て数えると十五人しかいないんですよ。そこに屋敷が出ていますから、実際には十五人くらいだったと思います。大体十八とか八というのは、大きく言うときの表現ですね。江戸の町のことを八百八町ともいいますね。それは非常にいいやすいからです。その代官を指揮したのが大久保長安です。

大久保の研究をしているうちに、この大久保長安という人は、意外に青梅を中心とした多摩川の上流の行政にかなり力を入れているということが分かってきました。その証拠に、この武蔵御嶽神社に彼が奉納した釣燈籠が残っています。いま市の指定文化財になっています。この燈籠を通して大久保長安が青梅の周辺に非常に縁があるということがだんだん分かってきたわけです。

もう一つ重要なことがありました。それは、青梅市の上成木と北小曽木に石灰（いしばい）が産出しますね。この石灰を盛んに採掘して、これを江戸城に運ぶ。この石灰というのは漆喰《しっくい》のことです。これは城を白壁にぬる材料ですね。江戸小田原北条氏時代から掘っていたとみられる石灰を続けて、それを今の青梅街道のルートに乗せて、江戸へ運ぶ。江戸城を大きな城、天下の城にしなければいけませんから、慶長十年（一六〇五）頃から城の工事が始まります。その重要な漆喰に使用しました。ここから御用石灰が運ばれないと江戸城の築城工事が進捗しなかったわけです。

皆さんは、大久保長安は徳川家康の側近だから、当然、普請奉行としてそれをやったんだなと思うでしょうが、青梅の石灰というのはきわめて重要なのです。江戸城だけではなくて、慶長十二年には駿府城の白壁にもここの石灰が使われています。それだけではなくて、名古屋城もそうです。大坂城や京都の二条城にもここの石灰が使用されたといわれます。

大久保という人は、甲州道中を造ったり、青梅街道を造ったり、道路を造ることが非常に上手な人でしたから、そのルートに乗せて石灰も運んでいます。のちに石灰は川越城近くの新河岸川などのほうからも運ぶようになりますが、江戸時代の前期における、いちばん主流は青梅街道を利用していたわけです。

それを見ると、いまの話で、八王子に代官が十五人もいて、その中心になった大久保長安が、やがてこの八王子から多摩川の上流に上って、山之根地方に向かって支配を広げていくようになります。そして、それを重要な江戸城のヒンターランドとしての物資の供給地に位置づけていったということが、だいたい分かってきましたので、これを通してこの問題を具体的にお話ししていきたいと思います。

もう少し代官にこだわってみますと、皆さんもご存じのように、徳川家康という人は非常に有能な家臣を随分持っています。だいたい、大きく分けると、まず戦闘に活躍する人です。戦場へ行くと敵の首をいくつも取って手柄を上げる。大久保彦左衛門なんていう人はその代表ですが、十六歳のときから戦場に出て首を取り、その後もしばしば戦功があったとか、これは戦闘的な武将です。戦場で非常に手柄を立てる人です。

もう一つは、これは戦場ではあまり手柄を立てないけれども、戦争中に兵糧米を補給したりして、後方戦を担当し、戦争が終わったあとそこの治安をきちんと守ったり、そこで生産できるものを再生産して村々を再興するとか、そういうことをやるいわゆる民政官です。このように家臣には二つの性格づけができるのです。

家康は関東へ入ってきて関ケ原の戦いが終わった頃から、もうそろそろ戦闘部隊の長としての武将はあまり必要ない。むしろ地方行政、たとえば具体的にいえば川の堤防を直して洪水にならないようにするとか、道路を造っていくとか、町立てといって宿場町などを建設していくとか、鉱山があれば金・銀山の開発をするとか、そういういわゆる殖産的興業に強い人が必要である。要するに基本産業を開発するような家臣のほうの存在に、家康は非常に目を向けていて、むしろ戦闘部隊で活躍した人たちには引退してもらって、大久保長安たちの奉行や代官を前面に出しながら、関東の地方行政を行っていったのです。

その場合に、先ほど言った伊奈忠次という人（いまの埼玉県に伊奈町というこの人の姓を付けた町がありますが、上尾と蓮田という駅のちょうど間がいわゆる北足立郡伊奈町で、大宮とか浦和と一緒になるとか、いま合併問題が起きているところです）は、この伊奈町の小室という地点に陣屋を設けました。

私がそこを調査したのは昭和三十年代の頃ですが、畑で何もないところでした。いまはニューシャトル（伊奈線）が通ったりしている町になっていますが、当時は本当に田んぼの中に陣屋の跡があっただけでした。そこに伊奈忠次が入って、利根川や荒川の治水工事を行っていく。備前堀とか、そういうものを開削しながら、川で氾濫しているところに米作ができるようにしました。だから、今でも米の生産地です。

伊奈町の南東に草加というところがあります。おせんべいが有名です。私はいまそこの市史の編纂の監修者なのですが、草加の周辺は武州米の産地です。余ったコメを原料にしておせんべいにするといつまでも持ちますし、軽量で安価なので旅人にも好まれたようです。伊奈忠次という人は、川が氾濫するところを手直ししながら、そこをコメが生産される土地に大きく換えていきました。それが、のちに、こうした地場産業の発展につながるのです。

それでは、大久保長安という人は何をしたかというと、今度は八王子を中心にしながら、この八王子の周辺の多摩地域の物資の生産と、江戸へ向かってその物資を運ぶ交通網の整備などをしましたが、そういうことを充実させるためにまず陣屋を造ります。八王子の小門町というところに産千代稲荷神社というのがあって、ここに大久保長安陣屋跡という碑が立っています。

次が彦坂元正という人です。彦坂という人は、横浜市に泉区という区がありますが、その区域に岡津というところがあって、そこに陣屋があって、今の鎌倉から津久井のほうにかけて支配を行っていて、やはり大久保長安のように地域の開発をしています。この人の流儀は彦坂流といいます。大久保の場合は石見流といいます。石見守といったから石見流です。伊奈の場合は伊奈流とか、また、伊奈備前守といったので備前流ともいいます。

最後に出てくるのが長谷川長綱という人です。横須賀市の浦賀に陣屋跡があります。愛宕山というところです。だいたい三浦半島から江戸湾へ入ってくるところの入り口ですが、長谷川はここを治めようとしたのです。

つまり、江戸城を中心に北足立郡、八王子市、そして横浜市、それから横須賀市という地点に代官頭の陣屋がありました。陣屋というのはお城のちょっと小さいものですが、それを設けてきめ細かに関東地域の開発を行っていったわけです。

では北のほうはどうなっていたかというと、北のほうはむしろお城を築いて、今の高崎市の付近の箕輪（箕郷町）というところ、千葉県の大多喜、それから群馬県の館林ですね。そこは榊原康政という徳川の武将の居城でした。箕輪、館林、大多喜などに有力な武将がいて、ずっとその周辺を敵が北から攻めてきた時に防ぐ。そういう配置をしました。ですから、徳川家康という人は、北から来る敵のために軍事的な城を築くと同時に、八王子周辺は城を造らないで、戦国期にあった八王子城は廃城にして、陣屋にしてしまう。そして、その陣屋を通して民政中心に、蔵入地といって、幕府が直接支配し資源を確保する地域にしたわけです。ですから、江戸幕府とか江戸の町を支えたのはこの多摩地域であったと言ってよいと思います。

私のいる川崎もそうです。川崎市も、多摩川を隔ててだいたい江戸より五里から九里ぐらいのところですから、ちょうど西方の立川や八王子の圏内に入ってきます。八王子がだいたい十二里、青梅も江戸からだいたい十二里、御岳山は十六里ですが、その領域を徳川氏や幕府を直接支える政治・財政の基盤にしたことになります。

そこで、いよいよ問題になってくるのは、大久保長安が八王子を中心にして多摩地域を開発していく場合に、どこを拠点にしていくかということになります。その場合に、先ほど言ったように、八王子の小門というところに陣屋があって、関東十八代官と呼ばれている十五人の代官陣屋があって、そこを中心に今の民政官が、その周辺を治めていました。いまの日野、立川、稲城、町田などの地域は、その支配下にありました。

大久保長安は八王子から多摩川を上って支配していく場合に、八王子だけでは十分ではないということで、青梅周辺を考えました。まず青梅に政治的な拠点を設ける。そして、ここを中心に多摩川の上流に沿って生産の資源を確保する。先ほど申しましたように、この青梅周辺に石灰が出ますね。それから、杣の保といって山林が鬱蒼とした地域があり、木を伐採します。それを多摩川によって筏で下ろせば、江戸の町を建設するときに重要な資源になります。そのほかの物資も供給できるということで、まず青梅を山之根地方の中心として陣屋を設けることにしました。

まず森下陣屋というのがありますね。今の熊野神社のところが森下陣屋の跡です。最初に設けられたのかと思いましたが、ここにおられる齋藤愼一先生たちがいろいろ調べて、もっと違うところから移動してきたのではないかということになって、いろいろ調べられた結果、次のようなことが分かってきました。

齋藤愼一先生や滝沢博先生たちが調べられた結果、日向和田のあたりに館（たて）という城跡があります。そこに田辺家という非常に古い、小田原北条時代からの在地土豪がいて、その先祖に田辺庄右衛門という人がいます。その人が山之根の上流あたりの代官として、周辺を治めていたのではないかということが分かってきました。

そうすると、大久保長安が直接、森下へ入るのではなくて、まず日向和田の館というところ、日向和田村と青梅の町との境のあたりですが、そこに田辺庄右衛門がいて、それが代官的な役割をしていて、だんだん大久保長安の配下になっていって、やがて文禄元年（一五九二）頃に森下陣屋というところへ移って、そこを中心にしていったと思われます。

史料を見ると、大野善八郎とか鈴木孫右衛門という名前がよく出てきます。熊野神社の前のところに森下陣屋跡という説明板に記してあります。この二人が代官としてこの周辺を治めていました。それから、石灰などを江戸へ送るときの管轄をしていたということが分かります。

そうすると、八王子に大久保長安がいて、代官頭としてこの多摩一円を支配する。そして、地域ごとには、その出先として、小代官とも称して代官頭の下にいる代官がその地域を支配する。つまり、二重に支配していました。大久保長安が全体を支配する。その地域ごとに、たとえば森下陣屋には大野とか鈴木という代官が二人いる。だから、大久保長安が大代官であれば、小代官というのがいて、その二重支配によって地域を支配しているというのです。

時代が下ると代官が二重に支配するなんていうことはありませんが、初期の場合は大代官がいて、周りを直接支配するときに小代官が何人もいて、それが補佐しながら地域を支配する。きめ細かくやっていく。その場合に、陣屋というものをいくつも設けて、そこを中心に周りを開発していくのです。

大久保長安はいくつも陣屋を持っています。この北方に行くと埼玉県の日高市というところがありますが、そこへ行くと高麗本郷とか、栗坪にも陣屋の跡がありますし、ほかにも中山陣屋(飯能市)とか、いろいろな名前の大久保の手の者がいた陣屋がたくさんあります。しかし、この森下陣屋はかなり重要性を持っていたということが考えられます。

どうしてそういうことが言えるかということを、今からお話ししていきます。大久保とすれば、多摩川の上流の青梅から奥多摩の町へかけての、杣の保の森林地帯より木材を伐採して、これを多摩川によって筏で流そうと考えたと思われます。これは後になってくると筏の組合もでき組織的になりますが、まだ最初はどのような仕組みで流したか分かりません。

だいたい、近世になって城ができると、城下町が建設されます。町を造るにはまず材木が必要ですね。それから瓦も必要でしょうし、いろいろな物資が必要です。ですから、江戸の町は、当時の記録を見ると架橋のため信濃国の伊那谷からも材木が来ています。つまり、天竜川などを下ろして、それから船で江戸へ持ってきています。

今私のいる川崎のところに六郷大橋という橋があります。あの橋の材木は、伊那谷や木曽谷から持ってきたという史料もあります。ですから、意外に多摩川なんていうのは近いですから、どんどん利用しているはずですね。

大久保は、管轄地ですから、まず森下陣屋を中心として、この多摩の杣の保といわれる地域から、木材を調達する。杣の保というのは羽村から上流をいうのですが、その森林地帯から、すでに木材を流す構想をもっていたと考えられます。それから、石灰を築城に使う。まずそのためには、多摩川を利用する以外に、もう一つの線を造らなければいけないので、青梅街道というのができます。青梅街道は約十一里あります。江戸の町へ入るのに四十四キロといいます。この青梅街道から石灰を運んでいるのです。

後になってくると、周辺の野菜などもこの道を使ってどんどん江戸へ入れますから、むしろ石灰だけではなくて、江戸の百万都市を支える物資は、甲州道中とこの青梅街道と五日市街道を使って入ったのです。それでなければ百万の人口はとても維持できません。

江戸とか東京といって、大江戸がひとりでに発展したようにみられがちですが、百万都市の人口を支えるのには、周辺からかなり物資を入れなければなりません。古くは上方から入れていましたが、そんなものでは間に合わない。江戸周辺からどんどん野菜その他の物資を入れなければ、百万都市はとても維持できなかったのです。ですから、いってみれば江戸とか大江戸とかいうのは、多摩の周辺がしっかり物資を供給しなかったら存在しなかったと思います。江戸のような大都市の発展というのは、周辺の町がどのように支えたか。それから、それに対してどういうかたちでいつも大都市が周辺と関連をもっていたかが重要だと考えられますが、一般に大都市の周りの町を在郷町といいます。五日市とか青梅、田無もそうですね。

八王子も在郷町といわれますが、それが重要なんです。生産物はストレートで江戸には入りませんから、一度その町に集散して、そこから流れる。八王子では大きな市が立って、いろいろなものが集まりますが、青梅、五日市でもやはり市が立っています。五日市の場合は黒八丈や炭が集まって、それから江戸へ持ってきます。青梅には青梅縞などがあります。

そういうかたちで地域の在郷町のような拠点がないと、大都市江戸は発展していきません。大坂でもそうです。大坂では、平野郷とか、富田林とかいう在郷町があって、それが大坂を支えていました。在郷町とは周辺地域において商品流通の中核的な機能をもった村落の中にある在町、町場を呼んだのです。

多摩地域に対してもう一つの重要な拠点の条件があります。次頁の「多摩全図」で説明します。

街道が、江戸から出てずっと西のほうへ延びていますが、いちばん北が青梅街道です。次が、江戸を出発して内藤新宿からちょっと出て、それから分かれてずっと拝島のほうへ入って、伊奈を通って五日市へ行くのが五日市街道です。もう一つは、日本橋を出て江戸城の周りを通って、内藤新宿から今度は南の高井戸から布田五宿、府中を通って、日野、八王子へ抜ける。これが甲州道中です。

多摩の地域を通っているこの三つの重要な街道を見ていきますが、最初に甲州道中を見ていくと、高井戸を出て布田五宿を過ぎ、府中というところがありますね。ここが江戸の日本橋から七里です。それからずっと行って日野を通って八王子までが、江戸を出発して十二里です。これを抜けて小仏の峠を越えて山梨県の甲府のほうへ入っていき

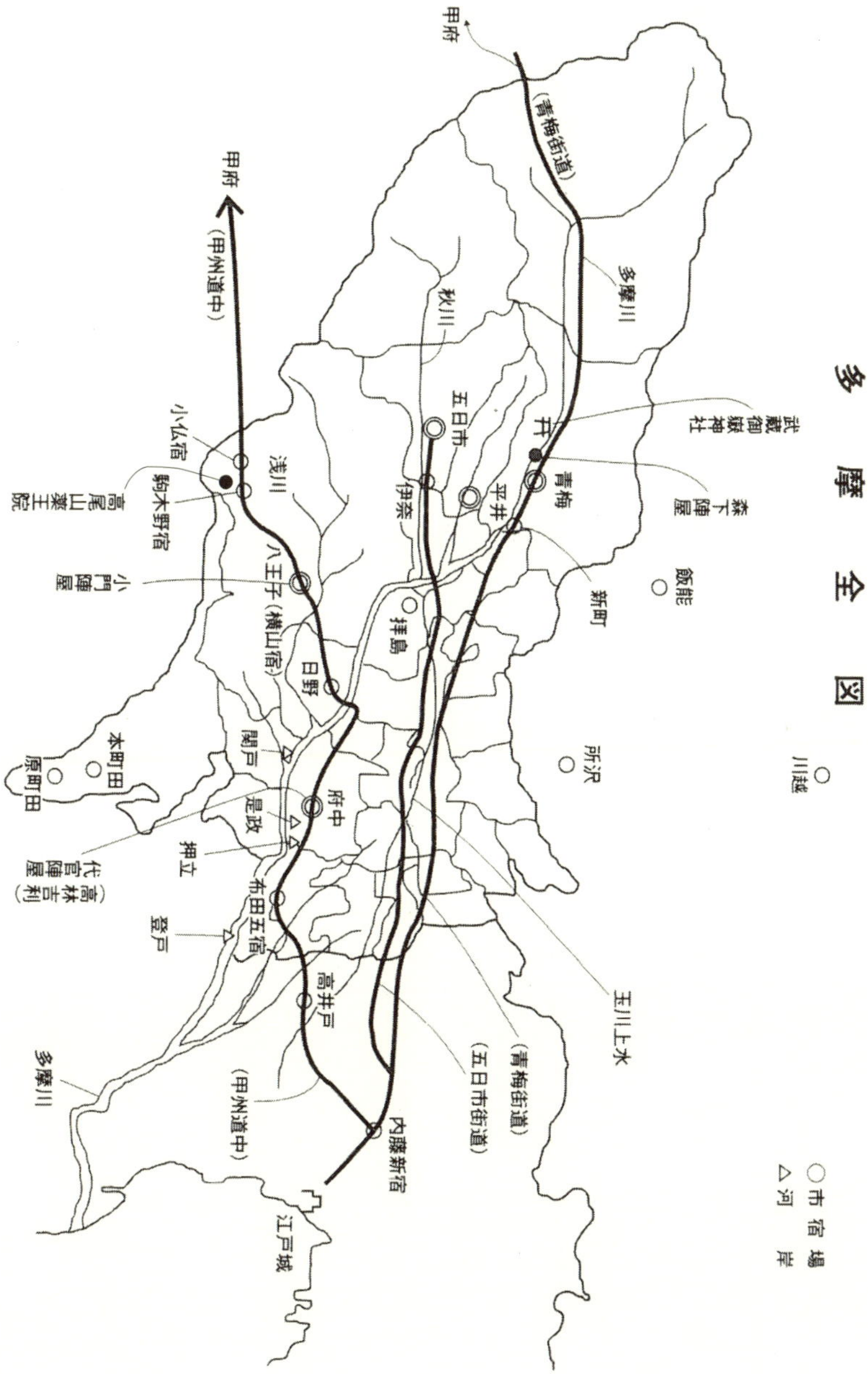
多摩全図
○市宿場
△河岸
甲府
（青梅街道）
多摩川
武蔵御嶽神社
森下陣屋
青梅
飯能
新町
平井
五日市
秋川
伊奈
拝島
川越
所沢
甲府
（甲州道中）
小仏宿
駒木野宿
高尾山薬王院
浅川
小門陣屋
八王子（横山宿）
日野
関戸
府中
是政
押立
代官陣屋（高林吉利）
本町田
原町田
布田五宿
登戸
高井戸
玉川上水
（青梅街道）
（五日市街道）
（甲州道中）
内藤新宿
江戸城
多摩川

ますが、これが甲州道中です。いまは甲州街道と呼んでいますが、これは昔の道とはちょっと違います。しかし、だいたいは、ＪＲの中央線に沿っています。

今度は五日市街道を見ると、五日市街道の場合は、分かれてずっと拝島のほうを通って、入ってきますね。青梅街道を見ていくと、青梅街道は、ずっと来て田無のあたりを通って、やがて新町から青梅のほうへ抜けていくという道になっています。

そこで、この三つのうちで、幕府とすればまず府中は重要視しなければいけない。これは皆さんご存じですね。府中というのは歴史的に古い町です。馬市があって、大国魂神社があります。これは六所神社といって、六つの神社の一番中心になっていますから、非常に格式の高い神社であり、また、頼朝の時代からの史跡が残っています。大国魂神社には今も大きなケヤキの並木が残っています。

そこを通って八王子に入りますが、ここに八王子城という城があります。そばに高尾山薬王院という寺院があって、政治の拠点であった八王子城と高尾山薬王院という信仰の霊地の二つがある。これが一つの大きな中心になっています。まずここがマークされました。さっき言ったように、大久保長安がここへ入ったのはそういう理由なんですね。つまり、交通の便利がよくて、まず政治的な拠点になるものと、その周辺に信仰の対象となるものが存在しなければいけない。

皆さんは政治と信仰がどのように結び付いているのかと思うでしょうが、一つの政治的な社会を形成するときに、一番民衆が心の拠り所にする神社とか寺というものが存在することが、地域の開発の拠点にする一つの大きな条件です。五日市にも阿伎留神社や広徳寺や大悲願寺のような大きなお寺がありますね。町の周辺には必ず名刹か神社がある。それは、地方政治を行いながら人々の信仰の拠点と一体化しておくというのが重要な条件だったからです。

では府中の場合は、大国魂神社だけあって、政治の拠点がないではないかといいますが、江戸時代には、府中御殿という御殿がありました。徳川家康が来るとそこへ泊まったり休んだりする休憩所でした。その頃は高林吉利という代官（府中の最初の代官といわれる）がおりまして、府中の高安寺にその父子のお墓があります。つまり府中には、はじめの一時期に、代官がいて、大国魂神社という信仰の対象があって、それから御殿がある。そういう三つのものが置かれていたわけです。

今度は青梅のほうを見ていきましょう。先ほど、青梅の代官陣屋というのは、日向和田に代官がいて森下に移ってきたという話をしましたが、最大の問題は武蔵御嶽神社の存在です。これは徳川家康がこの地域の一つのシンボルにしているわけです。これが、大久保長安が乗り出してくるのはその辺の事情があったからだと思います。

整理すると、多摩の中心は青梅と八王子と府中をあげました。これは、後の西多摩、南多摩、北多摩の郡役所があったところです。郡役所とか政治の中心部の都市は、日本全国を見てもみんな歴史的な町です。今の県庁の所在地というのは、大半が江戸時代にお城のあったところです。そうではないところは少ないですね。鹿児島といったら鹿児島城があって、広島というと広島城があって、岡山というと岡山城がある。そこが県庁の所在地になっています。山梨県の甲府は、甲府城がある付近が県庁の所在地になっているのです。

家康という人は、自分の江戸城を発展させていって政治的な中心にする。その場合、その周辺が江戸城と密接な関係を持ちながら、そして江戸城をどのように支えてくれるか。また、地域的な拠点を設けるときに、政治的な拠点と信仰の対象的な問題というところをつねに考慮していたのです。

そうすると、ざっと見ていくと、多摩はたとえば日野には高幡不動があるし、調布（布田五宿）には深大寺があります。その他、名刹は随分あります。最初に関東へ入ってきたときに、歴史的にいうとまずこの三点を押さえています。

これは家康のやってきたことを見れば分かります。大久保長安が八王子にいて、この周辺を見ればすぐ分かりますし、府中には高林という代官を置いて、そして大国魂神社とともに拠点としてやっていく。こういう地域の発展は、まず拠点を設け、これを中心に同心円的に周辺に及んでいくというのが一般的です。

現在は、この地域でいえば、もちろん立川も大きい町ですが、立川とか砂川はもう少し後から栄えてきます。江戸時代のスタートのときには、こういうかたちで青梅・八王子・府中を中心に、徳川家康は多摩地域の発展を企図していったと思います。

そこで今度は一つの歴史的なことになりますが、どうして大久保長安が青梅地域に関心を持っていたのか。『新編武蔵風土記稿』に「御嶽村」という項目があります。これは非常に詳しいのでその一部を読みます。

江戸日本橋への行程十六里余、村の広狭大抵東西も南北も一里に余り、東は大久野村の峰つゞき。西は檜原分にてこゝも峰上を境とす、南は養沢村の地に犬牙し、北は琴沢川にかぎれり、この地はもと御嶽の社地にして、後に田畑をばひらきしなれば、民家はわづかに六烟ありて山下に散住す、この余、山上に茶店六ヶ所あるのみにて、多くは人跡たへたる山嶽なり。

とあります。これが江戸時代にあった御嶽村の様子ですが、これを見ると、周辺は今の五日市の近くの養沢村のほうからも接していると出ています。そして、「当村の枝郷、滝本・中野の両村も御嶽の領地にして、昔はなべて御嶽村とのみ唱へたりしを、後年三村には分ちしなりし」とあります。滝本・中野が独立して、のちに御嶽村ができたという村の成立の説明があります。

その次にこの御嶽村の神社が出てきます。「御嶽社」とあります。これがいわゆる武蔵御嶽神社です。「中央の山上にあり、東面にて八尺四方の檜皮葺なり」とあり、四面の垣根のうち、めぐり回ること二十四間であると書いてあります。次に「小田原北条家関東に威を振ふとき、当山の神領及ひ武衛の領知を削りしかば、宮社もやうやくおとろへたり」とあります。小田原北条氏が戦争に明け暮れている時代には、領地なども削られたりしたようです。

武蔵御嶽神社は非常に由緒があって、行基菩薩によって蔵王権現をこちらへ勧請してから存在することになったとありますから、歴史が古いんですね。古い時代から連綿と続いて、歴代の城主たちはみんな御嶽神社を保護しています。事実、ここには国宝級の鎧も残っているくらい、非常に由緒のある神社です。しかし、記録を見ると、小田原北条氏が君臨していた時代は、やはり若干衰えていたようです。

ところが、「天正十八年御入国の後」とありますから、家康が入ってきたのち、「東照宮（家康）より武衛の役を御ゆるしあり、且、山上方一里の地と旧領三十余石の御寄附ありて、御朱印を賜はり」とあります。この地に三十石の朱印地を与えられています。「ついで慶長十年大久保石見守に仰せて、本社以下の御再建あり」とあります。

いま、申しましたように、小田原北条氏時代が戦乱に明け暮れている時代に、高尾山なども武田信玄や上杉謙信などが攻めていますから、甲州や北関東から入ってきますね。そういう時は、どうしても神社の補修というのは行き渡らない。そのために衰えてきたけれども、徳川家康が入ってからは、急にここの建て直しを図っています。

建て直しというのは、ここの位置を大きく変えているんですが、つまり御嶽神社を中心として江戸の後背地の発展の基礎をつくろうとしたのです。そして、大久保長安が乗り込んできます。八王子からやってきます。それが慶長十年（一六〇五）です。これは、慶長八年に江戸幕府ができていますから、その二年後です。

幕府が開府してから二年後に、「大久保石見守に仰せて、本社以下の御再建あり、こゝに江城鎮護の御祈願として、古より南面の社なりしを、東向に建改められしとぞ、時に慶長十一年八月落成に及びしかば、太刀一振・神馬一匹を御奉納ありて、御当家繁栄のことをちかひ給ひしより、社領再び古に復して今に至ると云」とあります。

徳川家康がまずここを再建することによって、この地域の開発の拠点にしようとしたことが分かります。そのためには、まず社を建て直して、そこへさらに新しい意味づけをしていく。ですから、今までは南に向いていたのを今度は東に向けることにより、江戸城を守る防衛線の一大拠点にしたわけです。

よく家康の廟所のある日光の話が出ます。日光が関東の北に置かれたというのは、北から敵に攻められた時のためです。攻められた時に防ぐために、設けたのです。ここ青梅や八王子は甲州へ抜ける道ですから、甲州からの敵をまず防ぐのは御嶽山ですし、高尾山でもある。ですから、この地に大きな期待をかけて、江戸の発展を祈念する一つの拠点にしたわけです。その経緯がここに書いてあります。

次に御嶽神社の燈籠を見ていくことにします。齋藤愼一先生が書かれた「御嶽神社宝物シリーズ2、市指定有形文化財釣燈籠」の説明を読むと、このときに大久保長安はただ神社の修築をするだけではなくて、燈籠をここに奉納しています。この燈籠が非常にすばらしいんです。この燈籠はちょっとほかにはないもので、重要な意味を持っています。

これを今から説明しますが、釣燈籠は二つありますが、一対ではないと言われています。これに大久保長安の名前と慶長十一年十一月と彫り込んであり、そして、これは御嶽神社に奉納されています。おそらく江戸鎮護、つまり江戸を守るということを祈念して奉納されたものだと思いますが、神社の修築と同時に奉納することによって、さらに武蔵御嶽神社の存在感を示したものだと思います。

武蔵御嶽神社の釣燈籠は、非常に良質なものです。齋藤先生がそういうことを書かれています。ちょうど真ん中あたり、三段目のところに、「江戸に向けるようにしたと伝える」とあって、その次です。「徳川政権は御嶽を、その覇府江戸の鎮護の山と意識していたわけである」とあります。この神社を「修覆竣工の年慶長十一年に、総奉行大久保長安は金色燦然たる一対の釣燈籠を社前に寄進した。鍛造された銅板鍍金の燈籠の笠の宝珠の鐶につけられた鉄の釣金具を含めて総丈は約七十五cm前後。社殿は壮麗なものであったのだろう。六角の笠は蓮弁三片を切り透かし、葵葉形の軒に三つ盛りの火焔宝珠を蹴り彫りにする」と書いてあります。そして、大久保の紋は藤の紋なのですが、その藤の紋が入っています。これは小田原の大久保家の紋と同じです。上がり藤です。それが刻んであります。

これをずっと読んでいくと時間がかかりますので、今度は最後の段です。四段目のところの一番右に、「柱三本に「大久保石見守敬白」「奉寄進武州三竹《（御嶽）》蔵王権現」「慶長十一年丙午十一月吉日」と魚子地に双鈎で刻む」とありますが、これが刻んであります。横のところに大久保長安という字が入っています。

この金色輝く宝みたいなものを奉納することによって、大久保は自らの権威を示そうとしたんですね。この武蔵御嶽神社の位置は江戸城を守る拠点でもある。しかも、家康の関東領国支配の構想のなかで、はっきりと位置づけられていることは重要です。御嶽神社は、それを認識させる一つの象徴であったわけです。

では、それは大久保長安が独自にやったことで、そういうことを彼はほかではやっていなかったのかということですが、大久保長安はどういう人かということを話しましょう。皆さんご存じのように、この関東だけではなくて、甲斐・信濃、やがて越後から佐渡・伊豆、それから美濃・奈良、遠く島根県の石見銀山のほうまで支配します。約百二十万石の地域を支配したと言われています。特に鉱山は、最初に石見銀山の開発と経営に携わっています。

私は先年、石見へ行って大森のある地役人であった吉岡さんというお宅の古文書を調べましたら、中から慶長五年の家康の時代の古文書が出てきました。その中に大久保長安が、慶長五年十一月に彦坂元正と二人で石見へ行って、鉱山の再開発をいろいろ指揮したということが出てきました。八王子と森下の代官陣屋を支配していた大久保が、江戸から二百三十里も離れている山陰の石見銀山まで乗り込んでいって鉱山を開発していたというのは驚きました。

大久保長安は石見銀山をやると同時に、慶長八年には佐渡の金山を開発します。その次に伊豆の金山を開発します。いま土肥とか、松崎とか、縄地へ行ってみると、大久保長安の遺跡が数多く残っています。

私は先年、テレビの関係でSBS静岡放送へ出ての帰りに、伊豆半島の松崎へ行きました。そこに同じような釣燈籠が残っています。「長安寄進の釣り燈籠」と書いてあって、「奉寄進豆州松崎大明神、慶長十四年己酉十一月吉日、大久保石見守長安敬白」とあります。まったく同じ文章です。青梅の場合は十一年でしょう。これは十四年です。

さらに同じようなものが二つあります。この二つとも伊豆国です。

ひとつ目の燈籠は宇久須というところにあります。土肥のすぐそばです。高さ五十三㎝とあります。目方はだいたい五・五kgです。これには、「奉寄進豆州宇久須大明神、慶長十四年己酉十一月吉日、大久保石見守敬白」とあります。これもまったく同じスタイルの銘文で刻んであります。

ふたつ目は加茂郡那賀神社と刻んであります。真ん中あたりを見ると、「奉寄進豆州加茂郡那賀神社、慶長十三年戊申三月吉日、大久保石見守敬白」とあります。御嶽神社に慶長十一年に奉納したものと同じ金色の立派なものを、大久保長安はまた伊豆のほうで寄進しています。

一体なぜ寄進したかというと、当時、鉱山から金がずいぶん出ましたが、その後だんだん衰微してしまって、金が採掘できなくなった。もう一度その隆盛を祈願する。おそらく御嶽神社と同じような釣燈籠を奉納することによって、鉱山がまた再び息を吹き返すように祈念したのではないかとも言われています。

こういうものが慶長十一年の武蔵御嶽神社より以前にあったかどうかということは、今のところはっきりしていません。そうすると、やがて徳川政権が地域を拡大していくなかで、鉱山の開発とか、地域の開発とか、たとえば川が氾濫したら川を治めて静かな流れにするというような土木工事とか、そういうものをする過程のなかで、絶えず作っていったのではないかと思います。

ここに意味があります。この燈籠をなぜ作ったかということは、また今後の課題にもなるかもしれませんが、こういうものがまず御嶽神社の修築と同時に奉納されたということがやがて先例になって、全国的な彼の支配の拡大のなかで、こういう祈りとともに幕府の権威を地域に浸透させていったのではないか、と考えるのです。まだ、ほかの地域にも釣燈籠が出てきているそうですね。

そうすると、こういう大久保の政策の基本になるものとしては、八王子よりも御嶽山のほうが大きかったのではないかという感じがしますが、これは今後の課題です。

時間が来ましたので、最後にもう一度この御嶽山のことを考えたいと思いますが、重要なことは国宝の赤糸威鎧（あかいとおどしのよろい）がここに奉納されていることです。しかも、国の指定になったことが鎧の中では日本でいちばん早いんだそうです。明治二十年代です。これは、この鎧が江戸時代から注目されていたからです。

それは、八代将軍吉宗がこの鎧がいちばん重要だということで、享保九年（一七二四）と十二年に、江戸の寺社奉行の役宅へ持ってこさせ、それをまた江戸城へ運ばせて、自らその赤糸威鎧を上覧しています。そのあと安永七年（一七七八）の十代将軍家治も、厄除けということもあってその鎧を上覧しています。

将軍が三回にわたって鎧を鑑賞したということは、日本全国を見てもほかには例がありません。そういう歴史的、伝統的なものが、国宝指定の一つの方向付けになっていることは確かです。

この鎧の素晴らしさは、昨年、齋藤愼一先生たちのご尽力で青梅市教育委員会から『武蔵御嶽神社所蔵　国宝・赤糸威鎧』という報告書が刊行されていますので、それをご覧いただければすぐ分かりますが、立派なものです。こういうものを所蔵していた神社の位置は重要です。徳川政権がこれから自分の幕府を創設して発展させていくという時に、武蔵御嶽神社を拠点にして、それをもとに地域の開発を狙っていくということは、当然だったと思います。

ですから、家康は青梅街道を青梅で止めないで、ここを通して裏街道として甲府へ抜ける道を造っているわけです。甲州道中は江戸を出発して内藤新宿から八王子を通って、山梨の甲府へ抜ける道です。そこへ合流したのです。甲斐国を支配していくのに、甲州道中以外にいわゆる青梅街道を重要なものとして、二つの道をうまく使いながら、周りの関東から甲州へ延ばす道にした。その拠点をこの青梅と八王子に置いているということが、徳川政権の構想のなかにあったと思います。

こういう歴史的な認識のなかで、この青梅や御嶽村の近世、つまり江戸時代が出発したということがだいたいお分かりいただけたと思います。そこに残っている御師家の方々の所蔵されている古文書は、日本の重要な文化財です。この古文書が整理されることによって、日本の歴史を知るための重要な史料になります。そういう期待をもって、いまの武蔵御嶽神社の調査が進められています。

ですから、多摩の中での青梅の位置は、江戸幕府が発展するなかで、青梅の町や武蔵御嶽神社の役割というものを理解していくことが必要です。歴史を振り返って、さらに新しくそれを裏付けるような古文書が、御師家の史料の中から出てくることに、大きな期待を持っています。

今日は時間が大分経ちました。大久保長安についてはどういう人物で、どういうことをしながら、この地域に目を向けたかということをお話ししました。石灰の問題を含めて後日、お話しする機会があるかと思いますが、今回は時間の関係もありますので、ここまでで終わりにさせていただきます。どうもありがとうございました。

〔付記〕　本稿は一九九八年十一月十日（火）、東京都御岳ビジターセンターにて開催された『公開講演会イン御岳山』（主催：青梅市・法政大学共同プロジェクト／武蔵御嶽神社及び御師家総合古文書学術調査団、後援：武蔵御嶽神社）で行われた講演をもとにしたもので、『法政大学多摩地域社会研究センター研究年報』三（一九九九年）に収録されたものを、一部手直しをして再掲載した。

近世前期の武州御嶽山御師
―山上御師集団の自立と自治を中心に―

靫　矢　嘉　史

はじめに

近世日本の比較的大規模な寺社には、「御師」と呼ばれる宗教者が広く存在した。高埜利彦氏は「江戸時代の御師の身分は、百姓と神職の両身分の中間に位置していた」と評価し[1]、現在、通説の位置を占めている。高埜氏の見解は、主に駿河国駿東郡須走村（現・静岡県小山町）や甲斐国都留郡川口村（現・山梨県富士河口湖町）などの富士山御師の実証研究[2]に拠って導き出されたもので、川口村の御師の実態解明が近年特に進んでいる[3]。他の寺社の御師についても研究が積み重ねられており[4]、今後、各地の豊富な事例研究を改めて総合し、近世御師の身分的位置をさらに追究することが課題となろう。その際、武州御嶽山御師への顧慮は不可欠だと考える。

武州御嶽山史については長年多くの論考が発表されている[5]。御師の存在形態に関しては、福島恒春氏や片柳太郎氏の先駆的な研究があり[6]、福島氏の成果を継承した齋藤典男氏の著作が基本文献となっている[7]。

筆者は「御師」の呼称に拘泥せず、武州御嶽山御師を神主配下の神社神職と捉え、その特色を指摘してきた。ただし、神社神職として確立する前、すなわち十七世紀から十八世紀前半の近世前期については、武州御嶽山の近世的体制の形成過程総体の検討を主眼としてきたため、御師の動向については概要の把握にとどまっていた[8]。

そこで本稿では、近世御師身分論考究の基礎作業として、「武蔵御嶽神社及び御師家古文書学術調査団」（以降「調査団」と略記）の成果をふまえ、近世前期の武州御嶽山御師の様相、特に山上御師集団の成長過程について史料を子細に分析して明らかにしたい。

一　近世初頭の御嶽山御師

武州御嶽山御師に直接関連する中世の文書・記録は「調査団」も発見できなかった。中世の御嶽山御師の姿を文献史料に拠って詳述するのは困難である。

ただし、御嶽山上の板碑などを分析した齋藤愼一氏は、山上に「宗教活動に支えられた御師聚落の始原的なものが、南北朝中期以降形成されていたことは確実である」と結論する。さらに二俣尾村（現・東京都青梅市）の海禅寺古過去帳写本の記述から、戦国期の御嶽山神主浜名家について「土豪的な支配者として在地に臨み得る」とともに「宗教的権威」を備えた存在だと想定し、「土豪的権威と宗教的専従者の主導者である」神主浜名家と、「それに従いつつ宗教活動を行う数宇の家々とに階層的に分裂しつつ、中世、他より「御嶽（普済寺版大方広仏華厳経）」と称される山上での一聚落を形成していた」と推測する[9]。

また、片柳太郎氏や齋藤典男氏は、御師の出自を御嶽山を拠点に広範囲で活動していた中世の修験者に求めている[10]。

近世初頭の史料も少ないが、齋藤典男氏は、慶長三年（一五九八）十月の「武州三田之内御嶽山神領御縄打水帳」（以降「慶長の水帳」と表記[11]）と「寛文度御検地名受幷延宝度改出名受書上帳　武州多摩郡御嶽村」（以降「寛文・延宝の名請人書上帳」と表記）[12]を分析し、近世に至って奔放な宗教活動が困難となった御師たちのなかで、元来御嶽山麓に居住していた者や、御嶽山への信仰を捨てきれないために社領内に移住してきた者などが、十六世紀末から十七世紀の慶長・寛文・延宝検地までに山麓に定着して御嶽山社領の百姓として名請され、従来通り御師職を勤めることになったと概括する。[13]

寛文・延宝検地については他に、寛文八年（一六六八）四月の「武蔵国多摩郡三田領御嶽村御縄打水帳抜書」（以降「寛文の水帳抜書」と表記）と延宝四年（一六七六）〜五年の「延宝辰巳改出検地帳写」（以降「延宝の検地帳写」と表記）がある。[14]これらの検地史料を筆者なりに再検討し、齋藤典男氏の見解を検証することから、十六世紀末から十七世紀前半、近世初頭の御嶽山御師の考察を始めたい。

慶長の水帳は写しではあるが、系譜・過去帳類[15]を除くと、御師とおぼしき名が記される最も古い年代の現存史料である。例えば「神七郎」なる人物が、中畑二ヶ所と、下畑・屋敷の計四ヶ所の名請人として記載されている。明治元年（一八六八）十一月、斎藤石見は神主金井大副に宛てた願書で「慶長三戊戌年先祖神七郎」と述べており、[16]「神七郎」は坂本御師斎藤石見家の遠祖だと（少なくとも同家は伝承していたと）考えられる。

ただし、慶長の水帳は「御嶽山神領御縄打」と冠され、「分米合弐拾七石弐斗壱升壱合」[17]との記述がある。つまり天正十九年（一五九一）十一月に徳川家康が御嶽権現へ寄進した「多西郡三田之内参拾石」のうち、二七石を占める山麓の検地帳であって、山上の分は含まれないと考えられる。[18]慶長の水帳の記載からは、この時期に山上御師の先祖たちが、山上に居住していたのか、それとも山麓の御嶽権現社領に居住して名請されていたのかを判断することはできないのである。

寛文の水帳抜書、延宝の検地帳写、寛文・延宝の名請人書上帳の三点は、幕末の弘化四年（一八四七）に編纂された史料で、水帳抜書と検地帳写は山上御師たちの先祖の名請人を中心とした抜粋、名請人書上帳は弘化三年時点の山上御師と彼らの先祖の名請人を対応させた一覧である。

寛文と延宝の検地が御嶽村に対して実施されている点に留意したい。御嶽村は、一〇六石余が幕領（延享四年（一七四七）～天保三年（一八三二）は御三卿田安家領）、一二七石が御嶽山麓の御嶽権現社領で、御嶽山上の権現社領は三石である。寛文と延宝の御嶽村検地帳の原本は現存しないが、社領一二七石だけを対象とした慶長の水帳とは異なり、①御嶽村幕領分の検地帳、②御嶽村全体の検地帳、という二つの可能性が考えられる。

①だとすると、山上御師先祖は御嶽山上に居住し、御嶽村幕領分に出作して名請されたことになる。山上御師先祖が屋敷地の名請人にはなっていない点、社領分についての慶長の水帳と、寛文の水帳抜書及び延宝の検地帳写にある地名が全く一致しない点が傍証となろう。

②だとすると、御嶽山上の検地結果が含まれていると推定できる。延宝七年八月に神主浜名左衛門・頼母父子が寺社奉行所へ提出した訴状(19)には、寛文年間と延宝年間に御師たちが神主の意に反して御嶽山上で幕府の検地を実施させたことが記されている。

まず延宝七年の「拾弐年以前申ノ年」にあたる寛文八年に、「御嶽御師之内五人」が「御嶽(20)江御縄申請打せ申」した（傍線は引用者。以下同様）。神主は幕府へ訴訟し、評定所での審理の結果、「百姓望之者共をハ神職を召放権現地内を可追出由」が命じられ、実際に「五人之内頭取善左衛門」(21)が「御嶽を追放」された。続いて延宝七年の「去々年」である延宝五年には、「御師共拾九人申合」わせて、幕府代官高室四郎兵衛の手代を「山江呼登せ」、神主子息の浜名頼母にも断らず、除地となっている畠（「御除ニ相究縄入不申候畠共」）や山林（「御除之山林」）で検地を行った。

このような経緯をふまえれば、寛文の水帳抜書及び延宝の検地帳写は、御嶽山上の検地結果を抜粋したものと考えることもできる。名請地の多くが「切畠」「切」であり、寛文の水帳抜書に記される「橋場」という地名が現在山上に残っていることも傍証となろう。

①と②のいずれであっても、十七世紀後半、山上御師の先祖たちは、農林業を営むものの、単なる「百姓」ではなく、御嶽権現に奉仕する宗教者（＝神職）だったことは確かである。それでは十七世紀前半まで御嶽山御師はどのような状況にあったか。

中世から御嶽山上に集落が存在したとする齋藤愼一氏の所説に従うと、御師の先祖たちは近世初頭に既に山上に居住していたと考えるのが自然であろう。同時代史料はないが、前述した延宝七年の神主訴状に十七世紀前半の山上御師の様相も示されている。

戦国期の御嶽山では、青梅地方の国人領主三田氏の家臣だった神主浜名家が軍役を兼ねつつ台頭した。三田氏滅亡後、青梅地方は戦国大名北条氏の支配となる。延宝七年の神主訴状に「北條家之時分ニも拙者先祖へ本領之書出シ有之于今所持仕候事」とあり、享保四年（一七一九）六月の「武州御嶽蔵王権現内陳（陣）神宝目録」にも、「代々神主所持仕置候分覚」として「御嶽領可令知行　氏照書判、但直判」と書き上げられている。(22) この書出は現存しないが、浜名家は後北条氏統治下でも勢力を保ち、徳川家康が関東に入国する天正十八年を迎えたと考えられる。中近世移行期の御嶽山神主は、齋藤愼一氏の推測のとおり、土豪・地侍層に類する存在と位置づけられよう。(23)

御嶽山の社領三〇石は徳川家・幕府から神社（御嶽権現）に対して寄進されたものだが、社僧や御師たちには配当されず、神主一人の支配であった。そのため浜名家は、社領寄進について、「本領之内ニ而高三拾石社領可仕旨御居（据）判」を下されたものと、家康からの知行下付のように解釈し、「軍役仕候時分之家来共」を「拙者頂戴之御朱印下ニ而畠屋敷ヲ家恩ニ為取置候而御師ニ仕付、一月ニ三、四人之地役を召使」った。

さらに延宝七年の「四拾年已前」である寛永年間(一六二四〜四四)には、「御師之内茂右衛門与申者」を浜名家に「敵対申ニ付而父子斬罪」に処した。寺社奉行も、茂右衛門が神主の「家来ニ無紛」とし、浜名家の処置を承認した。浜名家は「山中之者共」にも「茂右衛門同然ニ家来ニ紛無御座候との証文」を提出させた。

十七世紀前半、御嶽山の神主浜名家は、戦国期以来の武士的・小領主的意識を維持しつつ、「家来」である御師たちに臨んだ。修験者(武力を保有する場合も想定される)や神主の軍事的な従者が前身と推測される御師たちは、神主から畑・屋敷を与えられて定期的に使役されるなど、神主に強く従属する存在だったと推定される。

このような御嶽山における神主と御師との関係は、近世初頭の村落における土豪・地侍層と旧来の小百姓及び被官など隷属農民との関係の一類型とみることができる。

ただし、一般的な土豪・地侍層は、武家に仕官して村を離れる事例もあるとはいえ、多くは在地に残り、小百姓と同じ百姓身分として均質化され、十七世紀後半ころには近世村落に包摂・規定される存在となっていく(24)。

御嶽山近隣でも、滝沢博氏により(25)、多摩郡日向和田村(現・東京都青梅市)の十六世紀後半から十七世紀半ばにおける地侍の動向が復元されている。戦国末期に日向和田村に在って、名子・被官などを使役して保有地の経営にあたっていたと推定される地侍のうち、野口氏・師岡氏・和田氏は江戸時代も日向和田村に居住し続けた。既に十六世紀初頭から日向和田村を本拠としていた野口氏は、十七世紀前半ころから血縁分家を創出し、隷属農民を百姓として名請させ、自らは名主役を勤めるようになる。一方、十六世紀後半に来住した田辺氏は、十七世紀前半までは日向和田村にあって五、六軒の隷属農民とともに小集落を形成していたが、寛文八年の検地以前に日向和田村を離れ、武家に仕官したという(26)。

近世初頭に村落に残った土豪・地侍層が土地・百姓を実質的に支配する状況を、江戸幕府はそのまま存置することはあっても、法制度的に改めて承認し、定置することは基本的にはない。

しかし御嶽山の場合、山上村落と山麓の御嶽村の一部が御嶽権現の社領（朱印地）として寄進され、神主一人に配当された。神主浜名家は御嶽山の領主権を単独で行使する存在となり、社領内に居住する御師への支配は領民の統治として法制度的な根拠を持つことになった。御師の斬罪という武断的な対処も、村落内部の私的制裁ではなく、領民に対する刑罰になるため、幕府も追認するのである。

御嶽山御師の側から述べれば、彼らは神社（御嶽権現）に属する宗教者であると同時に、山上村落に居住する社領民としての性格も有する。彼らの領主は社領の寄進対象である神社だが、現実にその機能を担ったのは山上に在って神社を主管し、彼らを統率する神主家であった。このような存在形態は江戸時代を通して変わらず、武州御嶽山の特性といえる。

ただし、神主の強固な支配のもとにあった十七世紀前半、御嶽山上村落という〝村〟の成員として御師たちをみると、その自立度は、一般の村落共同体の百姓と比較しても同程度、もしくはより低かったとも思われる。そのため十七世紀後半から御師たちは神主に対して積極的な自立運動を展開することになる。御嶽山の特性は、近世初頭段階の御師にとってはむしろ桎梏だったのである。

二　御師集団の自立運動と師檀関係の形成

御嶽山御師の動向を史料から明確に追えるのは十七世紀半ばからである。明暦二年（一六五六）五月、御嶽山御師の善左衛門・次郎左衛門・権十郎・仁左衛門の四人が寺社奉行所へ出訴し、神主浜名玄蕃が社殿の荒廃、山林の乱伐、社僧の圧迫といった「無体成儀」を行うため、「六十坊之御師共饉命ニ及」ぶとして、玄蕃の召喚を願った。翌六月、善左衛門ら四人は「御神木切申木数之事」と題した書上を寺社奉行所へ提出し、神主が伐採した杉・檜の、長さ・太さ・本数を詳細に報告している。[27]

「六十坊之御師共」について、訴状では「蔵王権現之御宮ニ伝り申御師共、山坂本ニ六十坊御座候」と述べている。御嶽山上（「山」）と山麓（「坂本」）に合わせて六〇軒の御師が居住しているとの意味であろう。[28] 五十年余り時期は下るが、宝永六年（一七〇九）には、山上御師三五人、坂本御師二〇人と計五五人の御師の存在が確認できるので、[29]「六十坊」は明暦二年当時の御師の実数に近いと考えてよい。

明暦二年の訴訟が契機となり、明暦四年三月、幕府評定所から御嶽山の神主・社僧・御師へ七ヶ条の裁許状が出された。第一条から第六条で、正月の社参や祭礼の執行方法、神社の散銭・竹木の管理などについて具体的に指示し、第七条で「神主・社僧幷御師等迄令万事相談、如先規社法能様ニ可令勤仕候、以私之遺恨神事・祭礼等聊不可致懈怠候、自然私曲之義於有之者互ニ奉行所迄可訴之事」と定めている。[30] 幕府はこの裁許状で神主・社僧・御師の三者協調による神社勤仕・祭礼執行を命じ、神社運営への御師の参加を公認したのである。

さて第四条には「一、二月八日祭礼之砌権現江納大(太)力刀之義、神主方ゟ其役人江可相渡事」とある。「二月八日祭礼」は「陽祭」といい（現在の五月八日の「日の出祭」。以降「二月祭礼」と表記）、九月二十九日の「陰祭」（現在の「流鏑馬祭」。以降「九月祭礼」と表記）と併せて「両祭」と総称された。「両祭」の執行は中世まで遡ることができ、第四条からは、江戸幕府も御嶽山における二月祭礼の重要性を認識し、神主のもとで役儀を勤める奉仕者の存在（「其役人」）まで把握していたことがわかる。[31]

武州御嶽山では、「両祭」の諸役儀と奉仕者の名前などを書き立てた「祭礼役儀帳」が作成され、万治二年（一六五九）二月から元禄四年（一六九一）二月までのもの（以降「万治二年祭礼役儀帳」と表記）が伝存最古である。[32] これ以前にも役儀帳が作られた可能性も捨てきれないが、幕府裁許状が下付された明暦四年の翌年が万治二年であり、神主・社僧・御師の三者協調という裁許の指針に従い、諸役儀を明確化して円滑に祭礼を執行すべく、万治二年から祭礼役儀帳の作成が開始されたと推定する方が自然であろう。[33]

この万治二年祭礼役儀帳の分析を端緒に、当該期の「六十坊之御師共」の内実について検討を始めたい。寛文十年（一六七〇）以降、二月祭礼の神輿警固役の奉仕者名に「ふもと」「麓」と註記される年が散見される。註記のある者が御嶽山麓に居住する坂本御師で、ない者の多くが山上御師と推定される。[34] 神輿警固役以外の二月祭礼の役儀や九月祭礼の役儀の奉仕者で「ふもと（麓）」註記があるのは二例のみである。[35]「両祭」の役儀の大部分は山上御師が担い、坂本御師は原則として二月祭礼の神輿警固役のみ勤めていたと考えられる。[36]

「山坂本ニ六十坊」という御師としての一体感はあるものの、あくまでも「山」と「坂本」であって、十七世紀半ばには山上御師と坂本御師は明確に区分されていたと考えられる。

「両祭」の役儀の種類は近世を通してほとんど変化しておらず、山上御師は二月祭礼では甲役・具足役・太刀役（「倶利伽羅太刀」）・大床役・神輿警固役・神馬口取役・神馬警固役・笛役・法華経箱持役・十六善神箱持役、九月祭礼では馬乗役・口取役・的役を勤めた。[37] 万治二年祭礼帳の時期に山上御師が勤める役儀がある程度決まっていた状況がうかがわれる。[38]

「大床役」（祭礼帳には「神前ニ而御太刀まかない」「御太刀出ス者」などとも記載）は、元禄三年に「手長役」と改称された。[39]「手長役」は狭義にはかつての「大床役」を意味するが、[40] 十八世紀以降の諸史料に現れる「手長御師」とは、二月祭礼で手長役の他、甲役・具足役・太刀役・神輿警固役を、九月祭礼で馬乗役を勤める一〇数人の山上御師たちを指す。十七世紀段階でも、特定の山上御師たちがある年の二月祭礼では大床役を、別のある年には具足役や甲役を勤め、九月祭礼では馬乗役を交代で勤めている。(41)このような比較的優位にも思われる祭礼役儀を勤めた御師たちは、山上村落の名主役・年寄役にも就いた(後述)。(42)彼らが近世後期の「手長御師」につながると考えられる。(43)

既に近世前期に山上御師各家の祭礼役儀は慣例的に相当定まっていた。神社を主管し、祭礼を司るのは神主だが、この時期には神主が自由に役儀を任免することはできなくなっていた。そして山上御師たちの間で勤仕する役儀に対応して家格的な差異があったようである。先述の延宝七年(一六七九)の神主訴状にも「祭礼之時分ハ従神主方散銭取放修理料ニ申請候とて、先規ゟ終神前等へ上ケ不申候下輩之者共神前江上り奢申候」と記されている。(44)神前へ上がることを許されていなかった御師の存在を推定できるが、実際には「下輩」とされた御師が、神主の反対を押しきって神前に上がっているのであり、十七世紀後半の延宝七年時点で既に山上御師各家の対等性を追求する傾向があったこともうかがわれる。

明暦二年に四人の御師が提出した訴状及び書上の原本は鈴木伊織家に伝来している。(45)十八世紀初めの宝永六年以降、二月祭礼で鈴木家が法華経箱持役を勤めてきたのは確実で、万治二年の二月祭礼でも「一、法花経箱　次郎左衛門」と祭礼役儀帳に記されているので、(46)明暦二年の御師四人のうち「次郎左衛門」が鈴木家の先祖と考えられる。

残り三人の御師の苗字は判然としないが、二月祭礼では、善左衛門が万治二年に大床役、万治四年・寛文二年に甲役を、権十郎が万治四年に神輿警固役、仁左衛門が寛文二年・六年に神輿警固役、九月祭礼では、仁左衛門が万治三年・四年に口取役をそれぞれ勤めた。先述のように、大床役・甲役はのちに「手長御師」、神輿警固役は「手長御師」・非「手長御師」双方、法華経箱持役・口取役は非「手長御師」の役儀となった。

四人の御師が勤めた祭礼役儀が多様だったことをふまえると、明暦二年の訴訟は、旧来の家格の差異を度外視して結束した「六十坊之御師」が四人を惣代として提起したものと推定される。

明暦四年の裁許状で幕府によって公的地位が直接保障された点は武州御嶽山御師の身分的な特質といえるが、裁許状で指示された運営制度が実際に機能するのは、神主家改替後の十八世紀以降である（後述）。旧来の土豪的姿勢を維持して従属を強いる神主浜名家に対して御師集団が起こした自立運動が明暦二年の出訴であり、幕府はそれを受けて神主の恣意的な領主権行使を抑制し、御師の存在を法的に認める明暦四年の裁許状を下付した。つまり下付当時の十七世紀中葉段階での明暦の裁許状の意義は、御嶽山の社領民たる御師の自立がまず法文で承認された点にとどまり、一般村落でいえば〝小農自立〟達成への一行程という程度であろう(47)。

従って明暦の裁許状下付後も御師集団の自立運動は継続する。前章でふれた寛文八年の御師五人、延宝五年の御師一九人による御嶽山での二度の検地実施はその一環である。先述の延宝七年の神主訴状では、「彼拾九人之御師共神領を御料所ニ仕度与申儀」と述べられており、御師集団は幕府代官の検地によって御嶽山を幕府直轄領に変更し、神主の社領統治からの離脱を図ったと考えられる。社領の寄進によって規定される御嶽山の独立性を固守する意識は、十七世紀後半の御師たちにはまだみられない。彼らにとって先決すべきは神主の専権の否定であった。

幕府は、寛文八年の検地の際に頭取を務めた御師善左衛門（明暦二年に出訴した善左衛門と同一人物であろう）を追放しており、検地については神主を保護する立場をとった。将軍寄進の朱印地たる社領を否定するような検地を容認せず、領主権行使者たる神主の地位は保障した。

ただし神主の恣意を抑制する幕府の立場もまた同時に一貫していた。例えば、延宝四年八月、寺社奉行は御嶽山に裁許状を下している。これ以前、明暦四年の裁許状の第五条で、神社の散銭（賽銭）を神主・社僧・御師が立ち合って封印し「社之修理料其外神用等」に用いるように定めたが、寛文七年に神主浜名左衛門の父助六が「進退依難続」奉行所に訴えた結果、散銭を「為助成神主方可受納之旨」を指示されたところ、「既及拾年之条」「従来巳年」、すなわち延宝五年から再び「如前神主・社僧・御師立合致相封修理料可納置之者也」と命じた。(48) この延宝四年の裁許は、延宝七年の神主訴状によれば、「御師共御訴訟」によって出されたものである。幕府は、神主の散銭占用を禁じ、その用途を神社の修復に限定し、神社と神主家の財政を分離させる方針をとった。

御嶽山御師が自立運動を展開できた背景には彼らの経済的成長があった。先述の延宝七年の訴状で神主は「御師共進退ハ能罷成」っていると記し、その理由を「御師共面々ニ牛王檀那を持罷在」「牛王旦那を付所務」を行っているためとする。つまり、御師たちは御嶽権現を信仰する各地の檀家と関係(師檀関係)を結び、宗教活動を展開するようになったのである。各御師家の所蔵史料からも十七世紀後半から十八世紀初頭における師檀関係の形成を裏付けられる。

「片柳三郎家文書」には、寛文九年十二月十三日に又右衛門が五郎兵衛に「屋敷幷檀那」を「金子六両壱分請取、末代売渡」した証文(「売渡申屋鋪檀那之事」)が、「服部喜助家文書」には、延宝七年二月十三日に宮内が伊兵衛に「ながふち《(長淵)》村・大やな《(柳)》村(現・東京都青梅市)合而五拾間《(軒)》金子弐分」で「年季之儀ハ拾年ニ相定」めて売り渡した証文(「旦那売渡申手形之事」)、及び元禄十六年三月二十四日に市太夫が兵左衛門に「大やな村・長ぶち村両村ニ而毎度売置申候旦檀《(旦那カ)》」を「永代ニ売渡」した証文(「旦檀永代ニ仕候手形之事」)が伝存している。(49)

御嶽山の祭礼時に設置される売場である「町場」を管掌していた御師兵左衛門は、元禄十四年以来、「町場」の支配権をめぐって神主との間で断続的に出入となっていた。結局、宝永三年十二月、神主浜名玄蕃が「度々出入茂有之不埒」として御嶽山を追放されて神主浜名家は改易となるが、この宝永三年の係争は兵左衛門が「旦那廻り」に出ていたときに発生したものだった。(50)

御嶽山御師は、関係を結んだ檀家を定期的に廻って神札を配り（「旦那廻り」）、時には御師たちの間で年季売買または永代売買という形で檀家の譲渡も行った。彼らの主たる経済的基盤は檀家にあり、宗教者として自活したと推測できる。

さらに十八世紀には檀家帳が作成されるようになる。現存する最古のものは「片柳光雄家文書」の「享保十三申年二月吉日　金峯山御師　片柳主馬」との表題を持つ享保十三年（一七二八）の檀家帳[51]で、先行研究でも検討されてきたが[52]、「調査団」の活動により、これ以外にも十八世紀段階の檀家帳を確認できた。「鈴木伊織家文書」には宝暦九年（一七五九）六月「武州多摩郡世田ヶ谷領喜多見村私領分旦那覚帳」の他、天明〜寛政年間（一七八一〜一八〇二）のものが三点、「片柳光雄家文書」には明和〜寛政年間（一七六四〜一八〇二）のものが七点、「須崎裕家文書」には明和年間（一七六四〜一七七二）のものが二点、「久保田英明家文書」には寛政年間（一七八九〜一八〇二）のものが一点ある。[53] 十八世紀半ばころから山上御師各家で檀家帳作成が定着し、檀家を個別に把握するようになったと推測される。

宝暦十四年には、山上御師岸野平馬が、尾崎修理との旦那売買をめぐる内訌について寺社奉行所に出訴し、神主金井勇助が奉行所に返答書を提出する。このなかで神主は、「当山之者渡世之儀者、蔵王権現者社稷守護神故、夏・秋両度自分之旦方江五穀成就之札を配り、初尾もの取集此助力ニ而万端相賄候故、此儀猥ニ仕候而者誠ニ渇命之根元、依而旦方之儀ハ百姓之田畑・山林茂同前、夫故自分之旦方より外之旦那江相廻り札遣シ候義曾以不仕候一山之掟ニ而、古来より相互ニ急度相守候」と述べている。[54]

自らに属する檀家に年二回の配札を行い、初穂を受納するのが御嶽山御師（「当山之者」）の生業だとして、御師による檀家の保有と百姓による田畑・山林の所持を同一視し、神主・山上御師集団全体で他の御師に属する檀家への配札を厳禁している(「一山之掟」)と明言する。

十八世紀後半になると定期的な檀家廻りと配札、檀家帳による綿密な管理を通して、檀家は御師の家産となり、御師相互で家産として尊重する意識も確立した。御嶽山の各御師と檀家との師檀関係が安定化したと考えられる。

三　元禄の社頭造営と御師集団の改編

御師集団の自立が進行する状況に対し、神主側の勢威を回復するため幕府の支援を求めたのが、再々言及してきた延宝七年(一六七九)の神主父子の訴状である。この時期に至ると御師たちは神主に定期的に使役されることはなくなり(「拙者方江先規より之地役等ハ不仕、万事面々役なし」)、「社役」として二月祭礼で一五人、九月祭礼で八人が「役人」として奉仕するのみとなった。

ただし、戦国期以来の恣意や専権が弱まったとはいえ、神社の主管者として祭祀を司る神主、御師たちを統率する「御頭」、領主的存在として社領を統治する「地頭」、という浜名家の法制的地位が失われたわけではない。

元禄十三年(一七〇〇)、将軍徳川綱吉の発願で武州御嶽山の社殿の造立が行われた。慶長十一年(一六〇六)に続いて二回目の幕府による社頭造営であった。十月二十八日、御嶽山の神主浜名左京(保信)と社僧世尊寺は、同じ元禄十三年に幕府によって社頭造営が実施された香取神宮(千葉県香取市)の大宮司香取丹波・別当金剛宝寺・大禰宜香取図書とともに、江戸城白書院の月次御礼の際に「御修覆御礼」として将軍綱吉に拝謁した。関東屈指の大社である香取神宮と全く同じ形式・待遇で「御目見」しており、近世前期、幕府の寺社支配の体系下で武州御嶽山が相当上位にあって、厚遇されていたことがわかる。(55)

将軍への拝謁によって神主（と社僧）が御嶽山を代表・象徴する存在であることが改めて明示されたが、さらに社頭造営以後、浜名左京が神主・「御頭」・「地頭」という法制的地位に基づく権限を積極的に行使したことが、残された史料から判明する。

左京が御師たちに発給し、二月祭礼・九月祭礼の役儀を補任した免許が原文書や写しで伝存する。「馬場満家文書」には、元禄十五年二月六日、浜名左京が押印し、高名靱負に「今度御修復ニ付、致太儀候ゟ役儀、笛職ニ申付」けた「証文之事」がある。(56)

この二年前、社頭竣工直後の元禄十三年九月付けの三通の「証文之事」もあり、浜名左京が、片柳宮内・林茂太夫・片柳半太夫各々に対し、「今度御輿警固役儀申付」けている。この三通の免許は、安永六年（一七七七）から記された神主家の公用日記（「配下諸訴扣帳」）に、「古例之外当家ゟ申渡免許を以相勤候分先規免□差出候様申渡、左之通訴出候」という経緯で収載したものである。つまり当時の神主金井郡胤が、神主家がかつて発給して各御師家に伝来した祭礼役儀の免許を提出させて筆写したもので、浜名左京以後の神主が発給した免許も写し取っている。このなかの一つ、元文四年（一七三九）三月に浅羽蔵人が片柳隼人に出した免許には、「御輿警固役之事、右役儀元禄十四巳年応先判旨願之通片柳大蔵名跡令免許候」とあり、元禄十四年にも浜名左京が片柳大蔵を「御輿警固役」に任じる免許を出した可能性がある。(57)

また、元禄十五年二月三日、浜名左京が（馬場）主膳に対し、「先規之通手長職」を勤めることを認めた「証文之事」の写しも別に残っている。(58)

先述のように、二月祭礼・九月祭礼における各御師の役儀は既に十七世紀後半には慣例的におおよそ決まっていたが、浜名左京は「古例之外」に新たに免許を発給した。御師たちに対し、神主が祭礼諸役の補任権を保持することを示し、神事祭礼の主宰者としての地位を再確認させようとしたものと考えられる。

土地譲渡の原文書にも浜名左京が奥印した史料が一点確認されている。元禄十五年二月二十九日、山上御師同士で屋敷地の売買がなされ、隼人が靫負に「我等屋敷并ニ西方之屋敷付畑田竹林共ニ不残金子三両弐分弐朱」で「永代ニ売渡し」た旨の「売渡シ申屋敷手形之事」が作成された。この証文は「売主　隼人」が押印、「組合　証人」として右近・数馬・掃部・源太夫が加印し、靫負に差し出されているが、末尾に「右之旨披見上無相違侭奥判加之候」と記し、浜名左京が奥印している(59)。

これより三十年以上前の寛文九年(一六六九)十一月五日、山上御師の常誓・左五左衛門が山上御師五郎兵衛に、「身躰不成罷候ニ付、自双方山主殿江得　御意、御下知ヲ請、家屋敷ヲ金子五両請取末代ニ売渡」した。この売り渡し証文(「売渡申家屋鋪事」)には、常誓・左五左衛門と、五郎兵衛各々が属する五人組の計八人の御師、及び名主八郎兵衛が連印するだけで、神主の奥印はない。常誓・左五左衛門と五郎兵衛の双方が「山主」、すなわち神主の承認と指示を受けて売買が行われたことが証文中に記されるのみである(60)。

同じ寛文九年の十二月十三日、山上御師又右衛門が山上御師五郎兵衛に「屋敷并檀那」を売り渡したことは前述した。この証文に連印したのも両者の五人組の御師計八人と名主八郎兵衛で、神主の奥印はなく、証文中に「双方ゟ神主殿江得御意、御下知請」と記されるのみである(61)。

十七世紀後半、御嶽山内の屋敷地の売買は、当事者の御師たちと五人組・名主を中心に実施され、神主は口頭の「御意」「御下知」によってそれを承諾する形がとられていたが、十八世紀初頭、浜名左京は証文に自らが奥印して売買を承認する形に変更したとみられる。神主が屋敷地売買に直接的に関与することで、御嶽山の統治者としての地位を明示しようとしたものとも思われる。

浜名左京は山上御師集団の内部組織も再編した。天明六年（一七八六）五月に神主金井郡胤が幕府寺社奉行所に提出した逆訴状には、

先年手長役之内主膳与申者名主役相勤、山中之義諸事取計候処、元禄八亥年迄役致候ニ付、其後者名主名目無之、惣御師組限ニ而五人宛月番役相定、山中之諸用取計候様先神主濱名左京申渡、則御師組限五人宛月番相立、諸用取計候儀ニ而右者名主之役前ニ有之

と記される。(62)

また、弘化四年（一八四七）五月、「今般内藤紀伊守様御掛り御吟味中、手長御師家格旧例御尋ニ付」、「手長役御師惣代」の片柳勘解由・片柳内記から寺社奉行所に提出された「先格旧例之事」には、

一、武州御嶽山御宮所守護致来り候儀者神主・社僧、御師之内ニ茂手長御師者当時拾弐人有之候、其内七人者元禄度迄年寄役相勤万事遂相談社法能様取計候処、其砌り神主濱名左京代ニ年寄役被召上、其以来御師一統を組割いたし一組ニ而三ヶ月宛諸用相勤候事

とある。(63)

齋藤典男氏は、後者の弘化四年「先格旧例之事」を主たる根拠に、十七世紀の御嶽山上村落には、一般村落と同様に名主役・年寄役が置かれ、神社の祭礼で「手長役」を勤める山上御師から七人が就任し、御師の代表者となったが、元禄年間、浜名左京の代に至ると、名主役・年寄役は廃止されたとした。(64)

十八世紀後半と十九世紀といういずれも後代の史料が伝えるところだが、近世前期、村役人的な職務（「名主之役前」）を担う「手長役」の御師たちが中心となっていた御嶽山上村落の運営制度が、神主浜名左京によって変更されたという。なお、ここでいう「手長役」とは、元禄二年まで「大床役」と称された二月祭礼の狭義の「手長役」だけで

はなく、二月祭礼の甲役・具足役・太刀役、九月祭礼の馬乗役といった役儀も含んでいると考えられる。優位にみえる祭礼役儀を勤めた御師たち、つまりのちに「手長御師」と呼ばれる一団が、山上村落の村政も主導していたのである。

　後代の史料は史実の大概を示すが、同時代史料に拠って細部を修正・補足する必要がある。まず、元禄八年まで主膳が名主役を勤めた後に廃止された（「其後者名主名目無之」）とする点だが、その五年後の元禄十三年、幕府による社頭造営が竣工した際の関係史料に御師の「名主」が登場している。

　七月二十一日、「御普請出来ニ付」、神主浜名左京・世尊寺・名主右京から、幕府の普請奉行瀧野重右衛門・市川孫右衛門に宛て、「社堂夜番」を「今晩ゟ三人宛急度御師中ニ相勤させ」る旨の「一札之事」が出された(65)。御師たちの神社勤番の状況を記録した「元禄十三年庚辰八月九日　武州御嶽権現御番并掃除帳」という史料にも、「御嶽御師名主馬場杢丞」という表記がみえる(66)。社頭造営時までは右京や馬場杢丞などの山上御師が名主の地位にあったのである。名主役・年寄役廃止後すぐに「月番役」が設定されたとする点もやや不正確である。制度廃止後、全ての山上御師（「惣御師」「御師一統」）を「組限」「組割」し、各五人組が三ヶ月交代で山上村落の村役人的職務を担うことになったのは史実と考えられる。ただし、片柳太郎氏も指摘したように、三ヶ月間職務を行う五人組は当初は「月番」ではなく、「当り名主」と称していた(67)。

　元禄四年九月からの祭礼役儀帳には、元禄十五年の九月祭礼の役儀の書上（「九月廿九日やふさミ御祭役人」）の後、「当り名主前数馬組」と記される。翌元禄十六年の二月祭礼の役儀書上（「二月八日御祭礼役付」）の末尾には「当り名主主膳組合」、同年九月祭礼の役儀書上（「九月廿九日やふさミ御祭礼役人」）の末尾には「名主四郎右衛門組合」とある。なおこの役儀帳の表紙には「濱名左京」の記名と花押がある(68)。

元禄十三年までは御師名主、元禄十五年からは山上御師各五人組の「当り名主」の存在が、同時代史料（社頭造営関係史料・祭礼役儀帳）によって確認できることから、この間に、神主浜名左京によって名主役・年寄役が廃止され、「当り名主」制が実施されたと推定できる。

ところで前述した元禄十五年二月三日付け浜名左京発給の主膳宛て祭礼役儀免許の写し（「証文之事」）には、

権現様御祭之節年寄為役め先規之通手長職相勤来り申候、殊ニ向後不相替何ニても年寄役め可相勤候

とあるが、年寄役存続を示す史料だと速断すべきではない。むしろ元禄十三年から十五年の間に浜名左京が名主役・年寄役の職務を「当り名主」の五人組に移管したことを傍証し、当該期に名主役か年寄役を勤めていた主膳にその代償を付与した証文だとみるべきであろう。(69)

具体的には、山上御師村落の村役人としての年寄役の職権は接収するが、「年寄為役め」、すなわち上位の御師として年寄役の格式は存置し、神社祭礼の際（「権現様御祭之節」）の役儀については、神主に次ぐとされる「手長職」への従来通り（「先規之通」「向後不相替」）の勤仕を保障したものと解せられる。換言すれば、浜名左京は、山上御師集団のなかで年寄役の御師が保持していた全般的な優位性を神社祭礼の範囲に限定しようとしたのではないか。(70)

幕府による元禄の社頭造営は、御嶽山を束ねる神主の法制的地位を御師たちに再認識させることとなった。これを絶好の機会とみた浜名左京は、旧来の慣習を改め、祭礼での優位な役儀や名主・年寄役を勤める有力御師たちを介さず、神主が御師集団を直接統率する形の神社運営・山上村落統治の制度（「古例」に拠らない祭礼役儀の新たな補任、土地譲渡への関与の強化、「当り名主」制）を導入し、神主家の勢威回復を図ったものと筆者は考える。

先述のように社頭竣工からわずか六年後の宝永三年（一七〇六）十二月、幕府寺社奉行の裁許によって神主浜名家自体が改易されたため、左京の回復策は結実しなかった。しかし左京の施策とその直後の浜名家改易は、山上御師集団

の自立をより進展させることとなり、各御師対等の御嶽山自治が成立する端緒になるのである。

四　無神主状況と御師の神社神職化

宝永三年（一七〇六）十二月の浜名家改易から二年間、武州御嶽山は無神主の状態となった。祭礼役儀帳によると、宝永四年と同五年の二月祭礼は、「此度御頭無御座候故、世尊寺・御師寄合令相談、先年之通御祭礼相勤」めた[71]。世尊寺住職が記した「世尊寺入院日記」[72]には「亥ノ九月廿九日、ヤブサメ馬付之儀ハ、勘解由名主前相役茂大《太》夫両人ニ而馬役人申付候事」とあり、宝永四年の九月祭礼では、「手長御師」の（片栁）勘解由と「当り名主」（「名主前」）の（林）茂太夫[73]が所役の勤仕について通達したことがわかる。

「御頭」たる神主を欠いたなか、神社の祭礼は社僧世尊寺と山上御師集団の合議のもとで執行された。役儀の奉仕者に関しても、社僧の了承のうえ、旧来の有力御師たち（もとの名主・年寄役）の代表と「当り名主」の五人組が中心となって決めたものと推測される。

日常的な神社の祭祀にも変化が生じた。宝永四年八月三日、世尊寺は山上御師集団（「千座惣中《仲》間」）に宛てて「一札之事」を出し、「御嶽祭礼之外年中社僧・御師立合、天下御安全幷に国家繁昌之御祈禱之意趣ハ、世尊寺ハ護磨《摩》執行、惣御師ハ中臣祓相勤来り申候、当年ハ猶以御若君様御誕生ニ付千座相勤申候、以申合如此ニ候」とする[74]。武州御嶽山では祭礼時以外にも社僧が護摩執行、山上御師全員が中臣祓奏上を勤めるとし、特にこの年は、将軍徳川綱吉の世子家宣（後の六代将軍）に子息の家千代（「若君様」）が生まれたため、護摩・中臣祓をそれぞれ千座勤仕することを申し合わせたのである。

「世尊寺入院日記」に「護摩千座中臣祓之御披露ハ隠居、同片栁権太夫、隼人三人ニ而、八月十八日ニ披露申上候事」とある[75]。世尊寺前住職（「隠居」）と山上御師の惣代（権太夫・隼人[76]）が出府し、御嶽山における護摩執行・中臣祓奏上の千座勤仕について幕府寺社奉行所に届け出たのであろう。

「惣御師ハ中臣祓相勤来り申候」とされるが、御師が御嶽山を代表して中臣祓を奏上したのはこれが最初だったと推測される。寺社奉行所への届け出から十一日後にあたる八月二十九日付けで、山上御師三三人が連判証文を作成している。

内堅証文之事

一、此度社僧・御師相談之上、神主も無御座候故、御　公儀様江奉　御窺中臣千座仕候、此千座ニ付若如何様之六ヶ敷等出来仕、　御　公儀様江罷出候事御座候ハヽ、此連判之者江戸遣金割合ニ而急度出シ申筈ニ相定申候、為後日仍而連判証文如件

宝永四年丁亥八月廿九日

掃　部㊞
数　馬㊞
右　京㊞
杢之丞㊞
刑　部㊞
靫　負㊞[77]

（以下二七人連㊞。ただし五人は名前のみで押印なし）

右之通り出銭之義ハ、若御　公儀様江罷出候義御座候ハヽ、無高下ニ出シ可申候、已上

山上御師たちは、幕府に届け出て（「御公儀様江奉御窺」）中臣祓の千座奏上を行っているが、もし支障（「六ヶ敷等」）が

生じて幕府に召喚される事態となった場合、惣代の江戸出府時の費用（「江戸遣金」）を山上御師全員が平等に（「無高下ニ」）負担する旨を取り決めたものである。

「神主も無御座候故」とあるように、山上御師たちが中臣祓を奏上したのは無神主状況になったためであった。おそらく武州御嶽山で奏上を許されていたのは神主だけだったが、浜名家改易後、旧来は神主が主宰していた神道的な祭祀を御師たちが担うこととなり、中臣祓についても社僧の同意と幕府への報告にもとづき、彼らが奏上したのであろう。

さらに宝永五年六月、山上御師集団は寺社奉行所に次のような願書を提出する。

乍恐以口上書御訴詔申上候御事

一、武州御嶽権現ハ御修覆地ニ而社領三拾石下シ被為　置、御朱印之義ハ神主所持仕罷有候、三拾石之義ハ山下ニ而下シ被為　置候、山上之義ハ先規ゟ御不入地ニ而御師屋敷之義御拝領地ニ罷有、於御神前ニ神主・御師同座ニ而御祈禱相勤申候、九年以前辰年（元禄十三年）御修覆被為　仰付候節、御遷宮之義　御公儀様ゟ神主江も御師江も烏帽子装束下シ被為　置、神主・御師ニ而御遷宮相勤申候御事

一、先年ハ御奉行所様御寄合江罷出候節者神主・御師一同ニ被為　召出候所ニ、延宝四辰年神主権現神木を伐採候ニ付御師共　小笠原山城守（長頼）様江御吟味奉願候、其之節も御広間ニ罷有候所ニ大勢ニ而候間、御しらすより罷出可申と被為　仰付、御前ゟ罷立候而者　御広間ニ御師共罷有候、此義例敷之様に罷成迷惑ニ奉存候御事

一、酒井河内守（忠挙）様ニ而御寄合江罷出候ニハ神主罷出候所ゟ御師共をも一同ニ被為　召出候、先年之通御慈悲ニ神主罷出候所ゟ御師共被為　召出候様ニ被為　仰付被下候ハヽ、難有可奉存候、以上

武州御嶽御師

掃　部㊞
数　馬㊞
右　近㊞
右　京㊞
杢之丞㊞
形（刑）部㊞
将　監㊞
靱　負㊞
内　記㊞
（以下二五人連印）(78)

宝永五戊子年六月七日

寺社
御奉行所様

一条目、一つ目の傍線部では、山上御師は神主と神前で「同座」して祈禱すると述べる。神主浜名家との「同座」を史実とみるには検討の余地が多いが、無神主となった前年の宝永四年に山上御師の中臣祓奏上を寺社奉行所に届け出たのは、この主張を根拠づけるためであったことがうかがえる。

二つ目の傍線部では、元禄十三年（一七〇〇）の社頭修復で、幕府から神主にも御師にも「烏帽子装束」が下付され、神主と御師で遷宮を執行したとする。

幕府からの装束拝領を明示する元禄十三年当時の原史料は現状では発見されていない。ただし、早くも十八世紀前半の享保四年（一七一九）の寺社奉行裁許(79)をはじめ、後代の史料には拝領を伝える記述がみえ、御嶽山と同じく元禄十三年に幕府によって社頭が造営された香取神宮で大宮司・大禰宜・配下神職・社僧が装束を拝領した史実があることなどを根拠に、筆者は旧稿で、神主への狩衣下付と社僧への僧衣下付は確実で、御師に対しても何らかの装束が与えられた可能性が高いと推測した。(81)

掲出の願書は社頭造営からまだ八年弱しか経過していない宝永五年六月に作成されたものであり、実際に幕府が御師たちに(神主と同じ狩衣かは措くとしても)烏帽子を着用するような装束を下付した可能性がより高まったと筆者は考えたい。(82)少なくとも社頭造営直後に〝幕府からの装束を拝領した〟とする言説が山上御師集団のなかで成立したのは確実である。

二条目と三条目は寺社奉行所での席次に関する出願である。神職・僧侶・修験などが寺社奉行所に出た際、控えの間(「座席」)と法廷(「評席」)という二つの空間それぞれに席次があり(「座席」は「別席」「惣席」、「評席」は「上通」「下通」「浪人台」「砂利」に区分)、各々定められた位置に着座した。寺社奉行所の席次は神社神職の公的な地位を視覚的に明示し、序列づけるものであった。(83)

旧稿で指摘したように、十八世紀後半の宝暦十二年(一七六二)、御嶽山御師は「評席」での席次は「先年ゟ格式」で「下通」であると寺社奉行所に申し立てて認められている。(84)

掲出の宝永五年の願書で述べられているのが、「座席」と「評席」どちらの席次についてか判然としないが、いずれであったとしても十八世紀初頭の段階で御師たちが神主と同等の寺社奉行所席次を望んだことがわかる。

武州御嶽山の山上御師たちは、無神主状況を活用し、幕府に対して神主と同列の地位にあると(修飾も含めて)主張し、その承認を得ようとした。幕府が認定する神社の潜在的な主管者は神主であるため、同格化は実現しなかったが、無神主状況下で山上御師集団が神事・祭礼執行の中心となった結果、彼らの自治能力は高まり、神社神職化も進んだ。

ただし、御嶽山には「御頭」「地頭」たる神主の存在は不可欠で、社僧世尊寺と山上御師集団は新たな神主を迎えるべく幕府への働きかけを進める。先述の「世尊寺入院日記[85]」からその経緯をみる。

宝永四年十月、世尊寺住職は、寺社奉行堀直利の役人に神主招聘を願う（「亥ノ十月十七日ニ神主願、堀左京様御役人数右衛門殿へ申入候」）。「其後拙寺一判ニ而願申候得共、両三度迄御列座無用と被仰候」とあることから、十月の最初の出願は社僧と御師たちの連判でなされたことが推定され、その後の社僧単独での二回の出願も含めて、認可されなかったこともわかる。世尊寺住職は十二月十三日に御嶽山に帰山した。

翌宝永五年正月十四日、世尊寺住職は、「山中連判[86]」した「神主願」と「大黒夷山王願」の二通の願書を携え、再び江戸に向かう。山上御師の「造酒・左内両人同道」した。

十六日、世尊寺住職は、「造酒・左内召連」、寺社奉行堀直利に「神主跡願之儀」を出願したが、「御取上ケ無之候」となり、月番寺社奉行の鳥居忠救に「大黒夷宮・山王宮修復願之事」を出願した。閏正月九日、世尊寺住職と山上御師の数馬[87]（帰山した造酒・左内にかわって出府）が堀直利方に出て、寺社奉行列座で「大黒ゑひす・山王修復被仰付候、杉・檜都合五本被下候」となり、寺社奉行所役人に「寺ト数馬ト二人証文指上ケ修復埒明」くこととなった。

閏正月二十五日には「神主願之事」で世尊寺前住職と山上御師の隼人が出府したが、「願切レ」となって、二月二日に帰山した。

同年十月二十七日から在府（「江戸詰」）していた世尊寺住職は、十二月十八日に寺社奉行本多忠晴方に「世尊寺・左門・隼人[88]三人罷出」て、新神主の着任を通達される。同月二十二日には世尊寺と神主の二人が寺社奉行所に召し出され、寺社奉行預かりとなっていた武州御嶽山の朱印状五通を渡され、「世尊寺神主両人ニ而請取之証文指上ケ」た。寺社奉行所は神主・社僧の共同管理で朱印状を「宝蔵江可置由」を命じたが、「宝蔵無之候間本社へ可入置由申上」げている。

難航したものの、幕府の許可を受け、大原修理（時光）が御嶽山の新たな神主に就任し、二年間の無神主状況は解消された(89)。願書のほとんどは社僧世尊寺と山上御師集団の連判で作成したと推定され、寺社奉行所に出願する社僧に御師の惣代が常に同道した。

浜名左京が導入した「当り名主」制は、無神主期の山上村落にも適用されたと思われる。村政は有力御師ではなく五人組が交代で主導し、しかも神主の容喙は存在しないため、山上御師集団内部の対等性が高まっていく。

かかる特質を持つことになった御師集団は、社僧と協働して神事・祭礼を執行し、社頭（大黒夷宮・山王宮）の修復や新神主の選任を実現する。集団内部の差異も残存するが(90)、村政にとどまらず、神社運営の面にも「当り名主」制の原理が浸透していったとみることができよう。

五　御師集団自治制度の確立

武州御嶽山に迎えられた大原修理は、宝永五年（一七〇八）十二月から享保四年（一七一九）十一月まで神主を務めて隠居し、養子蔵人（恒盛）が襲職した(91)。大原蔵人は間もなく旧姓の浅羽に復する。大原修理と浅羽蔵人は、社僧世尊寺と山上御師集団が推戴した神主であり、大原・浅羽神主期に、武州御嶽山の神主と社僧・御師との関係の実態が、浜名家の治世から大きく変化していくこととなる。

宝永六年十一月二十六日、大原修理は社僧世尊寺に証文を出し、「去子年権現神主ニ被為　仰付候所ニ先神主住荒シ候ニ付、諸事不勝手ニ御座候ニ付貴寺江相談」して、「権現散銭」について、「内陣戸前江迄拝殿ハ花櫃計り釈迦堂幷八代地蔵、右四ヶ所」の分は社僧が、「せき段玉がき之内ハ不及申末社」の分は神主が取得することとし、寺社奉行三宅康雄に許可された(92)。

その約十年後の享保四年二月十七日、神主・社僧・山上御師集団は「三方相談」を行い、証文二通を取り交わした。まず大原修理が世尊寺と「惣山御師中」に証文を出し、「当拾年以前御　公儀様江奉願御拝領」していた「権現散銭」を「先規之通り御修覆（料）領ニ相返し堂宮小破仕候処を修覆」し、以後は「我等私用」での散銭拝領を幕府に願わない旨を誓約する(93)。

世尊寺と山上御師三五人も連印して大原修理に証文を出し、「権現散銭御返進ニ付先規之通り御修覆領ニ仕候」としたうえで、「貴公様御勝手御詰り被遊候ニ付」、「修覆領之散銭之内ニ而壱年ニ小形金弐両宛之五年分」を神主に進上することとした(94)。

先述のように、明暦四年（一六五八）と延宝四年（一六七六）の幕府の裁許により、御嶽山の散銭の用途は神社修復に限定され、神主の占用が禁じられていた。ただし、神主浜名家は活計維持のため散銭の下付を望んでおり、寛文七年（一六六七）から十年間は幕府の指示で受領していた。

大原修理も神主に就任すると活計維持を理由に幕府から散銭拝領の許可を得たが、事前に社僧と協議して散銭の分割を内定した後に出願している。十年後、神主は散銭を神社に返上し、本来は修復料たることを確認したうえで、活計が立たない神主に対し、改めて散銭の一部を五年間進呈することになった。これは幕府寺社奉行所の審理を仰がず、神主・社僧・御師集団の合議（「三方相談」）で決定したものであった。

正徳四年（一七一四）三月には、神主大原修理・社僧世尊寺・山上御師三五人が「当山内堅メ之事」を作成・連印する（ただし御師四人は無印）。これは「従　御公儀様被為　下置候御証文之通り」、すなわち明暦四年の幕府裁許状に基づき、「権現神木」の伐採は、形状（立木・朽木・風折木・朽木など）を問わず一切禁止し、もし「神木伐候者」がいれば、伐採した木は神社に献上させ、「怠銭」（過怠料）を「神主・社僧・御師相談ニ而何程成共差出シ申筈ニ相定」め、順守する旨を取り決めたものである。(95)

浜名神主期に神主と社僧・山上御師全員が連印した史料は管見では確認できない。大原神主期から神主・社僧・御師集団が議定を結んで連印するようになったとみるのが妥当であろう。(96) 前述したように無神主期には、神主招聘や社頭修復について、社僧・山上御師たちが連印した願書を寺社奉行所に提出しており、その経験が反映されたと考えられる。

浅羽神主期の享保七年二月十一日にも神主浅羽蔵人・社僧世尊寺・山上御師三四人連印で「内堅証文之事」を作成し、「権現末社之やね幷鳥居小破仕候ニ付御神体等」にも雨漏りして支障があるため、「三方立合相談之上散銭を以て修復し、「神木山込ミ之内ニて枯木」を伐採して用材とする旨を定めた。(97)

明暦四年の幕府裁許状の第六条には「社中竹木猥ニ不可伐採候、若堂舎破損修覆其外入用之儀於有之者奉行所迄伺之可受指図候、勿論私用ニ伐採候義堅停止之事」とある。(98) 大原・浅羽神主期になると、この条文の趣旨をふまえて具体化した議定を神主・社僧・御師集団で締結することとなったのである。

享保七年の社頭修復について寺社奉行所の指示（「指図」）を受けた形跡はみられない。享保四年の散銭による神主助成と同じく、神主・社僧・御師集団の合議（「三方立合相談」）のみで決定したと推定される。

御嶽山側にとっては、散銭や社木の用途について逐一寺社奉行所に出願しなくても、神主や社僧、あるいは御師集団が無断で私物化しないことを保障する方式が整備されていればよく、幕府側も個別事例の審理の煩雑さから解放されることになる。(99) 明暦の裁許状の趣旨から逸脱したわけではなく、「神主・社僧幷御師等迄万事令相談、如先規社法能様ニ可令勤仕候」と指示し、「自然私曲之義」があった場合には「互ニ奉行所迄可訴」とする裁許の根本精神（第七条）に基づいた神社運営が可能になったのである。

ただし、大原・浅羽家が、神社の主管者（「神主」）・神職組織の統率者（「御頭」）の地位にあることは浜名神主期と変わりはなく、[100] 社領の領主的存在（「地頭」）として、近世封建領主の責務である「御救」を施すことも領民から期待されていた。[101]

さらに大原修理は、かつての浜名家が保持していた諸権限の回復も図り、社僧世尊寺と係争となった。結果、御嶽山の神符である「牛王札守」について、神主は社僧とともに神前で授与し、奉納金を取得できることとなった。[102] 社領の支配権を象徴する朱印状については、修理神主着任時に寺社奉行所が命じた神主・社僧共同での管理が改められ、神主単独での管理となった。[103]

「牛王札守」をめぐる係争の調停過程で、山上御師たちは、旧来の神符授与の方法について文書で説明している。[104] 浅羽蔵人に神主が替わった元文五年（一七四〇）二月にも、山上御師三六人は連印で「古例書之事」を神主に提出し、「御供料三拾石御壱人御支配」、「牛王札守　於御神前御売被成候、勿論世尊寺も売申候」などの四点が神主の権益であると「拙者共聞伝見及候、当山之古例紛無御座候」と明言している。[105] 神主や社僧の権益は山上御師集団の文書で保障されているのであり、神主の専権が復活したわけではない。

元来は武州御嶽山と無縁であった大原修理・浅羽蔵人の両神主は、代々御嶽山に居住する御師たちに対して山内の慣習や事情を照会せざるをえず、神社運営上の重要な決定をするにも神主・社僧・御師集団の文書による合意が必要となった。齋藤典男氏はこのような神主の状態を「傀儡政権のごとき存在」と表現する。[106]

私見では、傀儡化したとする評価は過言で、逆に専権を奪回したともいえない。神主家の改替によって、神主及び社僧・御師集団の合議という明暦四年の幕府裁許状で指示された神社運営制度が実質的に機能し始めたとみるべきであろう。

山上御師集団の内実はどのように変化したか。享保四年十一月六日の寺社奉行裁許の請書から検討したい(107)。係争の訴訟方は山上御師七人(うち一人は隠居)、相手方は神主大原左衛門と山上御師一三人である。訴訟方の七人は「手長御師」、七人が「下役」と呼ぶ相手方の一三人は非「手長御師」である。

訴訟方は、「近年下役之御師共我儘仕社法猥に罷成」っているため、祭礼などに混乱が生じているとする。対する大原左衛門は、神主着任後最初の宝永六年二月祭礼の際に、「祭礼之儀当山之一大事」なので「社僧・御師共令相談、万事如先規可申合」、「当年中之祭礼ハ左衛門一代之内式礼(例)ニ相用候」と宣言して「山中惣御師名代名主前五人・社僧世尊寺一同に連判仕固メ置」き、「其格を以当年迄拾壱年諸祭礼無相違相勤」めていると述べたうえで、訴訟方の主張に具体的に反論し、「御師三拾六人一同ニ而上役・下役・年寄と申儀曾而無之」ととなえ、相手方の御師一三人の惣代も神主に同調する。

寺社奉行所の吟味では、相手方の御師に、二月祭礼の役儀奉仕者の行列で「番附と相違之場に罷在候儀、不作法成致方」だと認めさせる一方、訴訟方の御師にも、九月祭礼の際に「馬上之役を相勤を上役と覚、其節神馬口牽候ものを下役と申なし候段、全心得違仕不調法」、「一山之御師共三拾六人一同之義ニ御座候処、心得違を以上役・下役・年寄と申儀、何ニ而も証拠無之不埒成義」であると言明させた。裁許では、「最初より不埒成義申出」た訴訟方の御師二人を「於在所閉門」とした以外は処分を科さず、「神事祭礼等之節、古来之法式相守万端相慎、急度相勤可申旨」を命じた。

幕府の審理の過程で、祭礼役儀に「上役」「下役」はなく、山上御師たちは「三拾六人一同」とされた。先述のように、既に浜名神主期に「下輩」とされた御師たちが、家格差を否定して対等性を追求する動きを示し、無神主期に山上御師集団内部で対等化が進んだが、大原神主期に至り、幕府によって山上御師各家対等の原則が承認されたのであり、その意義は大きい(108)。

また、大原左衛門は、社僧とともに「当り名主」の五人組の御師たち（「名主前五人」）に山上御師集団の代表（「山中惣御師名代」）として連印させ、当代の祭礼方法を取り決めた。大原・浅羽神主期には、山上御師の対等性に基づく「当り名主」制が、武州御嶽山の神社運営や山上村落の村政で、より大きな位置を占めるようになっていく。

第一節で言及した享保四年六月の「武州御嶽蔵王権現内陳《（陣）》神宝目録」は寺社奉行（月番の酒井忠音）に宛てて作成されたもので、差出人は「権現神主」の大原左衛門と「当り名主前」の内膳となっている(109)。

この二年後、享保六年十月作成の山上村落（「武州御嶽山中」）の人別帳は、末尾に「山中壱人茂不残拙寺檀那」との菩提寺正覚寺の証印を得て、「当り名主」の橋本玄蕃・黒田木工・片柳式部・片柳将監・秋山兵庫の五人から「右人別宗門之儀相違無御座候、殊ニ下人共之寺請状拙者共方ニ取置申候」として神主浅羽蔵人に提出された(110)。享保六年の人別帳は現存で二番目に古いものだが、最古の宝永六年四月の人別帳（「人別改之帳」）の作成に「当り名主」の関与は確認できない(111)。人別帳に山上御師の苗字が記載されたのも享保六年が最初である。

「当り名主」は祭礼執行や神宝管理という神社の最重要事項に山上御師集団を代表して携わり、村役人的職務の中核である山上村落の人別帳作成も遂行したのである。

十八世紀半ばころから「当り名主」を「月番」と称するようになった。片柳太郎氏は、宝暦四年に浅羽蔵人が死去し、無神主となった宝暦五年に「月番」に改められたとするが(112)、既に寛延三年（一七五〇）七月には山上村落の人別帳が「月番」の片柳内記・須崎帯刀・馬場采女・高名靭負・須崎左近から浅羽蔵人に提出されている(113)。

史料的根拠は不十分だが、山上御師集団の代表としての当番の五人組の職務の比重が、村政に代わって神社運営に置かれるようになり、「月番」へと改称されたのではないか。神社神職化が進むなか、百姓身分を示す「当り名主」の呼称を避けたとも思われる。

十八世紀初頭には山上御師集団の共有文書が存在し[114]、その管理も「当り名主」制のもとで行われるようになる。山上御師各家の所蔵文書には、「当り名主」交代の際に山上御師集団の共有文書の引き継ぎが行われたことを示す史料が散見される。

例えば、享保七年六月には、長大夫・民部・鉄五郎・監物・左京から、主税・主殿・斎宮・助之丞・左大夫に対し、「散銭帳判付物　壱とち(綴)」「名主帳　壱とち」「権現諸役帳　壱とち」「人足帳　弐とち」の「〆五とち慥ニ請取」った旨の「名主請取之覚」が出されている。享保十年八月にも、「当番名主前　主殿」から「式部殿組中」に対し、「惣山散銭帳　但し印形者也」「権現様人足帳　壱通」「開帳内堅　連判壱通」「人足帳　壱通」「名主帳　壱通」を「慥ニ請取」った旨の「廻り名主番請取覚」が出されている[115]。

「月番」への改称後は共有文書の点数も増加する。延享四年(一七四七)五月、須崎弾正・靫屋(矢)式部が「黒田木工殿・秋山造酒殿組中」に宛てた「月番帳請取之覚」で、「相改慥ニ請取預置」いた文書は「明暦年中御証文」など一二通で、その他「鳶口　五丁」「寅八月ゟ卯二月迄散銭帳　壱冊」も引き継いだ[116]。

十八世紀後半以降は、「月番請取目録覚」「月番目録帳面」「月番諸書物目録帳面」などと呼ばれる目録を作成するようになる[117]。文政五年(一八二二)四月には、「組代」の須崎雅楽・久保田掃部・靫矢式部が、秋山造酒・片柳小源太・橋本玄蕃に対し、「目録帳面之通り無相違慥ニ受取」ったとする「月番箱請取之事」を出している[118]。

「当り名主」や「月番」の職務執行に必要され、各五人組で引き継がれていた共有文書を「月番箱」に収め、管理・引き継ぎをするようになり、山上御師集団共有の史料群「月番箱文書」が形成された[119]。

大原・浅羽神主期、山上御師集団は、幕府によって各家対等の原則を公認され、対等性に基づく「当り名主」制が拡充し、「月番」制へと発展し、自治制度が確立した。当番の五人組（「当り名主」、のち「月番」）は、山上村落の村政を主導するだけでなく、御師の代表として神社運営に参与することも定着する。

自治の進展に並行して御師集団の共有文書が蓄積する。神主・社僧・御師三者の合意内容についても常に議定や証文が作成された。十八世紀前半の武州御嶽山では、神社運営や村政を文書で保障する近世的秩序が形成されたのである。

十八世紀後半の状況を付言すると、宝暦四年（一七五四）八月、浅羽蔵人は嗣子なく死去し、武州御嶽山に再び無神主状況が生じるが、宝暦六年正月に金井左門（義国）が新たな神主に迎えられる。安永六年（一七七七）八月、左門の子息勇助（政因）が隠居し、江戸橋場神明（現・東京都荒川区石浜神社）の神主鈴木兵部の子息主水が相続し、金井大輔（郡胤）と称した。(120) 大原修理・浅羽蔵人・金井左門は武士出身で、(121) 金井郡胤は他の有力神社神主家(122)出身の最初の御嶽山神主である。

安永六年十二月、金井郡胤は江戸城年頭礼に関して寺社奉行所に出願する意向を山上御師たちに示した（「御頭様登城御礼之義ニ付、別而御役所向江御願候趣ニ一社中江被仰聞候」）。そこで山上御師の五人組七組の各代表（「組代」）である片柳隼人・黒田木工・片柳内記・服部織人・靫谷（矢）頼母・片柳織部・鈴木伊織は、「御頭様之御手人之積りニ而」神主に随行する御師嶋崎主計に対し、御師の年頭礼に関しても出願（「万一御師一統之儀も差続候而、御礼等之義御役所江願上候儀」）を行う場合は、御師惣代を務めることを求めた。(123)

江戸城年頭礼に出仕して将軍に拝謁できる神社神職は、「御目見以上」の格式を得ていることになる。年頭礼に出仕できた「御師」は少なく、伊勢神宮内宮・外宮の御師や川口村の富士山御師三浦家などしかいなかった。年頭礼の

出仕資格は、有力神職たる重要な指標の一つだった。(124)

武州御嶽山では、神主と社僧が各自、正月六日に江戸城二之間・三之間で将軍に集団で拝謁する「惣礼」を勤めていた。(125) 御師の年頭礼は結局実現しなかったが、(126) 山上御師集団は十八世紀に自律的に独自の神社神職化を達成し、さらに「御目見以上」の特権的な神職への上昇を志向するに至ったのである。(127)

六　坂本御師の動向

御嶽山麓に居住した坂本御師についても若干言及しておきたい。第二節で述べたように、十七世紀半ばには山上・山麓で計六〇人の御師がいた。坂本御師は二月祭礼で神輿警固役を勤め、元禄十三年(一七〇〇)の社頭造営竣工後、幕府普請奉行に指示された神社への勤番も担った。(128) ただし坂本御師の祭礼奉仕は限定されたもので、(129) 勤番の人数・日数も少なかった。「蔵王権現之御宮ニ伝り申御師共、山坂本ニ六十坊」という一体性は持つものの、近世前期から山上御師と坂本御師は弁別される存在だった。

坂本御師たちの五人組帳が残されている。宝永六年(一七〇九)が最古のもので、「御師名主」の仙太夫が神主大原修理に提出している。この五人組帳によると、坂本御師は社領居住が一〇人、幕領居住が一〇人の計二〇人で、社領分が六人組と四人組、幕領分が五人組と四人組を組織し、幕領に居住する「御師名主」の仙太夫は組合に加入していない。御嶽村幕領分の名主(「御領名主」)孫兵衛も社領分の名主(「社領名主」)市太夫も御師だが、それらと別に坂本御師の名主役が置かれ、仙太夫が就いていたのである。(130) 近世後期に「御師名主」は「御師惣代」と改称されるが、(131)(北島)仙太夫家が一貫して勤め、坂本御師たちを代表した。

御嶽山上村落は全て御師家で構成されるが、山麓の御嶽村では一〇六石余の幕領分は御師職を勤めず農林業に専従する百姓の戸数の方が多く、二七石の社領分にも御師以外の百姓や修験が居住していた。幕領分と社領分それぞれに村役人がおり、既述のように名主は坂本御師であり、組頭や年寄にも御師を勤める者がいた(132)。

山上御師集団が山上村落に相等するのに対し、坂本御師は御嶽村幕領分・社領分の各村落共同体の成員であると同時に、幕領・社領という居住地の違いに関係なく一つの集団として結びついていた。

山上御師と坂本御師は別個の集団を形成していたとはいえ、管見では十八世紀前半までは両集団の間で顕著な対立・係争は起こっていない。山上御師と坂本御師で神社運営への参加度に高低が生じた要因は、両者の地理的・経済的事情の違いにあったのではないか。

神社至近に住む山上御師たちは、武州御嶽山を信仰する檀家を廻って配札する宗教活動を近世前期から主な生業としていたため、神社運営に積極的に参加し、宗教者・神社神職として自立していく必要があった。一方、神社から少し離れた山麓に住む坂本御師は、宗教活動は行うものの、農林業を主たる経済的基盤としていたと思われる。非御師とともに本百姓として村落で生活する側面も坂本御師にとっては重要で、一部は村役人に就いて村政を主導した。近世前期における山上御師集団と坂本御師集団の違いは、家格差や階層差ではなく、神社への経済的依存度の強弱による区分にすぎなかったと考えられる。

一七四〇年代に坂本御師が山上御師から永代売買で檀家を入手した証文が複数残されており(133)、十八世紀半ばころから坂本御師も宗教活動を活発化させたと推定される。神職たる意識も高めていくが、先行して神社神職化を遂げ、神主とともに神社運営にあたっていた山上御師との間に摩擦が生じることとなる。

例えば安永八年（一七七九）十月、坂本御師が「此度神主殿江相願、自今将速《（装束）》着用致度趣風聞」を知った山上御師集団は、「御嶽山麓之義ハ神領之内不残百姓第一ニ而、尤御師兼帯致候計、往古ゟ将速《装束》等着用致候儀無之」であり、坂本御師の装束着用が実現して「先規と致相違、社法猥之筋」となることを阻止する旨の議定を結んだ。[134]

安永九年に神主金井家は京都の公家高辻家を執奏家とし、山上御師たちも個々に高辻家から許状を得て、国名名乗りと装束着用を許される。[135]寛政十一年（一七九九）二月には、坂本御師一七人のうち小高対馬・青木和泉も高辻家の許状を得たが、北嶋大内蔵ら坂本御師七人の許状取得の出願は神主が認めなかった。そのため、七人は五月に寺社奉行所に出訴し、許状が得られないと「私共儀御神役ニ相離在候同様ニ成行候者歴然ニ而、自然与旦家之信仰薄く罷成七人之もの神職相続差障ニ相成候」と述べる。[136]

六月、神主金井鄙丸（郡枝）は返答書を提出し、「（社領の坂本御師は）私支配百姓ニ而先年ゟ御師札配仕、并村続御嶽村田安様御領百姓ニて是亦先年ゟ配札御師兼帯仕来候、山上之儀者当時御師三拾三人ニ限其役々有之、年中七度御祭礼別而夏・秋午《牛》王加持修行仕、神役怠慢無御座候、坂本之儀者御師名目而已ニ而往古ゟ右体神役江拘り候儀難相成仕来ニ御座候」と反論する。神主を主語とする文面だが、差出人は、若年の金井鄙丸の後見惣代を務めた山上御師二人であり、山上御師集団の認識が強く反映された史料といえる。[137]

近世前期、坂本御師は百姓と御師を兼帯する性格を山上御師よりも濃厚に保持していた。しかし、山上御師は神社神職、坂本御師は百姓であって、両者に本質的な身分差が存在する、という主張は、武州御嶽山信仰の拡大・隆盛にともない、神社への経済的依存と神職化の志向を強めて追走してくる坂本御師集団に対抗すべく、山上御師集団が近世後期に生み出した言説である点には留意すべきであろう。

おわりに

近世初頭、神主への従属性が強かった武州御嶽山御師たちは、十七世紀中葉から自立運動を展開し、神社運営への参加を幕府に公認され、十八世紀前半には、神主・社僧・山上御師集団の合議による運営が実現する。この間、山上御師集団内部においては旧来の家格差を克服しつつ各家対等の自治制度を作り上げ、自律的に神社神職化する。

山麓の坂本御師も十七世紀中葉にはその存在を確認できる。彼らも集団を形成したが、御嶽村に非御師の百姓と混在して居住し、農林業を活計の中心としており、神社運営には積極的に関与しなかった。彼らが御師職に比重を移すのは十八世紀中葉ころからであった。

近世前期に武州御嶽山御師がたどった以上のような軌跡は、御師身分論全般にどのように位置づけられるのか。宗教者と農山村民の両面を顕著に併存させる坂本御師の様相は、上吉田村や川口村・須走村の富士山御師と類似しており、近世の御師を「百姓と神職の両身分の中間」とみる通説の適例といえよう。

それでは本稿で主に解明した山上御師の実態は、例外にとどまるものなのか、通説の再考を促す契機となりうるのか。実証研究の深化・拡大を進めるなかで、今後改めて検証したい。ただ、村落共同体の形成過程として考えると、御嶽山上村落は、神社（御嶽権現）を中心とした社領域にあって、中世以来の在地領主的存在の神主が存続するという特色を持つものの、巨視的には近世村落の歴史的推移のなかで把握できよう。農山漁村民が百姓として自立するのと同じく、霊山村落民である山上御師も神社神職として自立を遂げていくのである。

武州御嶽山御師の心性は、近世社会に生きる民衆としての心性であり、近現代へ強く持続していくと筆者は考える。

註

（1）高埜利彦「富士山御師の歴史的研究」（高埜利彦監修／甲州史料調査会編『富士山御師の歴史的研究』山川出版社、二〇〇九年）。

（2）高埜利彦「移動する身分―神職と百姓の間―」（朝尾直弘編『日本の近世　第七巻　身分と格式』中央公論社、一九九二年）、同『近世の朝廷と宗教』（吉川弘文館、二〇一四年）、同「近世の富士山―御師と参詣者―」（『歴史と地理』七〇〇、二〇一六年）。

（3）川口村の富士山御師の研究として、古くは伊藤堅吉『富士山御師』（図譜出版、一九六八年）、近くは中村章彦「将軍家御祈願所の御師・三浦家」（『甲斐路』九八、二〇〇一年）があるが、一九九五年に開始された甲州史料調査会による各御師家の史料調査の成果に基づき、『富士御師のいた集落』（甲州史料調査会、一九九八年）、『甲州史料調査会成果報告会報告書　河口湖の古文書と歴史　その一』（甲州史料調査会、二〇〇四年）、『甲州史料調査会成果報告会報告書　河口湖の古文書と歴史　その二』（甲州史料調査会、二〇〇五年）、前掲註（1）『富士山御師の歴史的研究』、西田かほる「富士山御師の身分と活動」（第四九回近世史サマーセミナーテーマ報告、二〇一〇年）、金澤真嗣「近世後期における御師集団の機能と秩序―富士御師三浦家と御師仲間―」（歴史学研究会日本近世史部会例会報告、二〇一三年十一月）が発表されている。

このうち本稿と同じ近世前期の御師を取り扱った論考としては、前掲中村章彦「将軍家御祈願所の御師・三浦家」の他、『富士山御師の歴史的研究』所収の酒入陽子「富士山御師三浦家とその由緒―彦根井伊家との関係を中心に―」、小宮山敏和「川口御師と檀那・檀那場―寛文期の檀那帳を中心に―」、西田かほる「川口村における富士山御師の成立とその活動」がある。

（4）　各地の御師の地位に着目・言及した論考として、

相模国大山（現・大山阿夫利神社。神奈川県伊勢原市）の御師については、松岡俊「幕末明治初期における相模大山御師の思想と行動―神仏分離を中心として―」（圭室文雄編『民衆宗教史叢書　第二二巻　大山信仰』雄山閣出版、一九九二年。初出は『伊勢原の歴史』五、一九九〇年）、同「相模大山御師の形成と展開」（『伊勢原の歴史』七、一九九二年）、原淳一郎『近世寺社参詣の研究』（思文閣出版、二〇〇七年）、飯田隆夫「近世期における相模大山御師の形成過程―出自と取次回路―」（『鷹陵史学』四二、二〇一六年）、

甲斐国都留郡上吉田村（現・山梨県富士吉田市）の富士山御師については、平野榮次「吉田御師の成立と近世におけるその活動」（平野榮次編『民衆宗教史叢書　第十六巻　富士浅間信仰』雄山閣出版、一九八七年）、松岡俊「富士山北口浅間御師の伯家神道入門―神仏分離の底流をめぐって―」（『富士吉田市史研究』七、一九九二年）、小泉雅弘「吉田御師「蒼龍隊」の戊辰戦争」（明治維新史学会編『明治維新と文化』吉川弘文館、二〇〇五年）、菅野洋介『日本近世の宗教と社会』（思文閣出版、二〇一一年）、

須走村の富士山御師については、青柳周一「富士山御師と宿泊業―在地宗教者と村社会―」（『歴史』八八、一九九七年）、同『富嶽旅百景―観光地域史の試み―』（角川書店、二〇〇二年）、

伊勢神宮（三重県伊勢市）の御師については、谷戸佑紀「神宮御師の連帯意識の萌芽について―近世前期の「内宮六坊出入」を素材に―」（『皇學館論叢』四四―三、二〇一一年）、同「「天和の治」期身分統制と伊勢神宮―「帯刀一件」を素材として―」（『日本歴史』七五五、二〇一一年）、同「近世前期における山伏から御師への転身―内宮御師風宮兵庫大夫家を例に―」（『神道宗教』二二六・二二七、二〇一二年）、塚本明『近世伊勢神宮領の触穢観念と被差別民』（清文堂、二〇一四年）、同「近世伊勢神宮神主の人事制度について」（『三重大史学』一四、二〇一四年）、山田恭大「神宮御

師の祠官的側面―丸岡宗大夫家を事例に―」（上野秀治編『近世の伊勢神宮と地域社会』岩田書院、二〇一五年）などがある。

（5）武州御嶽山の研究史の詳細は、西海賢二『武州御嶽山信仰史の研究』（名著出版、一九八三年、改訂版一九八五年）、滝沢博「武州御嶽山の研究・諸論文について」（『法政大学多摩地域社会研究センター研究年報』三、一九九九年）を参照。

（6）福島恒春『武州御嶽権現御師の研究』（一九三五～四二年頃執筆、一九四九年頃私家版印刷）、片柳太郎『武州御嶽昔語り 前編』（一九五六年）、同『武州御嶽昔語り 后編』（一九五六年）。

（7）齋藤典男『武州御嶽山史の研究』（隣人社、一九七〇年）、同『増補武州御嶽山史の研究』（文献出版、一九九三年）。

（8）拙稿「武州御嶽山の近世的成立―武蔵国地域大社の一事例として―」（『早稲田―研究と実践―』三一、早稲田中・高等学校、二〇〇九年）、同「在地神職の秩序意識―武州御嶽山を事例に―」（『歴史評論』七四三、二〇一二年。増補・改訂のうえ「武州御嶽山と幕府・朝廷勢力」と改題し、本書に収録）、同「近世武州御嶽山の神社と神職」（『多摩のあゆみ』一四五、二〇一二年）、同「御師と神社―武州御嶽山御師の特色―」（武蔵御嶽神社及び御師家古文書学術調査団〈団長・馬場憲一〉編『古文書にみる武州御嶽山の歴史』岩田書院、二〇一五年）。

（9）齋藤愼一「板碑等の宗教遺物にみる中世の武蔵御岳山上聚落の様相」（東京都教育委員会編『青梅市御岳神社御師集落文化財調査報告』東京都教育庁社会教育部文化課、一九八六年）。

（10）前掲註（6）片柳太郎『武州御嶽昔語り 前編』、同『武州御嶽昔語り 后編』、前掲註（7）齋藤典男『増補武州御嶽山史の研究』六九～八一頁。

（11）『武蔵御嶽神社及び御師家古文書学術調査報告書（Ⅱ）武州御嶽山文書第一巻―金井家文書（一）―』（法政大学・青梅市教育委員会、二〇〇四年）一〇四号。以下、この史料集については『武州御嶽山文書』と略記し、巻数、文書番号を記した。

（12）『武州御嶽山文書』第一巻、一〇五号。

（13）前掲註（7）齋藤典男『増補武州御嶽山史の研究』九九～一〇七頁。

（14）『武州御嶽山文書』第一巻、一〇五号。

（15）武州御嶽山には、社僧とは別に、山上御師の菩提寺として曹洞宗の正覚寺があったが、明治維新の際に廃寺となった（前掲註（7）齋藤典男『増補武州御嶽山史の研究』二九七～三〇〇頁、『武州御嶽山文書』第四巻（二〇一〇年）、八七七～八八一号）。

齋藤典男氏は片柳美恵甫家（屋号「みなみした」）に所蔵される正覚寺の過去帳写を検討し、遅くとも天正年間（一五七三～一五九二）以後には、「武州御嶽山において御師の存在をみることができうる」とした（前掲註（7）齋藤典男『増補武州御嶽山史の研究』六九～七一頁）。片柳美恵甫家は御嶽山外に転出したため、「調査団」では、正覚寺過去帳写の調査はできなかった。

（16）『武州御嶽山文書』第三巻（二〇〇九年）、六八四号。

（17）『武州御嶽山文書』第一巻、五七号。

（18）『武州御嶽山文書』第一巻「解説」四〇〇頁（滝沢博執筆）。なお、元禄四年（一六九一）七月に「山下名主甚右衛門事主水」が寺社奉行所へ提出した「御嶽神領御年貢之覚」も、「高三拾石の内」、「廿七石之物成」の内容を書き上げている（『武州御嶽山文書』第一巻、一〇六号）。

（19）『武州御嶽山文書』第二巻（二〇〇五年）四九二号。本史料の出典の「金井國俊家文書」Ⅲ―六―（二）―一は、原本ではなく写しで、脱漏箇所などを別の写しである「金井國俊家文書」Ⅱ―七―一と照合して補訂した。ただし、補訂が不十分な部分もあったため、前掲註（8）拙稿「武州御嶽山の近世的成立」で、「片柳光雄家文書」七—四とも照合して再校訂し、全文を引用して分析した。本稿でも再々言及するので全文再掲する。

乍恐以書付申上候

一、武州御嶽山之儀拙者先祖建長八年開闢仕唯今迄四百卅余年相続仕候、則開闢之縁起所持仕候、其砌ゟ近辺知行仕軍役相勤申候、因茲彼村々于今御嶽領与申只今者御料所ニ御座候、又北條家之時分ニ茂拙者先祖へ本領之書出シ有之于今所持仕候事

一、東照権現様御入国之御時、拙者先祖被為　召出、本領之内ニ而高三拾石社領可仕旨御居（据）判被下置御建立被　仰付候、其後御代々之御朱印頂戴仕候、依之他江壱石も分不申私壱人ニ被為下置候、右軍役仕候時分之家来共をハ、拙者頂戴之御朱印下ニ而畠屋敷ヲ家恩ニ為取置候而御師ニ仕付、一月ニ三、四人之地役を召使申候、然ニ四拾年已前ニ出雲守様・右京様御奉行之節、御師之内茂右衛門与申者拙者親敵対申ニ付而父子斬罪仕候、彼茂右衛門親類共　御公儀様迄御訴訟申上候ニ付、式日御寄合ニ而御穿鑿之上、家来筋目之証文掛御目候得者、被為聞召分家来ニ無紛段伊豆守様被仰付候、其節山中之者共茂右衛門同然ニ家来ニ紛無御座候との証文取置申候事

一、山中之者共従先規仕置仕召使申候処ニ、拙者親無調法御座候而御嶽ニ不罷在候ニ付、拙者頂戴之御朱印下ニ而面々ニ不入を立、拙者方江地役をも不仕うへなしに罷成我儘仕候、何方之御朱印所ニ而も加様成例不承及候、偏ニ私無調法故御朱印をも又ハ古キ証文共をも被申掠候義先以口惜奉存候内、進退ハ日々ニをとろえ続不申、旁以困窮仕候而神職指上申度旨申上候、加様之筋目無御座候者先祖代々在住之所ヲ立去流浪仕度との願可申上候哉、乍恐御了簡被遊可被下候、委細書付ヲ以可申上旨被仰付候間憚をも不顧申上候

一、拾弐年以前申ノ年御嶽御師之内五人、御嶽江御縄申請打せ申候ニ付而神敵仕候段御訴訟申上候得者、甲斐守様・

山城守様御評定所へ御出シ、百姓望之者共をハ神職を召放権現地内を可追出由被仰付、右五人之内頭取善左衛門与申者御嶽を追放被仰付候事

一、右縄之時分も御除ニ相究縄入不申候畠共へ、又去々年私籠舎ニ而罷在候時、御師共拾九人申合候而御代官高室四郎兵衛殿下手代を山江呼登セ、私世忰頼母方江も一応之断をも不仕、御除之山林共江縄を入申候、縦拙者山江縄入申候共御支配方へ御指図ヲ請入可申候処ニ、彼者共我儘ニ縄ヲ入神慮をも御朱印をも掠奢仕候段、御了簡被遊可被下候事

一、彼拾九人之御師共神領を御料所ニ仕度与申儀ハ、右之山畠を御料所ニ仕其近辺を御料之苗付と申、自分而已之林ニ仕立勝手自由ニ可仕ニ而神領を押領仕候、加様之儀を以拾弐年以前ニも善左衛門与申者追放被仰付候、又今度苗ニ而も無御座、木立萱立之野山江縄を請申候間御訴訟申上度存候得共、私義大難ニあひ申候処ニ御慈悲を以御赦免被遊候、又候大勢相手ニ仕御六ヶ敷義不被申上罷在候、此段対神慮ニ不忠之様ニ罷成候得共進退も続不申候得者、兎角神職指上浮浪可仕与奉存無是非申上候事

一、拙者親弐拾三年已前無調法仕候ニ付過怠ニ散銭修理料ニ被仰付候、私ニ三拾石之社領頂戴仕候得共物成物合金子九両三分相済申候、此九両三分を以壱ヶ年ニ五度祭礼之入目、正月　御城様江巻数差上申候入目、毎月両三度之御酒御供納申候得者妻子等扶持可仕様無御座候、偏ニ私所帯ニ離申ニ而御座候間、神職指上申度由御訴訟申上候得者、河内守様・山城守様被聞召分十三年已前散銭如先規被下置候而相続罷在候事

一、八年以前子ノ年之大風ニ本社破損仕候ニ付而　御公儀様江得御意、神領ニ立置申候真木山を売散銭指合セ本社修覆仕候、其外拝殿鐘楼指板仕致修覆候、此時も御師共ニ者壱銭も出させ不申私壱人ニ而修覆仕立申候事

一、四年以前山之者共拙者与公事仕、其遺恨ヲ以散銭修覆料可被　仰付候様ニ与御師共御訴訟候ニ付、又三年以前散

銭修理料被仰付候、因茲祭礼之時分ハ従神主方散銭取放修理料ニ申請候とて、先規ゟ終神前等へ上ケ不申候下輩之者共神前江上り奢申候得共、御公儀を引掛ヶ申候得者不及是非差置申候得者、先規之社法濫ニ罷成神もかろく成行、此上□□(破損)何共迷惑仕候事

一、権現様ゟ御建立之地御座候故宮大社ニ而御座候、先規ゟ修覆仕候時分ハ、山坂本六拾人之御師役ニ掛ケ勿論私も出シ合修覆仕候、左様之時分ハ御師共面々ニ牛王檀那を持罷在候ニ付而旦那ニ而勧進仕出シ申候、近年ハ修覆之時壱銭も出シ不申、其上拙者方江先規より之地役等ハ不仕、万事面々役なしにて罷在候得共、御師共進退ハ能罷成次第ニ奢、拙者ハおとろへ申候故仕置も不承候、後日如何様成悪事出来候節ハ拙者申わけ立申間敷与奉存、旁以迷惑仕候事

一、御嶽祭礼壱年ニ五度御座候、役人入申候ハ二月八日之祭礼ニ明六ツより夜四ツ迄拾五人入申候、其外之役人ハ神領百姓相勤申候旧例ニ而御座候、又九月廿九日暮六ツゟ五ツ時迄之内役人八人入申候、其外ハ何ニ而も社役無御座候、結句祭礼之時分ハ御師共牛王旦那を付所務仕候得共、神用ニ者一銭も出シ申儀無御座候事

一、散銭之儀両度修理料ニ被仰付候間、被下置候儀被成かたく被思召候ハヽ、拙者頂戴之御朱印下ニ御師居屋敷并屋敷付之留(畠カ)共役なしにて罷在候間、是江縄ヲ入其上牛王旦那も役目被仰付被下候得者私も立申儀ニ御座候、又向後御師共ニ徒者御座候而も神領之帳面ニ記置申候得者、御縄入申儀不罷成権現御為ニ而御座候間御慈悲奉願候、以上

延宝七未年八月十八日

神主
濱名左衛門
同　頼母

寺社

　御奉行所様

（裏書カ）
如斯訴状差上候間案文之通双方立会誓詞いたし、其上論所委細絵図面ヲ調返答書仕、主水・右近・外記申合来ル廿七日ニ石見宅江罷出可対決、若於不参ニ者可為曲事、双方幷絵師誓詞之案文主水江渡遣者也

　未十月十八日　石見判

　　　　　　　　山城判

御嶽山御師

兵部
内匠
刑部
求馬
九郎右衛門
隼人
采女
内記
図書

（20）神主家・各御師家の諸史料で、単に「御嶽（みたけ）」と記される地名は、御嶽山上を意味することが多い。

(21)『武州御嶽山文書』第二巻、四九二号では、「吉左衛門」と翻刻したが、再校訂で三つの史料全てが「善左衛門」と解読できると判断し、前掲註(8)拙稿「武州御嶽山の近世的成立」で訂正した。

(22)『武州御嶽山文書』第五巻(二〇一六年)、一〇二五号。

(23)武州御嶽山の社僧は金峯山世尊寺鈴額院と号し、江戸時代の宗派は新義真言宗で山城国醍醐寺三宝院の末であった(前掲註(7)齋藤典男『増補武州御嶽山史の研究』四四・九四頁)。

(24)吉田ゆり子「兵農分離と身分」(歴史研究会・日本史研究会編『日本史講座　第五巻　近世の形成』(東京大学出版会、二〇〇四年)、渡辺尚志「近世の村」(『岩波講座日本歴史　第一一巻　近世二』岩波書店、二〇一四年)。

(25)滝沢博「庭場について—村の中の小さな共同体—」(『青梅市史史料集』四二、青梅市教育委員会、一九九二年)四四〜五九頁。

(26)明治三十六〜三十七年(一九〇三〜〇四)に完成した齋藤眞指「西多摩郡人物誌」(『青梅市史史料集』四六、青梅市教育委員会、一九九六年)によると、「北条氏滅亡ノ後、徳川氏ニ仕ヘ」たが「后年致仕シテ」「日向和田村ニ住」したと伝えられる「師岡作内」は、「母ハ浜名氏」とされる。御嶽山神主の浜名家であれば、同じ土豪・地侍層として血縁関係を結んだとみることもできる。

また、『武州御嶽山文書』第四巻、九六八号によると、小浜藩酒井家の家臣浜名家は、初代左馬助が「武州多摩郡御嶽権現之神職」で、元和九年(一六二三)、当時川越藩主だった酒井忠利から「武州於川越ニ御奉公可被召出御直ニ蒙御意、其節知行百五十石被下置御馬廻相勤」めたとの由緒を持つ。土豪的性格を持つ浜名家に武家への仕官を選んだ者がいた可能性を示している。

(27)『武州御嶽山文書』第五巻、一〇八九・一〇九〇号。

（28）延宝七年（一六七九）の神主訴状でも「山坂本六拾人之御師」と記されている（註（19）参照）。

（29）『武州御嶽山文書』第一巻、八一・一八一号。

（30）『武州御嶽山文書』第二巻、四六六号。

（31）齋藤愼一「「将軍上覧」と『集古十種』―武蔵御嶽神宝の存在感―」（馬場憲一編著『法政大学地域研究センター叢書五　歴史的環境の形成と地域づくり』名著出版、二〇〇五年）、同「日の出祭と流鏑馬祭―中世の祭礼―」（前掲註（8）『古文書にみる武州御嶽山の歴史』）。

（32）『武州御嶽山文書』第五巻、一〇八二号。

（33）『東京府史蹟名勝天然記念物調査報告書』第三冊（一九二五年）には、神主家所蔵の万治二年（一六五九）祭礼役儀帳が引用されているが、「調査団」による神主家（金井國俊家）の史料調査では発見できなかった。『武州御嶽山文書』に収録した万治二年祭礼役儀帳は御師家（久保田英明家）から新たに発見されたものである。齋藤愼一氏は、祭礼役儀帳が、神主方・社僧方・御師方で三部ずつ作成されていた可能性を指摘している（前掲註（31）「日の出祭と流鏑馬祭―中世の祭礼―」）。

（34）寛文十年（一六七〇）・「寛文十二年亥」（寛文十二年は子年）・延宝二年（一六七四）・延宝六年・延宝八年・貞享二年（一六八五）・貞享五年・元禄二年（一六八九）・元禄三年に「ふもと」、天和三年（一六八三）・天和四年に「麓」の注記がある。

寛文十年の二月祭礼では、「御こしけいこ《（神輿警固）》」役の奉仕者として、五郎兵衛・左三左衛門・徳右衛門・勘兵衛・孫右衛門・勘左衛門・孫右衛門の順に書き立てられ、五郎兵衛から五番目の孫右衛門までの五人と、次の勘左衛門と七番目の孫右衛門の二人がそれぞれ（の弧で囲まれるが、勘左衛門の上に「ふもと」と記されている。勘左衛門と七番目の孫右衛門が坂本御師で、五郎兵衛から五番目の孫右衛門の五人が山上御師であろう。

延宝二年二月祭礼の「御こしけいこ《（神輿警固）》」役の奉仕者も、孫右衛門・甚兵衛・勘左衛門・孫右衛門・甚右衛門の順に書き立てられ、勘左衛門から甚右衛門の三人が（で囲まれ、勘左衛門の上に「ふもと」と記される。勘左衛門・四番目の孫右衛門・甚右衛門が坂本御師、最初の孫右衛門と甚兵衛が山上御師であろう。両年の記載から山上御師と坂本御師に各一人、同名の孫右衛門がいたこともわかる。

御嶽山麓の社領の居住者には御師職を勤めない百姓もいた。彼らは二月祭礼では大般若経箱の持役と大集経箱の持役を勤めたが、祭礼役儀帳には個人名は書き立てられず、「神領百姓」「社領百姓」と記されるので、「麓（ふもと）」註記のある奉仕者名は坂本御師であると考えてよい。

なお、寛文九年二月祭礼の「御こしけいこ《（神輿警固）》」役の奉仕者は、左五右衛門・善右衛門・左三右衛門・長五郎、「此外麓之者共」となっており、寛文十年以降に坂本御師の名前が明記されるようになった可能性が高いが、坂本御師たることが常に特記されるわけではない。例えば、坂本御師と推定される「勘左衛門」は、寛文十三年・延宝三年・延宝四年・天和二年に神輿警固役を勤めたが、これらの年には「ふもと（麓）」の注記はない。

また、二月祭礼の太刀役のうち「隠岐院太刀」の担当者は、ほとんど山麓に居住する修験（観成院・大光院）であり、神輿舁き役の奉仕者は「下人」と記されることが多いが、奉仕者名が明記される年もあり（寛文六年・寛文八年・天和三年）、非御師の奉仕者名も若干記録されていると思われる。

(35) 延宝八年と貞享二年の二月祭礼の太鼓役の「十蔵」。

(36) 天和三年以降、神輿警固役として「ふもと（麓）」と註記された「孫兵衛」の名がみえるが、それ以前の天和二年二月祭礼で「あつばと　孫兵衛」が太刀役（「隠岐院」）を勤めている。「あつばと（集峡戸）」は現在の北島浩之家の屋号で、同家は御嶽村幕領分の名主で、坂本御師を兼ねていたので、太刀役と神輿警固役の「孫兵衛」は同一人物と考えられる。

（37）『武州御嶽山文書』第二巻、四四七・五〇一号。
（38）例えば、平右衛門は具足役を万治二年・四年、寛文二年・三年・六年・九年、延宝五年に、半右衛門は大床役を万治二年～四年、寛文三年～六年、寛文八年・十三年、延宝二年に、勘兵衛は神輿警固役を、寛文二年・五年・八年・十年・十三年、延宝三年～五年に、又兵衛は笛役を万治二年～寛文六年、寛文八年～十年、寛文十三年～延宝四年、延宝六年に勤めている（『武州御嶽山文書』第五巻、一〇八二号）。
（39）前掲註（6）片柳太郎『武州御嶽昔語り 前編』、『武州御嶽山文書』第五巻、一〇八二号。
（40）神輿警固役は、「手長御師」と非「手長御師」の山上御師が共に勤めている。
（41）例えば、太郎兵衛は、二月祭礼では太刀役を万治二年、寛文三年・九年、延宝二年に、甲役を寛文四年に勤め、九月祭礼の馬乗役を万治三年・四年に勤めている。太兵衛は、二月祭礼では具足役を万治二年、寛文四年、寛文八年、延宝五年に、甲役を寛文三年に、大床役を寛文五年に勤め、九月祭礼の馬乗役を万治四年と寛文十二年に勤めている。また、平右衛門の役儀は主に具足役だが、寛文四年に甲役を、寛文五年に馬乗役を勤めている（『武州御嶽山文書』第五巻、一〇八二号）。
（42）寛文九年の山上村落における屋敷地売買証文三点（『武州御嶽山文書』第五巻、九八一・九八二・一一一三号）には「名主　八郎兵衛」の名がみえ、八郎兵衛は延宝二年二月祭礼で大床役を勤めている。
（43）ただし途絶した御師家を名跡相続という形式で再興する事例が散見され（『武州御嶽山文書』第三巻「解説」二五七頁（齋藤愼一・靭矢嘉史執筆））、御師家間で祭礼役儀の交換も行われた（前掲註（31）齋藤愼一「日の出祭と流鏑馬祭―中世の祭礼―」）。一般村落の百姓と同じように近世から近現代に至るまで山上御師各家の継承関係が錯綜してる点にも留意したい。

(44) 前掲註(19)参照。
(45) 神主金井家には訴状の写しが残る(『武州御嶽山文書』第二巻、四六五号)。
(46) 『武州御嶽山文書』第二巻、四三六・四三七号、第五巻、一〇八二号。
(47) 〝小農自立〟の近年の理解については、渡辺尚志「村の世界」(前掲註(24)『日本史講座　第五巻　近世の形成』)を参照。なお齋藤典男氏も、次に述べる寛文八年の検地をめぐる一件を「一般の農民層における本百姓の形成と同様な動き」とみている(前掲註(7)齋藤典男『増補武州御嶽山史の研究』一二二頁)。
(48) 『武州御嶽山文書』第二巻、四六七号。
(49) 『武州御嶽山文書』第五巻、九八二号、「服部喜助家文書」六—(一)—一・二。
(50) 『武州御嶽山文書』第一巻、二五二・三〇一号。
(51) 「片柳光雄家文書」八—一。
(52) 前掲註(7)齋藤典男『増補武州御嶽山史の研究』、前掲註(5)西海賢二『武州御嶽山信仰史の研究』など。
(53) 「鈴木伊織家文書」七—(二)—一〜三・五、「片柳光雄家文書」八—一二・一四・一五・二〇〜二二・二四、「須崎裕家文書」五—(二)—四・一二、「久保田英明家文書(青梅市郷土博物館所蔵分)」一—一(『武州御嶽山文書』第五巻、一〇八八号)。
(54) 『武州御嶽山文書』第三巻、七二九号。
(55) 『マイクロフィルム版柳営日次記』(雄松堂フィルム出版)一六七、香取神宮史誌編纂委員会(小倉学・伊藤泰和・石川晶康)校訂『香取大禰宜家日記』第一(史料纂集一〇一、続群書類従完成会、一九九五年)一・一二九頁。元禄十三年(一七〇〇)の将軍拝謁の詳細は、前掲註(8)拙稿「武州御嶽山の近世的成立」、「近世武州御嶽山の神社と神職」、「御師と神社」を参照。

（56）「馬場満家文書」九―一。この史料については前掲註（31）齋藤愼一「日の出祭と流鏑馬祭」が詳細に分析している。

（57）「金井國俊家文書」Ⅲ―六―（三）―一。浜名左京以後の神主については、

大原修理発給の、①正徳三年（一七一三）三月、靫《（矢）》屋大蔵に「権現御祭礼役儀其方親代迄相勤来り候先役」を勤めるように命じた「覚」、②正徳四年九月、片柳宮内に「権現御輿警固之事、元禄十三辰九月日先神主浜名左京判形之通り永々子孫」まで勤めるように命じた免許、③正徳四年九月、片柳半太夫方に「権現御輿警固役之事、元禄十三年辰九月日先神主浜名左京判形之通永々子孫」まで勤めるように命じた免許、④正徳五年二月、林茂太夫に「毎年二月八日権現御輿警固事、先神主浜名左京判形之通右警固役可相勤儀、永々子々孫々」まで勤めるように命じた「覚」、⑤享保三年（一七一八）二月朔日、（須崎）右近に「権現祭礼毎年二月八日笛吹候役儀申付候間」永く勤めるように命じた「覚」、

浅羽蔵人発給の、⑥享保九年四月、靫《（矢）》谷頼母に「笛役之事、右役儀其方養父大蔵江正徳三年巳年先神主任免許旨」とした免許、⑦享保九年、（秋山）兵庫に「内陣手長職之事、右役儀依多年之願ひ此度令免許畢」とした免許、⑧元文四年（一七三九）三月、須崎新之丞に「笛役之事、右役儀享保三年戊年任先判旨、須崎右近名跡願之通差免候」とした免許、⑨元文四年三月、片柳隼人に「御輿警固役之事、右役儀元禄十四巳年応先判旨願之通片柳大蔵名跡令免許候」とした免許、

金井勇助発給の、⑩宝暦十年（一七六〇）八月、片柳隼人に「元文四年浅羽蔵人免許之通、神輿之警固役任先格今般免許畢」とした免許、⑪明和三年（一七六六）七月、須崎弾正に「正徳年中已来其方手長代役相勤来候通り、弥向後」も勤めるように命じた免許、

の計一一通が採録されている。

（58）『武州御嶽山文書』第四巻、八〇四号（「金井國俊家文書」Ⅲ―一〇―二）、第五巻、九八三号（「片柳三郎家文書」六―

五)、「金井國俊家文書」Ⅲ―一三―(一)―一など。

(59)「黒田忠雄家文書」一一―(四)―一。なお「武蔵御嶽神社(月番箱)文書」に明治期に写し取られた史料が残されている(『武州御嶽山文書』第五巻、一一三六号)。

(60)『武州御嶽山文書』第五巻、九八一号。

(61)『武州御嶽山文書』第五巻、九八二号。

(62)『武州御嶽山文書』第二巻、四五一号。

(63)『武州御嶽山文書』第二巻、五〇〇号。

(64)前掲註(7)齋藤典男『増補武州御嶽山史の研究』一五三～一五四頁。

(65)『武州御嶽山文書』第二巻、三九二号。この史料は写しだが末尾に「右ハ御普請御奉行方へ我々差上候手形下書也」とある。

(66)『武州御嶽山文書』第二巻、三九三号。本史料は冒頭に御師名主の馬場杢丞が世尊寺に提出した元禄十三年八月九日付けの「覚」を掲げる。普請奉行から「御宮御番幷社中を初メ仁王堂之間一入念を入、其外北南之両道共ニ惣御師中掃除仕様ニ」命じられた旨を守るため、「今日ゟ宮番掃除一日ニ三人宛相勤申定ニ而御座候、如此之惣御師蓮(連)判手形者神主濱名左京江指上」げたことを世尊寺に上申し、加えて世尊寺が「右之通宮番掃除相勤候人方ゟ帳面ニ印形御取置可被成候御事」を認めたものである。

「覚」の趣意に従い、八月九日晩から九月朔日朝まで、朝晩三人宛出勤した御師たちの記名と押印が続けて残される。八月十一日朝から十八日朝までは三人のうち一人に「山下」の肩書があるが、十八日晩に「ふもとより不参候」と記されている。「宮番掃除」の大部分は山上御師が担ったが、山麓の坂本御師も出勤したのである。

(67)　前掲註（6）片柳太郎『武州御嶽昔語り　前編』。
(68)　『武州御嶽山文書』第二巻、四三六号。
(69)　前掲註（58）参照。
(70)　祭礼役儀帳によると、左京から免許を受給する以前、元禄九年（一六九六）・十年・十二年・十三年の二月祭礼で主膳は狭義の手長役を勤めており、受給から五日後の元禄十五年二月八日も勤めた。以後、元禄十七年、宝永三年（一七〇六）・五年・七年・八年、正徳二年（一七一二）～六年、享保二年（一七一七）・三年の二月祭礼でも、役儀帳に主膳の名がみえる（『武州御嶽山文書』第二巻、四三六・四三七号）。
(71)　『武州御嶽山文書』第二巻、四三六号、前掲註（31）齋藤愼一「「将軍上覧」と『集古十種』」。
(72)　『武州御嶽山文書』第四巻、八〇三号。
(73)　宝永四年九月祭礼で、勘解由は自ら馬乗役を勤めたが、茂太夫は所役を勤めていない（『武州御嶽山文書』第二巻、四三六号）。茂太夫は非「手長御師」で、先述のように元禄十三年に二月祭礼の神輿警固役に任命されている。
(74)　『武州御嶽山文書』第五巻、九八四号。
(75)　『武州御嶽山文書』第四巻、八〇三号。
(76)　宝永四年二月祭礼では、権太夫が手長役、隼人が神輿警固役を勤めている（『武州御嶽山文書』第二巻、四三六号）。
(77)　「片柳光雄家文書」七―八。
(78)　「馬場満家文書」一〇―二。
(79)　『武州御嶽山文書』第二巻、四四八号。
(80)　元文四年（一七三九）九月、社僧世尊寺の末寺で御嶽山麓にあった明観寺が、世尊寺の住職継承に関し、「世話人」の御師二人の寺社奉行所召喚を求めた。この願書のなかで、世尊寺が世話人の御師の仲介で「元禄年中御嶽山社堂御造営之節、従　御　公儀様世尊寺江、被為　下置候権現御戸開候節之袈裟衣」を質物にしたという記述があり(『武州御嶽山文書』第五巻、一〇九二号)、すでに十八世紀前半には社僧の袈裟衣が幕府より拝領の装束だと社僧末寺が認識していたことがわかる。

(81)　前掲註(8)拙稿「武州御嶽山の近世的成立」、「近世武州御嶽山の神社と神職」。

(82)　この私見については前掲註(8)拙稿「御師と神社」で既述している。

(83)　拙稿「近世神主と幕府権威―寺社奉行所席次向上活動を例に―」(『歴史学研究』八〇三、二〇〇五年)。

(84)　『武州御嶽山文書』第三巻、七二五号、前掲註(8)拙稿「武州御嶽山の近世的成立」、「武州御嶽山と幕府・朝廷勢力」。

(85)　『武州御嶽山文書』第四巻、八〇三号。

(86)　造酒は宝永四年の二月祭礼で神輿警固役を勤め、左内は宝永六年の二月祭礼で神馬口取役を勤めている(『武州御嶽山文書』第二巻、四三六号)。

(87)　数馬は宝永四年の二月祭礼で神輿警固役を勤めている(『武州御嶽山文書』第二巻、四三六号)。

(88)　左門は宝永四年の二月祭礼で甲役を勤めている(『武州御嶽山文書』第二巻、四三六号)。隼人については前掲註(76)参照。

(89)　無神主期間のはずの宝永五年の正月と十二月に、御嶽山内の入会山を神主・社僧と山上御師集団で分割する証文が作成され、「神主　源次郎」「神主　大膳」なる人物が押印している(『武州御嶽山文書』第一巻、二五三号、第五巻、一〇四八・一一一一号)。祭礼役儀帳には、新神主就任後最初の「両祭」にあたる宝永六年の二月祭礼(将軍徳川綱吉死去による服忌のため三月八日に延期して執行)の所役について、「如此任先規其役々申付祭礼相勤申也」として「神主　大膳」と「社僧　世尊寺」が押印している（『武州御嶽山文書』第二巻、四三六号）。

宝永五年十二月以降に新神主大原修理が御嶽山外から着任したのではなく、宝永五年正月までには「源次郎→大膳」という人物が神主候補として御嶽山に迎えられ、幕府に公認された後、「大原修理」に改名した可能性もある。

(90)「世尊寺入院日記」によると、宝永四年十二月十三日、神主招聘願が受理されないまま世尊寺住職は江戸から帰山し、「同十五日ニ寄合付候得共、廿三人十二人各別ニ而埒明不申候」、「亥十二月廿日晩、勘解由所へ寄合ニ而、十二人方相談申候事」となった（『武州御嶽山文書』第四巻、八〇三号）。
神社運営について社僧・山上御師集団全員で合議が行われるものの、非「手長」（「廿三人」）と「手長」（「十二人」）の間で意見の相違があり、「手長御師」たちは独自に会合を開催した。御師集団は「当り名主」制の原理一色で行動していたわけではなく、旧来の有力御師たちのみで結束し、一定の影響力を行使していたこともわかる。先述の宝永四年九月祭礼の役儀を「手長御師」と「当り名主」の代表が通達していることも傍証となろう。

(91) 前掲註（31）齋藤愼一「「将軍上覧」と『集古十種』」。

(92)『武州御嶽山文書』第二巻、五〇六号。この史料は写しで宛先を欠くが、内容から社僧世尊寺宛てと判断した。

(93)『武州御嶽山文書』第二巻、三七九号。

(94)『武州御嶽山文書』第二巻、五〇七号。

(95)『武州御嶽山文書』第五巻、一一一二号。本史料の出典は「馬場満家文書」二―一で、同文の史料が「黒田忠雄家文書」二―二にあるが、御師の連名順や無印の者の人数が異なっている。

(96) 神主・社僧・御師集団が連印した史料ではないが、浜名神主期の元禄三年十二月二十一日付けの「仁王門入目散銭之事」という証文があり、御師名主の馬場杢允に神社散銭を仁王門の経費に充当した旨を伝えている（「片柳光雄家文書」

七―六)。この史料は後欠で、差出人として世尊寺と御師八人が連印した部分まで残っており、山上御師全員が連印した可能性がある。

(97)『武州御嶽山文書』第二巻、五〇八号。

(98)『武州御嶽山文書』第二巻、四六六号。

(99)正徳二年三月に神主か社僧が寺社奉行所に提出した控と思われる「乍恐杉檜伐申候例書之事」には、元禄十二年・元禄十六年・宝永四年・宝永五年に寺社奉行の許可を得て社木を伐採した先例が書き上げられている(『武州御嶽山文書』第三巻、五六〇号)。浜名神主期と無神主期間は、案件ごとに寺社奉行所に伐採許可を出願していたと推定される。なお宝永四年と五年に神社末社の用材として伐木を公許された経緯が、先述の「世尊寺入院日記」に記されている(『武州御嶽山文書』第四巻、八〇三号)。

(100)宝永六年四月、山上御師集団は切支丹禁制、博奕禁止など「御法度五ヶ条」の遵守を誓約する証文を「山中蓮(連)判之手形」で神主大原修理に提出する(『武州御嶽山文書』第一巻、八一号)。さらに正徳三年にも三月に山上御師集団が、四月に社領の坂本御師・百姓たちが博奕諸勝負禁止を遵守する一札をそれぞれ大原修理に提出している(『武州御嶽山文書』第一巻、八三・八四号)。

(101)例えば、享保十九年九月、社領の名主・年寄・組頭・惣百姓は、「御地頭浅羽蔵人様」に対し、長雨のために「秋作不作之上道橋普請人足ニ困窮仕、当年御皆済御年貢御上納可仕様無御座」として、「惣百性相続候様ニ御　地頭様御慈悲を以御救金」を願っている(『武州御嶽山文書』第二巻、三〇五号)。

(102)「牛王札守」は、宝永七年九月から「神主軒方ニ売出申候事」、さらに正徳元年七月二十八日からは「神主壱人ニ而売り渡申候」となり、神主と社僧の間で内訌が生じた(『武州御嶽山文書』第四巻、八〇三号)。

正徳二年には寺社奉行所への出訴に至り、七月二十二日に扱証文が作成される。「此度神主世尊寺牛王札守出入御公儀様江被申上候、依之拙寺共取扱申候」として、山上御師の菩提寺正覚寺と世尊寺末寺で山上に所在する観音寺が扱人となり、「牛王札守拝殿ハ不申及」「神主世尊寺双方ニ而御売可被成候」、「尤世尊寺義ハ護摩所前ニ而も売可申候」との内容で調停された（『武州御嶽山文書』第四巻、八〇五号）。

(103) 大原修理は、「御嶽権現社領之　御判物御朱印、神主・社僧相判ニ而封付置」くとの寺社奉行所の指示に反し、「社僧之相判ヲ不用私壱判ニ而指置」いたため、世尊寺が寺社奉行所に出訴した。修理は奉行所で糾明され、正徳元年十月十五日、「於在所閉門」の処分を受け、「蟄居」することとなった（「片柳光雄家文書」七―一〇）。

しかし、大原左衛門（修理から改名）は、養子蔵人に神主職を譲って隠居した直後の享保五年正月、寺社奉行所に口上書を提出し、着任時は「拙者儀当山諸事不案内」のため朱印状共同管理の指示に従ってしまったとして、「其以後吟味仕候処、代々神主一判ニ而所持仕候、社僧相対之儀曾而無御座候、此度私儀隠居仕候ニ付先規之通を申上　御朱印江社僧相対之義御除神主一判」での管理を願った。寺社奉行（松平近禎）の裁決は正徳年間とは逆転し、「社僧色々相願候得共無証拠ニ付古代之通神主一円」と命じられた（『武州御嶽山文書』第二巻、三八〇号）。

その後、大原蔵人は「御朱印江戸出府之節毎度身を不離持参」することとしていたが、享保六年三月、旅宿とした牛込寺町（現・東京都新宿区）の養善院の火災により、徳川家康の判物及び二代将軍秀忠～五代綱吉、八代吉宗の朱印状（六代家宣、七代家継は未交付）は焼失した（『武州御嶽山文書』第一巻、五八号）。養善院の住職は蔵人の実兄が務めていた（『武州御嶽山文書』第五巻、一〇二八号）。

(104) 扱証文作成以前の正徳二年七月三日、山上御師三六人は連印（二人は他行のため無印、三人は代印）で、「神主義ハ中臣御祈禱之牛王札守於御神前ニ売来り」、「世尊寺義ハ護摩執行之牛王札計壱人ニ而売来」るのが「御嶽山古例」であるとする「口上書覚」を神主に出した(『武州御嶽山文書』第二巻、四六九号)。
(105)『武州御嶽山文書』第二巻、三六三号。
(106)前掲註(7)齋藤典男『増補武州御嶽山史の研究』一二八～一二九頁。
(107)『武州御嶽山文書』第二巻、四四八号。
(108)さらに、金井神主期となった十八世紀後半の天明六年(一七八六)八月には、寺社奉行は裁許のなかで「三拾五人之御師ニ高下者無之」と指示し、「手長御師」の優位性を明確に否定した(『武州御嶽山文書』第二巻、四三八・四九三号)。
(109)『武州御嶽山文書』第五巻、一〇二五号。
(110)『武州御嶽山文書』第一巻、一八五号。なお山上御師各家に奉公する下人・下女については、出身村の檀那寺の請状(「旦那寺請」)を各家で保管したうえで、人別帳に登載した。
(111)『武州御嶽山文書』第一巻、八一号。
(112)前掲註(6)片柳太郎『武州御嶽昔語り 前編』。
(113)『武州御嶽山文書』第一巻、一八八号。
(114)正徳三年三月、山上御師の内記が、万治二年から宝永五年九月までの「祭礼帳之写二冊」を「惣山中封印ニ而私慥ニ預り置」いた旨の同文の証文二通が残る(『武州御嶽山文書』第五巻、九八六・一〇九一号)。二通は数馬宛てと主膳宛てで、内記から各山上御師に預り証文が出されたと推測される。
(115)「服部喜助家文書」七―三・五。
(116)「黒田忠雄家文書」七―二〇。
(117)「服部喜助家文書」七―二五、「片柳光雄家文書」九―二一、「片柳三郎家文書」九―四一など。

（118）「片柳光雄家文書」九―二〇。

（119）幕末には「月番箱」の史料管理がより厳重になる。嘉永七年（一八五四）正月、山上御師集団は議定を結び、「月番諸書物之儀者、一山大切之品」であるため「月番箱」の開封には「組々立合一同相談」を必要とし、「開封帳」が作成されることになった（前掲註（7）齋藤典男『増補武州御嶽山史の研究』一五四～一五五頁。「調査団」による「武蔵御嶽神社（月番箱）文書」の調査では、この議定を確認できなかった）。

（120）前掲註（31）齋藤愼一「「将軍上覧」と『集古十種』」、『武州御嶽山文書』第二巻、三八二・四七一号。

（121）大原修理は「大久保加賀守内大原五右ヱ門二男」、すなわち相模国小田原藩大久保忠朝家の家臣の子息とされる。浅羽蔵人は、実父孫兵衛が三河国吉田藩松平伊豆守（信祝）家の知行一〇〇石の家臣で、従弟に幕臣や大名家家臣がいた。金井左門の実父久右衛門は信濃国安曇郡松川村（現・長野県松川村）の郷士で、左門自身は神主就任以前に「松平豊前守」に仕えていた。左門の伯父や従弟にも御三卿や大名家の家臣がいた（『武州御嶽山文書』第四巻、九七二号、第五巻、一〇二八・一〇九三号）。

（122）橋場神明は府内の古跡地一四社の一つで、一四社の神主は幕府から優遇されていた（竹ノ内雅人『江戸の神社と都市社会』校倉書房、二〇一六年）。

（123）『武州御嶽山文書』第五巻、一〇三一号。

（124）江戸城寺社年頭礼の概要は、拙稿「神職の集団化と幕府支配―武蔵国独礼神主層を事例に―」（井上智勝・高埜利彦編『近世の宗教と社会二　国家権力と宗教』吉川弘文館、二〇〇八年）、同「江戸城寺社年頭礼の濫觴と制度化―家康・秀忠期から家光期を中心に―」（『早稲田―研究と実践―』三四、早稲田中・高等学校、二〇一二年）、同「江戸城寺社年頭礼の儀礼化―家綱期から綱吉期を中心に―」（『早稲田―研究と実践―』三五、早稲田中・高等学校、二〇一三年）を参照。

（125）『武州御嶽山文書』第二巻、三八六号、第四巻、八〇三号。

ただし、文化二年（一八〇五）の史料に「当山神主儀代々濱名氏ニ而年頭御礼等も隔年ニ而青銅壱貫文献上仕於　帝鑑之御間独礼相勤申候、然所宝永年中濱名玄蕃不埒之儀ニ付、新規ニ大原左衛門儀神主職被　仰付、夫ゟ惣席御礼相勤候」とあり、浜名神主家は、字義通り単独で拝謁する「内独礼」か、格式としての独礼で実際は集団で拝謁する「惣独礼」の待遇で、大原神主家から「惣礼」になった可能性がある。ちなみに金井郡胤の実家の橋場神明神主鈴木家も年頭惣礼を勤めている（『武州御嶽山文書』第二巻、三七一号、第四巻、九六二号）。

（126）大原神主期の正徳二年に「手長御師」が神主の代役で江戸城年頭礼を勤めたとする史料が残されている。大原修理が須崎兵部に発給した正徳二年正月付けの「覚」には、「当辰正月六日　天下御礼幷　御老中様方・寺社御奉行様諸御礼之儀、我等服之内ニ付而、其方儀代礼無相違首尾能相済申段忝存候」とし、「我等代役手長之義向後等相勤可被申候」と記される（『武州御嶽山文書』第四巻、八〇四号、「片柳三郎家文書」九―二）。本史料は写しである。

前述した弘化四年（一八四七）五月「先格旧例之事」では、「手長御師家格旧例」の一つに「正徳二辰年正月六日、神主代役手長御師ニ而乍恐　登城御礼幷御老中様方寺社御奉行所諸御礼相勤候ニ付、神主ゟ手長役江差出置候書面有之候事」を挙げる（『武州御嶽山文書』第二巻、五〇〇号）。「書面」が正徳二年「覚」のことであろう。

「手長御師」の年頭礼出仕を明示する同時代史料は現状では発見されておらず、史実とみるかについては結論を保留したい。

（127）文政二年（一八一九）十二月、御嶽山神主金井左衛門（郡枝）に対し、山上御師靫矢相馬について「白川様関東御役所ゟ御公儀様江年頭御礼相勤候身柄之者ニ有之哉之趣御文通」があった。靫矢相馬は実際は「御公儀様江御礼相勤候儀決而無御座候」という存在だが、神祇伯白川家の江戸役所にとって年頭礼に出仕するか照会を要する神職であった。十九世紀、武州御嶽山御師は神社神職として確固たる地位にあったと推測される（『武州御嶽山文書』第三巻、七四六号）。
(128) 前掲註（66）参照。
(129) 坂本御師が神輿警固役を勤めたのは元禄三年の二月祭礼までである。宝永六年二月祭礼以降、「御榊」の持役と警固役が、坂本御師のうち御嶽村幕領分居住の御師たちの役儀（「御領御師役」）となった。社領分居住の坂本御師齋藤家では、正徳四年二月に神主大原修理から五郎左衛門が「二月八日祭礼之節大般若警固」の勤仕を命じる免許を発給され、正徳六年二月祭礼から大般若経箱と大集経箱の警固役を勤めるようになった（『武州御嶽山文書』第二巻、四三六・四三七号、第五巻、一〇六一・一〇八二号）。
(130) 『武州御嶽山文書』第一巻、一八一号。
(131) 例えば『武州御嶽山文書』第一巻、二一三号。
(132) 十八世紀中葉の史料だが、宝暦二年の幕領分（当時は田安領）の戸数は三四軒で同六年に八軒の御師がいた。宝暦六年の社領分の戸数は一五軒でこの内九軒が御師だった。村役人を勤めた御師は、幕領分では名主の清左衛門、組頭の図書、年寄の仙太夫（御師名主）・傳左衛門、社領分では名主の右近、組頭の主馬、年寄の庄太夫・内膳・左内であった（『武州御嶽山文書』第二巻、一九六・一九七号、第五巻、一〇〇七・一〇一二号）。
(133) 『武州御嶽山文書』第五巻、一〇六七～一〇七二号。
(134) 『武州御嶽山文書』第五巻、一一二七号。
(135) 高辻家と御嶽山の関係の詳細は、前掲註（8）拙稿「武州御嶽山と幕府・朝廷勢力」を参照。
(136) 『武州御嶽山文書』第三巻、六七六号。
(137) 『武州御嶽山文書』第三巻、七三七号。

武州御嶽山と幕府・朝廷勢力

靱矢嘉史

はじめに

周知のように、近世国家における朝廷勢力の存在意義が追究されるなかで、公家の家職の一例として吉田家や白川家による神社・神職の支配が注目された(1)。これを契機に朝廷勢力の身分編成を焦点とする在地神職の実態解明(2)や吉田家・白川家自体の検討も進展する(3)。事例研究の蓄積をふまえ、吉田家や白川家を結節点に天皇・朝廷権威を中核とした近世神社・神職の全体像が改めて提起されている(4)。

さらに井上智勝氏は、「国家祭祀対象社」、すなわち二十二社など「江戸幕府や朝廷という国家公権の構成体から国家規模の招福攘災を命じられる神社」の社家（神職）の存在形態を検討し、国家公権から「最高の待遇」を受けたこれらの神社の神職集団では、朝廷からの社職の補任や位階によって「厳格な身分の序列」が形成されていたとする(5)。

先行研究では、幕府統制下の朝廷勢力を中心に置く近世神社・神職の相当整然とした秩序が提示されている。たしかに朝廷や吉田・白川家、国家祭祀対象社は、神社・神職の規範として大きな影響力を持ったが、在地神職が封建的土地所有体系のもとで幕藩領主の統治下にあったことも軽視できない。筆者は旧稿で武蔵国の「地域大社(6)」の神主たちの寺社奉行所席次向上活動や江戸城年頭惣独礼を契機とする集団化などを検討し、幕府に権威の源泉を求める志向を指摘した。(7)

幕府との直接的関係と朝廷勢力による編成、この両者による秩序化を神職側はどのように認識し、対応したのか。本稿では武蔵国多摩郡の武州御嶽山(東京都青梅市、武蔵御嶽神社)(8)を主たる対象とし、その近世化の特徴を把握したうえで、神主・御師集団と朝廷勢力との関係の諸相を解明し、在地神職の秩序意識の分析から近世国家像の逆照射を試みたい。

一　近世的神社秩序の形成

天正十八年(一五九〇)八月、関東に入国した徳川家康は、翌年十一月、新領内で寺社領の寄進を行う。武州御嶽山も「武蔵国多西郡三田之内」で三〇石を寄進された。これは、府中六所宮(東京都府中市、現大国魂神社。五〇〇石)、鷲宮神社(埼玉県久喜市〔旧鷲宮町〕。四〇〇石)、大宮氷川神社(埼玉県さいたま市〔旧大宮市〕。一〇〇石、後に三〇〇石)、氷川女体神社(埼玉県さいたま市〔旧浦和市〕。五〇石)と同じ形で、家康の判物によって「武運長久」の祈願と「殊可専祭祀」ことを命じるものだった。これらの神社は、いずれも神主・社僧・配下神職からなる神仏習合的な一社組織を形成しており、高埜利彦氏のいう「地方権門」(9)の性格を持つ武蔵国の大社といえる。

地方権門系大社では徳川家・江戸幕府によって社頭も造営される。武州御嶽山は府中六所宮と同じ慶長十一年(一六〇六)に大久保長安が奉行を務めて竣工し、大宮氷川神社ではこれに先立つ文禄五年(一五九六)に造営が行われた。さらに十七世紀後半、六所宮と氷川神社は寛文七年(一六六七)、御嶽山は元禄十三年(一七〇〇)に幕府による二回目の社頭造営が行われた。

徳川家の関東入国を機に武蔵国の神社・神職の近世が始まるが、この時点の家康は〝天下人〟ではなく関東の大大名だった。東国の巨大封建領主たる徳川家の領国支配体制構築が、武蔵国在地神職の近世化の出発点となったのである。(10) さらに武蔵国の地方権門系大社では、各神社内の紛擾に対して出された幕府裁許状が神社運営制度を規定し、個々の神社の近世的体制が形成されていった。

中世の武州御嶽山は蔵王権現信仰の一拠点として繁栄していた。戦国期には神主浜名家が青梅地方の国人領主三田氏のもとで軍役を兼ねて台頭し、三田氏滅亡後も後北条氏支配下で勢力を維持した。徳川家入国後も、御嶽山上及び山麓に居住する御師集団を「家来筋目」として使役し、敵対した御師を斬罪に処し、社僧世尊寺（新義真言宗）の末寺を破却するなど、専権的・武断的な支配を続けた。

十七世紀半ばころから御師集団の自立運動が活発化する。明暦四年（一六五八）三月には幕府評定所から裁許状が出され、神主・社僧・御師集団の三者協調による神社運営を命じられた。神主による散銭・社木の占用も禁じられ、延宝四年（一六七六）の寺社奉行裁許状で散銭の用途を神社の修理料に限ることが確定した。さらに御師集団は、寛文八年と延宝五年に社領の検地を行って神主の統治権の抑制を図るが、検地を主導した頭取の御師は幕府の命で御嶽山から追放された。幕府は、神主の専権や御師の隷属性は否定したが、御師集団の台頭も全面的には認めなかった。

しかし宝永三年（一七〇六）、「町場」（祭礼時に設置される売場）の管轄をめぐる御師との出入の結果、神主浜名玄蕃は改易される。その後二年間、神主を欠いたなかで、社僧と御師集団が「相談」して祭礼を執行し、神社を運営した。宝永五年に大原修理の神主職就任が寺社奉行所に許可され、御嶽山外から迎えられた新たな神主と社僧・御師の合議により、明暦四年の幕府裁許状で定められた神社運営制度が実質的に機能し始めた。

上述の過程は、武蔵国の他の地方権門系大社とほぼ共通する。府中六所宮神主猿渡家はもともと後北条氏の家臣で、後北条氏によって六所宮に送りこまれたと推定されている。延宝八年十月、神主とその下にある社中（禰宜・社家・供僧）との出入に対して寺社奉行裁許状が出された。出入の主な争点は社領の配当で、社中側は、本来は社領五〇〇石のうち、七〇石が御供料、三〇石が燈明料、一〇〇石が修理料、一〇〇石が神主領で、残り二〇〇石が社中とそのさらに下に位置する小役人たちへの配当分だったが、延宝六年の検地の際に御供料・燈明料・修理料の計二〇〇石が神主領の中に「横領」されたと主張する。これに対し、神主側は、神主領はもともと三〇〇石であり、「天下御安全之御祈禱祭礼其外諸色入用御社中之御破損修復等」を神主一人で勤めてきたと反論する。幕府は社中側の主張を却下し、従来通り神主領三〇〇石の中から御供料・燈明料・修理料を支出することを命じたものの、「社頭恒例之神事祭礼年中行事等者不及申、雖為当分之儀神職中致一同無私遂評儀随事宜令落着」と、神主・社中の合議による社運営を指示する。(11)

近世初頭の大宮氷川神社には四社が鎮座し、それぞれの社に社家（社人。後の神主）が奉仕していたが、四社家のうち、寿能城主潮田出羽守の家来との由緒を持ち、門客人社に奉仕する新興勢力の金杉（「氷川」に改姓）家が台頭する。氷川内記は、古来から神社に存在した社僧八坊のうち五坊を破却し、「本地堂其外堂塔」も「没倒」したという。しかし、延宝六年、幕府によって氷川内記が追放され、翌延宝七年七月、残った旧来の三社家の間の争論に対して寺社奉行の裁許が下り、三社及びそこに奉仕する三社家（男躰宮の岩井家、女躰宮の角井家、簸王子宮の内倉家）の並立が定められ、「有来之神事祭礼無怠慢社家中令和順可勤之」と命じられる。延宝八年十月に三社家と社僧観音寺らとの間の争論に出された寺社奉行裁許状では、社家の社領支配権と社僧のなかでの観音寺の優越した地位が確認されるとともに、「向後双方可致和順、社人理運ニ募猥供僧を不可慢」と社家と社僧の融和が命じられ、社家の社僧への圧迫が禁止される。元禄十二年九月にも寺社奉行裁許が下され、神社運営制度の基本が定められた。同格の三社家が年番で神社支配を行うが、「両部習合之宮」として三社家と観音寺ら社僧五坊が「和睦」して神事を勤めるように命じられ、本地堂の再興も指示される。同時に寺社奉行から出された「定」で社領三〇〇石の配当も決められた(12)。

氷川女体神社の運営は、神主武笠家・社人内田家・社僧文殊寺・社領名主によって行われていたが、十七世紀半ば、神主と社人の間で「度々公事」という状況となった。寛文三年二月に出された寺社奉行裁許状では、武笠家が「可為神主職」、内田家が「可為其次」と、社人が神主の配下神職であることが確認され、社人内田刑部・杢平の追放が命じられた。ただし、寛文七年十月、刑部と杢平は神社に復帰している(13)。

鷲宮神社の神主大内家は、後北条氏の麾下にあり、鷲宮城主として社領を支配するとともに各地を転戦していたが、江戸時代には神社の祭祀に専念するようになった。明暦～万治年間（一六五五～一六六一）、神主と配下の社人が激しく対立し、社人側は何度か幕府に出訴するがいずれも却下され、結局、社人側は鷲宮から追放された。さらに神主は唯一神道を標榜し、寛文七年、供僧頭大乗院易寂を退去させて本地堂など諸堂を破壊し、境内から仏教色を排除した。しかし、元禄三年九月、江戸の真言宗護持院の後見のもと、すでに死去していた大乗院易寂の名目で起こされた訴えに対し、寺社奉行の裁許状が出される。寺社奉行は、「当社は唯一之神ニて不用社僧」とする神主側の主張を否定し、「先規は両部習合ニて供僧立来候段為明白」と供僧の存在を認め、「自今以後易寂と和融仕、可令興隆社法者也」と神主と供僧の融和を命じている。これにより大乗院は再興され、供僧側は社領五〇〇石のうち四八石を配当されることとなった。さらに宝永四年十一月にも、神主と大乗院の出入に寺社奉行裁許状が出され(14)、「万端社法両部習合令相守之」と、両部習合の社であることが確認され、神主と供僧の「和順」を指示されている。

戦国期、武蔵国の地方権門系大社の神主の多くは、神職であると同時に大名（後北条氏）に臣属する在地領主でもあった。江戸時代を迎えた十七世紀、依然として中世的な領主意識を残存させて神社運営・社領統治に臨む神主と、神主によって本地堂や末寺などの破壊を受け、坊数を削減された社僧（供僧）[15]及び神主専制に抵抗する配下神職層（武州御嶽山では御師、府中六所宮では禰宜・社家、氷川女体神社・鷲宮神社では社人）との間で係争が起こり、十七世紀半ばから十八世紀初頭にかけて出された幕府裁許によって基本的な神社運営制度が定められた。幕府は、神主の恣意的な支配を否定し、社僧や配下神職との合議・協調による神社運営を求めたが、神主が神社組織の統率者（「御頭」）、社領の領主的存在（「地頭」）であることは保障した。幕府による中世地方権門から近世地域大社への再編と捉えたい[16]。

武蔵国地域大社はおおよそ十七世紀の約百年間で近世的成立を遂げたが、当該期の幕府裁許のみで各大社の運営制度が定着し、機能したわけではない。続く十八世紀にも神主・社僧・配下神職間の係争が寺社奉行所で審理され、神社運営の方法をより明確に定めた裁許が下され、神社側は請書を提出する。

十八世紀の武州御嶽山では浜名家改易後も神主家の改替が続く。享保四年（一七一九）、大原修理は養子蔵人に神主職を譲り、間もなく蔵人は旧姓の「浅羽」に復する。浅羽蔵人神主在任中の享保十二年と享保十九年の二回、将軍徳川吉宗が赤糸威鎧（現国宝）など御嶽山の神宝を上覧する。宝暦四年（一七五四）に蔵人は嗣子なく死去し、宝暦六年に金井左門が新たな神主に迎えられた。安永六年（一七七七）には金井左門の子息勇助が隠居し、江戸橋場神明（現東京都荒川区石浜神社）の神主鈴木家出身の金井大輔（郡胤）が相続し、以後は郡胤の系統が続く[17]。

御嶽山の社僧世尊寺は十八世紀前半までは相当の勢力を保ち、無神主期間には神社運営の中心にもなった。しかし、元日の祈禱・慣例をめぐる出入に対する宝暦十二年十一月の寺社奉行裁許では「社用之儀者神主差図可相用処、世尊寺儀神主を軽蔑仕候趣申上」げた点を咎められる[18]。明和三年（一七六六）十二月にも御嶽山社木の売却をめぐる出入に寺社奉行裁許が下り、住職日応が押込となる[19]。世尊寺は天明年間（一七八一～一七八九）ころに無住となった。

十八世紀以降、御嶽山では御師集団の勢力が伸長するが、神主とともに神社運営の中核となったのは、山上に住む三五軒前後の「山上御師」だった（山麓居住の「坂本御師」は神社運営には加わらなかった）。すでに享保四年十一月の寺社奉行裁許で山上御師対等の原則が示されたが[20]、山上御師集団内部では、祭礼の「手長役」を御師の家格とみなすか否かで見解の相違が存在した。天明六年三月、祭礼における本社や鐘楼堂の開閉の権限をめぐって神主と山上御師の間で出入が起こり、八月に寺社奉行裁許が出された。この裁許で社僧無住の際の神主と山上御師の権限・職掌が定められ、「全体三拾五人之御師ニ高下者無之間、手長致候御師とも神主ニ差続キ候抔心得違不致」るように指示される（傍線は引用者。以下同様）[21]。以後も神社運営や祭礼執行、御師の家格をめぐり、神主・山上御師の間で係争が頻発するが、明暦四年の幕府裁許に加えてこの天明六年の裁許を根拠に調停され、山上御師の対等性が確認される。

三神主制の大宮氷川神社では、十八世紀に神主と社僧の間で神社運営の主導権を争う出入が断続するが、享和元年（一八〇一）の寺社奉行裁許で、配下神職組織の統制権、社領の統治権、神社の対外的な代表権が神主に帰属することが具体的に定められ、神主の一社支配権が確定した[22]。

神主猿渡家の力が突出する府中六所宮では、神主と配下神職（禰宜・社家）や社僧の勢力が拮抗することはなかったが[23]、神主と社僧の本寺である天台宗安養寺の間では出入が起こり、宝暦三年と宝暦十三年の寺社奉行裁許で、社僧は身分については本寺の支配、六所宮の社務については神主の指揮を受けることが確認され、安養寺の神社運営への介入が禁じられた[24]。安永四年（一七七五）には、神社運営や神事祭礼、神主・配下神職・社僧の職掌などを詳細に規定した大部の「社法定書」を神社で作成して寺社奉行所へ提出し、その厳守を命じられている[25]。

神主・社僧・配下神職の力関係が相違するため展開する具体相はやや異なるが、武蔵国地域大社では、十八世紀も類似した過程を経て近世的秩序が最終的に確立した。

ところで寛文五年七月、幕府は在地神職に対する吉田家の装束許認可権を保障する「諸社禰宜神主法度」（「神社条目」）を出し、神社神職の本所たる公家吉田家から許状を受けさせることで全国の在地神職の包括的把握を図った。しかし近世前期の武州御嶽山では朝廷勢力との関係締結は確認できず、他の地方権門系大社でも、神主が吉田家の許状や伝授を受けても、朝廷勢力が法制的に神社運営に介入する事例はない。

朱印地寄進、社頭造営、裁許下付といった形で、幕府は御嶽山の秩序形成に個別かつ直接的に関与した。幕府が東国の巨大封建領主として膝下の武蔵国の地方権門系大社に対して行った特徴的な方策といえよう。逆にいえば、かかる方策を全ての神社に適用するのは無理があるため、幕府は公儀の国家的支配として諸社禰宜神主法度を発布したのである。

武州御嶽山の近世化は幕府の直接的な強い影響下で達成された。これが近世後期に御嶽山が主張する〝独自性〟の基盤となったのである。

二　朝廷勢力との関係締結 ―高辻家執奏と「本迹縁起神道」―

武州御嶽山では十七世紀には山上御師たちも二月と九月の神社祭礼に出仕しており、「手長」「御輿警固」「神馬口取」「笛吹」といった役儀を勤めた。(26) 御師の職分を「神職」と記す史料もあり、(27) 御嶽山御師はすでに近世初期から祭祀に携わる神社奉仕者であった。

十八世紀初頭には、多くの山上御師が百姓名ではなく近世神社神職に一般的な百官名を名乗るようになり、前述した享保十二年（一七二七）の徳川吉宗の神宝上覧以降、苗字公称も定着した。御嶽山社領は幕府代官の支配を受けなかったため、「御頭」「地頭」である神主が認めれば苗字・官名を称することに支障はなかった。安永六年（一七七七）十一月に山上御師全員が神主金井郡胤に「別而抽丹誠国家安全御武運御長久之御祈禱修行可仕候事」を誓約している。(28)十八世紀半ばころには山上御師は自律的に神社神職化を遂げていた。

ただし武州御嶽山の神主・御師が、諸社禰宜神主法度や朝廷勢力の動向に無知・無関心だったわけではない。宝暦十二年（一七六二）十月、山上御師三人は、寺社奉行所法廷で「御落縁」に下がるように命じられたため、「御嶽山之儀者別山ニ而吉田様御支配不請奉、寺社御奉行所様直御支配」を強調し、「御縁側通」が「先年ゟ格式」だと寺社奉行所に願い、認可される。(29)

寺社奉行所法廷の席次は「上通」・「下通」（「御縁側通」）・「浪人台」（「御落縁」）・「砂利」に分かれており、吉田家や白川家の許状を得た神職は下通、未取得の神職は浪人台に出るのが原則だった（上通に出る神職は稀少）。十八世紀後半、神職の許状取得の一般化を背景に寺社奉行所での神職の席次が整備された。(30)朝廷勢力による在地神職編成の進行が、神社神職に対する幕府の直接的な序列化にも影響を与えたのである。御嶽山御師はかかる状況を認識しつつも、吉田家の支配を受けない「別山」で、「寺社奉行直支配」(31)だという〝独自性〟をあえて主張し、神社神職の身分を確保しようとした。

しかし御嶽山御師の席次の特例はこの後も問題となったようで、安永七年二月にも寺社奉行の「御尋」があったため、山上御師は神主金井郡胤に「御師一統末代迄無御滞御椽（縁）側通罷出候様ニ御取成」を願い、寛政四年（一七九二）閏二月には、寺社奉行所に出願する山上御師が「御縁側通り江罷出候先例」であることを神主は奉行所役人に申し立てる。(32)下通の席次が最終的に確定したのは天保十四年（一八四三）だった。(33)許状なしで従来の地位を維持するのが難しくなっている状況がうかがえる。(34)

安永九年九月、武州御嶽山は初めて公家と関係を結ぶ。神主金井郡胤は高辻家から「武州御嶽神社々司自今官位当家執奏」の免許を受け、寺社奉行所にも届け出たうえで、御師たちにも高辻家を執奏とし、以後「大宮司」号を称する旨を通達した。さらに郡胤は天明元年（一七八一）九月付けで「支配下御師中国名被称候儀、旧例有之趣ニ付」認める免許を高辻家雑掌から取得する(35)。前節で述べた天明六年の山上御師との出入において金井郡胤は、

既ニ御嶽山之儀者神主先祖散位大中臣国兼、本迹縁記（起）之神道相極候而、一山行事ニ有之神主装束之儀も元禄年中御修覆之砌拝領仕、紅紋紗狩衣着用仕候得共、其後拝領与申儀も無之神祇道之掟茂相違仕候様ニ奉存候間、高辻殿江相願白衣之浄衣着用仕候、殊ニ近頃神祇道御定目御触有之、伝奏無之神主社人者吉田家之御差図可請趣ニ御座候得者、支配之御師共着用装束免許無之、社法ニ而着用仕候間万一御察当之程茂奉恐入候ニ付、高辻家雑掌中迄相願、国名令免許之御書付頂戴、私所持仕罷在候(36)

と(37)述べる。高辻家を執奏家としたのは、元禄十三年（一七〇〇）社頭造営時の幕府からの狩衣拝領以後、装束下付がなく、諸社禰宜神主法度（「神祇道之掟」）に違反せずに装束を着用するためだった。さらに天明二年十月の同法度の再触れ（「近頃神祇道御定目御触有之」）によって、許状未取得での御師の装束着用が咎められるのを恐れ、高辻家の国名免許を得た(38)。幕府は再触れによって吉田家の神職編成活動を改めて認め、百姓神職を含む在地神職の把握強化に利用しようとした(39)。

禰宜諸社神主法度は第三条で無位神職に対する吉田家の装束許認可権を保障する一方、第二条では吉田家以外の公家を伝奏に持つ神職の存在を認める。第二条は京都周辺の国家祭祀対象社を念頭に置いた規定だったが、幕府は地方の大社の神職などにも吉田家以外の執奏を認めていた。実際、大坂天満宮（大阪府大阪市）の神職は十八世紀前半に高辻家の執奏で吉田家支配から離れている。井上智勝氏はこのような神職を「伝奏附神職」と呼ぶ(40)。

金井郡胤は吉田家配下の江戸橋場神明神主鈴木家出身だが[41]、武州御嶽山の自立的位置を保つべく、高辻家執奏の「伝奏附神職」の道を選ぼうとした。近世前期の御嶽山は、東国の巨大封建領主たる幕府の直接的な支配体系下にのみあって、諸社禰宜神主法度から〝制外〟的な自立性を持ったが、近世後期、公儀たる幕府が吉田家などを活用して在地神職を把握する方向を強めたため、朝廷勢力とも関係を結び、同法度の枠内での〝独自性〟を求めたのである。

また神主先祖が極めたという「本迹縁起神道」とは、吉田兼倶が『唯一神道名法要集』で定義したもので、「其宮、其社、化現、降臨、勧請以来、就縁起之由緒、搆一社之秘伝、以口決之相承、称累世之祠官」する神道で、吉田家の「元本宗源神道」とは別の神社独自の神道をいう[42]。これも御嶽山の神事・祭礼を吉田家の神道思想の枠内で解釈した〝独自性〟である。

幕府の神職政策や朝廷勢力の動向を知悉した金井郡胤は、武州御嶽山の旧来の秩序を近世後期の情勢下に位置づけ直して維持すべく腐心していた。

寛政年間（一七八九～一八〇一）からは御師たちが個々に高辻家から許状を得る。最初に取得したのは山上御師のうち「手長役」を勤める者たちで、「武州御嶽山手長御師」に国名の名乗りを許し、「風折烏帽子・狩衣如先規恒例祭礼神事執行等之節着用可為勝手候」とするもので、吉田家が出す神道裁許状と類似する[43]。手長役ではない山上御師も「国名・狩衣御免許状」を受け（非手長の御師四人が公家の園家から「国名免許頂戴」した例もあったが次代は高辻家へ願うことで調停される）[44]、享和元年（一八〇一）までには山上御師の大多数が高辻家許状を得た。山麓居住の坂本御師のうち二人も寛政十一年に許状を受けた[45]。高辻家との関係締結で神主・御師の地位は諸社禰宜神主法度体制内で安定化したかにみえる。

しかし、厳密には高辻家に許状発給の権限はなく、同家の執奏で実際に叙位任官しなければ「伝奏附神職」とはいえない。諸社禰宜神主法度の再触れを受け、寛政三年、吉田家が江戸役所を開設し、間もなく神祇伯の白川家も江戸役所を設ける。神祇道を家職とする両家は対抗しつつ神職の編成を進めており、富士山北口の御師集団の所属などについて紛争が生じていた。[46] 十九世紀には武州御嶽山もその渦中に巻き込まれることになる。

三　吉田・白川家の介入と山内の錯綜

享和元年(一八〇一)九月下旬、「吉田家出役人」の桑原左衛門が御嶽山で「及対談」んだ。桑原は「関東之内当国取締之為」に江戸役所から派遣され、「神職中江巡行」していた。[47]

桑原は九月四日には府中六所宮に出役し、禰宜・社家四人が「是迄職分御許状茂頂戴不仕、今般御廻村先ニ而厳重之蒙御調」、許状取得を出願することになった。九月五日に神主猿渡盛房同席のもと、桑原が社家たちに対し諸社禰宜神主法度などを読み上げ、「唯今迄一向吉田家許状も請不申甚心得違之旨等申聞」かせた結果である。神主猿渡家は早くから吉田家と関係を結び、この前年の寛政十二年(一八〇〇)には盛房が上京し吉田家執奏で信濃守従五位下となったが、配下神職は定期的に許状を受けていなかった。[48]

桑原左衛門は武州御嶽山でも「御調」を行い、神主・山上御師集団に吉田家許状を受けさせたかったのだろうが、御嶽山側は高辻家との関係から回答を保留した。

享和二年五月、山上御師のうち非手長役の二一人が白川家入門の意向を示す。二一人は「内々白川家役人与申合」せ、七月に「白川家学頭」の野呂典膳が御嶽山を訪れ、神主金井郡枝に対し白川家への帰属を強く示唆した。郡枝は、神主職を退いて実家の橋場神明神主鈴木家の後見を務めていた祖父金井郡胤のもとへ相談に赴く。郡胤にも「白川家御目代御免許進上」するとの働きかけがあったが、郡胤は老年と多忙を理由に目代職就任を断った(49)。

しかし八月に神主金井郡枝は二一人の白川家入門を認めて添書を出し、二一人は許状取得を出願する。十月、「神祇道神前諸行事」を授与し「風折烏帽子・浄衣・浅黄差貫」着用を認める「尋常之通」の白川家許状と「細立烏帽子・布斎服」着用の免許を受ける。翌年二月には惣代二人が上京して「立烏帽子絹斎服」着用の免許を得た。ただし金井郡枝は、添書で「尤当山者従往古本迹縁起神道行事一山一同之旨」を強調し、許状取得が完了した享和三年三月に「白川様神祇之御家たり共当山之仕来之通り一山一同相違」しないことを二一人に誓約させ、御嶽山の自立と神主・御師集団の結束を保とうとした(50)。

残る手長役の御師は、享和二年八月の神主への願書で「私共手長拾弐人之者共儀者是迄伝奏高辻家御許状ニ而相済候間、何分是迄之通り一山執行を以仕度候」と述べる。いちはやく高辻家から許状を得た彼らは同家との関係を継続し、手長役たる家格の維持を望んだ(51)。

一方、「御嶽山社中御師之内白川家神祇江立入之義申立候由」を「伝承」した吉田家江戸役所の宮川大膳は、享和二年八月二日に橋場神明の金井郡胤を訪ね、「万一白川家江入門御添書等有之候而ハ其儘難捨置筋候、兼而御懇意致候義ニ付、乍役前内々此段被得御意」たいと述べる。翌三日にも江戸役所の山西与市が「今日私罷出候者表立得御意候」とし、吉田家に通知せずに白川家に添書を出せば「従是茂御奉行江申立品ニ寄其御社御掛合」となる可能性を郡胤に伝える(52)。吉田家江戸役所は、以前から交流があった金井郡胤に対し、寺社奉行所出訴の可能性にも言及して白川家入門の阻止を図った。

しかし、前述のように添書は出され、宮川大膳は「甚六ケ敷事」「吉田家出役之趣意ハ如何」と不快感を示す。そこで吉田家の体面を保つため、同家の神道裁許状を受けていた坂本御師三人の国名乗りと装束着用を神主が許可するとの妥協策を示し、宮川は一応納得した。高辻家からの許状取得を神主に許されなかった三人の坂本御師が享和元年四月に吉田家許状を得たが、神主の「添書茂無之欠(駆)込」で吉田家へ願ったため、御嶽山内では国名と装束を差し止められていた。以後、吉田家許状を取得する坂本御師が増加する(53)。

武州御嶽山の場合、神社運営に参画できない山麓の坂本御師が、山上御師との同格化を志向して吉田家に属した。これは、本所吉田家の主たる編成対象が通常の神社神職だったのに対し、神祇伯白川家は百姓神主や周縁的神職へと対象を広げることで近世後期に台頭する、という先行研究が明らかにした図式(54)とやや異なったものである。

享和三年十月、神主金井郡枝は上京する。「此度官位御願申上度候ニ付御執奏之儀」を高辻家に願うためだったが、京都滞在中、郡枝は吉田家や白川家から再三訪問や召喚を受ける。十月十一日、郡枝は吉田家に「よんどころなく参、いぎニをよはス」、当主に対面させられ、許状を与えられる。十一月三日には白川家当主にも対面する。すでに白川家は享和二年十月に山上御師二一人だけでなく金井郡枝にも「神祇道諸行事」を授け「冠絹斎服」着用を許可する「楷書」の許状を与えていた。御師の一部に許状を与えていた両家も御嶽山の支配権を主張し、高辻家執奏に異議を唱え、郡枝自身に対する働きかけも強めた。十二月十日、「両伝奏ゟ一先官位願下ケ可仕趣」が高辻家へ伝えられ、叙位任官は実現しなかった(55)。

武州御嶽山では、神主と手長役の山上御師は高辻家、非手長の山上御師は白川家、坂本御師は吉田家というように複数の公家と関係を結び、しかも中核となる神職であるほど、神社・神職支配の権限が強くない公家への所属を望むという錯綜した状況が現出した。

かかる状況が主な原因となって文化年間(一八〇四～一八一八)には神主・山上御師集団の間で係争となり、文政四年(一八二一)十二月に済口証文が作成される。武州御嶽山では「於社中ニ思々ニ添簡願出候ニ付任願ニ添簡仕候ニ付、高辻家・園家・白川家ゟも御免状頂戴致シ、山内御師幾手ニも相分り候ゟ事起り不依何事ニ一決不仕、自然与社中不取締成行是迄度々及出入」ぶに至ったため、「園家・高辻家御免状返上」し、「神祇道之儀」について「京都御官裁相済候上ニ而」、神主・山上御師は吉田家か白川家のどちらか「一方江附属仕候様」に決め、坂本御師に対しては済口証文に「不相振、心得違無之様」に神主から命じることにした。また、金井郡胤が主張した「本迹縁起神道」の名称をやめ、「御嶽山社中往古之儀者自遷之神祇式」という形に立ち帰ることにした(56)。

複数の公家との関係締結を神社混乱の原因と認め、吉田家か白川家への一本化という方向が示された。しかし、事態は御嶽山内の調停や寺社奉行所の審理にとどまらず、在地神職編成をめぐる吉田家と白川家の争論として朝廷の裁定(「京都御官裁」)が必要な段階へと発展していた。

四　朝廷勢力の影響力と「自遷之神祇」「寺社奉行直支配」意識

天保十年(一八三九)三月、吉田家江戸役所の小川織江が「惣山上御師共入門可致趣」のために御嶽山へ出役した。これに対して山上御師集団は議定を結び、「元来自遷之神祇ニ候得者、先規之通り社法伝来之装束着用いたし神祇道相立候様」に精励し、困難な場合は白川家に「附属」することを確認した(57)。さらに神主金井郡枝も寺社奉行所に申し立て、「神祇道之儀者自遷之神祇御聞済」になる。翌天保十一年四月にも小川織江が御嶽山に登り、吉田家の鈴鹿豊後守から「山上御師共之内五人之者江使ヲ以文通」があり、神主方へも書状がもたらされたが、郡枝は「開封不致其儘相返シ」ている(58)。

吉田家の圧力に対し、神主・山上御師集団は、「自遷之神祇」を標榜し、武州御嶽山の〝独自性〟を結束して維持する姿勢を示した。吉田家を避けたのは国学者斎藤義彦の影響もあったためと考えられる。斎藤義彦は武蔵国秩父郡出身で、幕府神道方吉川家に仕え、十九世紀前半に御嶽山にしばしば滞在し、祭式の改変や復古神道化に寄与した。吉田家には批判的で、「吉田の神道のみちならぬをうれたみて」という端書を付した和歌を二〇首余り残しており、天保十一年五月には平田篤胤とともに新設の白川家江戸学寮の学師に補任された(59)。

吉田家帰属は回避できたが、寺社奉行所は「神祇服之事御官裁御沙汰迄麻上下着用可致旨」も命じた(60)。文政四年（一八二一）の済口証文作成以降も、神主・山上御師は、許状の有無にかかわらず「社法伝来之装束」として烏帽子・狩衣などを着用したと思われるが、天保十年の吉田家出役を契機にこれが禁じられた。麻上下での勤仕では俗人と視覚的に差別化できず、神社神職たるうえで大きな打撃であった。

弘化二年（一八四五）十一月、神主後見金井修理と山上御師五人が上京し、二条家から「御嶽山神主・御師」に「神道者往古ゟ伝来候自選（遷）之神道」を修行し「於官位者二条殿御執奏」を命じる書付を受ける。同家への「御舘入」の免許を得た山上御師もいた(61)。

嘉永三年（一八五〇）三月には将軍への二条家の「年頭御使」を務めた諸大夫河野木工権頭が、帰京途中に武州御嶽山に「御代参」し、さらに嘉永六年十二月、二条家が御嶽山に清和天皇の永世祭祀を命じた旨を諸大夫津幡陸奥守が老中・寺社奉行へ伝える。嘉永七年七月、神主・山上御師集団は議定を結び、二条家による「官位御執奏之儀相叶候節者神主より高官之願不仕、御師之儀者五位ニ任、神主者四位以上高官ニ相成候共故障不仕、御執奏相願可申筈」を取り決める(62)。

近世後期、許状取得の一般化に伴い神職の叙位任官も増加していた。地方神社神主の叙位は通常従五位下だが、武蔵国地域大社の神主たちには三位・四位への叙位願望があり、文化六年（一八〇九）に大宮氷川神社神主東角井家は吉田家江戸役所から三位叙位の可能性について情報を入手し、府中六所宮神主猿渡盛章は、文政九年の近江守従五位下への叙位任官と同時に吉田家から「四位束帯」の免許を得ていた。安政三年（一八五六）には富士山御師が従五位下になる例もある。(63)十九世紀の官位のインフレーション状況からみて、御嶽山神主の四位、御師の五位は決して不自然な望みではない。

神主・山上御師集団は一致して摂家の二条家を執奏に仰いで「伝奏附神職」になることで吉田・白川家の対立で膠着する事態を打開し、装束の円滑な着用をめざした。しかし幕府の許可は得られず、叙位に至らなかった。

結局、慶応元年（一八六五）、神主・山上御師が、装束の仮免許を吉田家から、神事神拝式の仮免許を白川家から受けることを両家の江戸役所が了承する。(64)武州御嶽山の公家所属問題は、幕末に至って吉田家の装束許認可権に従い、かつ白川家にも配慮する形でようやく決着をみた。

ただし武州御嶽山の「寺社奉行直支配」意識が失われたわけではない。慶応元年五月、在府中の神主金井郡籌は第二次長州征討に際して「向々江為冥加献金上納可致旨御沙汰有之風聞」を聞き、「此節白川家・吉田家ゟ仮免状請候折柄ニ付、両家ゟ茂右献金可致旨相達度様子ニ付、右両家ゟ公儀御触等請候様成行候而者、悪例之事」とみなし、寺社奉行所に出て「私方之義者附属一切無御座御奉行直御支配」として、献金の趣旨を直接問い合わせ、書付を受領する。(65)吉田・白川家から許状を得ても、幕府支配（「公儀御触等」）への両家の介在は「悪例」になると認識していたのである。

幕末、吉田家や白川家の江戸役所は在地神職に幕府の触れを通達する権限を与えられ、幕府は両家を通して神職を支配する傾向をいっそう強めていたが、武蔵国地域大社の神主たちはこれを忌避する。十八世紀半ばから吉田家許状を得ていた大宮氷川神社神主が「私方之儀者前々ゟ寺社御奉行御直之御支配下ニ而御代官領主地頭等江一切附属不仕、神祇道者吉田家ゟ許状請候而已ニ而公用之儀者吉田・白川家江茂相拘り候儀更無之」と述べるように、地域大社の側は、吉田家の装束許認可権に服するのみで、幕府の支配とは無関係とみなし、神社各自の秩序に対する吉田家の介入には反発して「寺社奉行直支配」を強く主張する。(66)

武州御嶽山でも吉田家や白川家との関係が確定したが、幕府との直接的関係に規定された〝独自性〟を誇示する意識は、近世を通して保持されたといえよう。

おわりに

武州御嶽山など武蔵国の地域大社は、朱印地の寄進によって江戸幕府の領国統治の体制下に置かれ、さらに社頭の造営、運営方法を定める裁許といった幕府の個別かつ直接的な施策によって近世化した。ただし、かかる諸施策は全国の神社に均一的に実施されたわけではなく、家康の関東入国を起点とした東国の巨大封建領主としての支配の側面が強い。

一方で幕府は近世国家の中核たる「公儀」として全国の神社・神職を掌握する必要があった。そのため朝廷・公家社会の広義の一員である国家祭祀対象社を統制し、諸社禰宜神主法度を発布し、吉田家を通して在地神職を包括的に支配しようとした。封建領主的支配では把握しきれない部分を伝統的権威である朝廷勢力が担う。古代・中世以来の連続性に規定される神社・神職は、朝廷勢力を介した幕府の公儀的支配の対象でもあった。(67)

幕府のこの二つの支配について、天皇・朝廷勢力を近世国家の「神明」的存在、近世国家を、徳川王権が天皇王権を利用して完全な王権を形成する複合王権(68)、幕府と朝廷が相互補完的に結合して一つの王権を構成する公武結合王権[69]などと捉えれば、巨視的な近世国家論としては整合的に理解できよう。

しかし、本稿でみたように、在地神職の秩序意識は幕府が構想した秩序とは必ずしも相即しない。幕府の封建領主的支配の枠内で近世的秩序が形成され完結していた武州御嶽山も、近世後期に朝廷勢力による在地神職編成に直面する。ただし公儀的支配強化の方向に即応して本所吉田家に帰属することはなく、神主は高辻家執奏の「伝奏附神職」をめざし、山上御師は白川家と結びつき、新興の坂本御師のみが吉田家に接近し、山内は動揺する。混乱収拾のなかで、逆に「自遷之神祇」「寺社奉行直支配」といった御嶽山の〝独自性〟を結束して維持する意識が高まり、旧来の秩序の重視へと回帰した。

在地神職側からみれば、封建領主的支配と公儀的支配が併存する幕府の支配秩序は貫徹したものとはいえない。両者を止揚して一元的な神職編成を実現できなかった点は看過できず、近世段階の国家の限界を指摘できよう。とはいえ〝独自性〟を誇示する武州御嶽山も幕末の最終段階では吉田家・白川家から許状を得た。これは「俗体之服ニテハ対御神慮江恐入、殊ニ檀家之寄依も手薄」[70]、つまり御嶽山の配札を受け、講を結んで参拝する檀家の側が、神主・御師に烏帽子・狩衣といった装束着用を望んだからである。

近代への展望をふまえて在地神職の秩序意識を考究するには、幕府との制度的関係や公家の家職といった次元を超え、信仰する側の民衆も含んだ十九世紀における宗教構造や社会全体の変容、神道化のなかでの検討が必要がある[71]。次の課題としたい。

註

（1）高埜利彦『近世日本の国家権力と宗教』（東京大学出版会、一九八九年）、間瀬久美子「幕藩制国家における神社争論と朝幕関係―吉田・白川争論を中心に―」（『日本史研究』二七七、一九八五年）。
（2）西田かほる「近世的神社支配体制と社家の確立について―甲州国中地域を事例として―」（『地方史研究』二五一、一九九四年）、小野将「幕末期の在地神職集団と「草莽隊」運動」（久留島浩・吉田伸之編『近世の社会集団―由緒と言説―』山川出版社、一九九五年）、田中秀和『幕末維新期における宗教と地域社会』（清文堂、一九九七年）、澤博勝『近世の宗教組織と地域社会―教団信仰と民間信仰―』（吉川弘文館、一九九九年）、引野亨輔「近世中後期における地域神職編成―「真宗地帯」安芸を事例として―」（『史学雑誌』一一一―一一、二〇〇二年）など。
（3）幡鎌一弘「十七世紀中葉における吉田家の活動―確立期としての寛文期―」（『国立歴史民俗博物館研究報告』一四八、二〇〇八年）、藤井祐介「神祇伯白川家の神社管掌と武家伝奏・職事」（『近世の天皇・朝廷研究』二、二〇〇九年）など。
（4）高埜利彦「江戸時代の神社制度」（高埜利彦編『日本の時代史一五　元禄の社会と文化』吉川弘文館、二〇〇三年。後に高埜利彦『近世の朝廷と宗教』吉川弘文館、二〇一四年、に所収）、井上智勝『近世の神社と朝廷権威』（吉川弘文館、二〇〇七年）、同「近世神社通史稿」（前掲註（3）『国立歴史民俗博物館研究報告』一四八）など。
（5）井上智勝「社家（神社世界）の身分」（堀新・深谷克己編『〈江戸〉の人と身分三　権威と上昇願望』吉川弘文館、二〇一〇年）。
（6）西田かほる「近世における地域大社の実態について―甲斐国八代郡御崎明神を中心に―」（『山梨県史研究』一一、二〇〇三年）で提起された神社の区分で、「古来より様々な形で地域の核となっていた神社」をいう。
（7）拙稿「近世神主と幕府権威―寺社奉行所席次向上活動を例に―」（『歴史学研究』八〇三、二〇〇五年）、「神職の集団

化と幕府支配―武蔵国独礼神主層を事例に―」（井上智勝・高埜利彦編『近世の宗教と社会二　国家権力と宗教』吉川弘文館、二〇〇八年）。

（8）武州御嶽山の研究史は、拙稿「武州御嶽山の近世的成立―武蔵国地域大社の一事例として―」（『早稲田―研究と実践―』三一、早稲田中学校・高等学校、二〇〇九年）を参照されたい。また本稿のうち同論文を典拠とした記述は煩雑となるため註記を略す。

（9）前掲註（4）高埜利彦「江戸時代の神社制度」。

（10）井上智勝氏は、中世以来の領主の領内神社修造の責務認識が継承された面を指摘するが（「一七世紀中後期の領主権力と一宮・式内社―その保護・顕彰政策と正当性―」『日本宗教文化史研究』一一―一、二〇〇七年）、幕府・徳川家から朱印地寄進や社頭造営を受けることで、軍役を除かれて祭祀への専念を課されるという神社の近世的な「役」負担の関係が生まれた面を筆者は重視したい。

また深谷克己氏は『近世の国家・社会と天皇』（校倉書房、一九九一年）で、寺社領が幕藩制国家の安全祈禱という「役」に対する寄進である点を強調するが、寛永年間（一六二四～一六四四）の検討による見解であり、寄進開始時には、徳川大名家の「武運長久」祈願が「役」とされた点にも留意すべきであろう。

（11）『府中市史　上巻』（一九六八年）六二二～六三四頁、府中市立郷土館編『府中市郷土資料集七　大国魂神社文書Ⅰ　神職の部』（府中市教育委員会、一九八四年）一～四頁及び解説（遠藤吉次氏執筆）、府中市郷土の森編『府中市郷土資料集一二　大国魂神社文書Ⅲ　経済の部（下）・土地の部（上）』（府中市教育委員会、一九九〇年）二二一～二二三頁。

（12）『大宮市史　第三巻中』（一九七八年）「宗教・文化編」三～一二頁、『西角井家文書目録』（埼玉県立文書館、一九八五年）かいせつ、『新編埼玉県史　通史編三　近世一』（一九八八年）七六三～七六六頁。

(13) 前掲註(12)『新編埼玉県史　通史編三　近世一』七六六〜七六八頁、埼玉県立文書館所蔵マイクロフィルム収集資料「足立郡三室村武笠神主家文書」文書番号一二一・三四・八二。

(14) 『鷲宮町史　史料一　近世』(一九八〇年)七〜六二頁、『鷲宮町史　通史中巻』(一九八六年)六九〜一〇二頁、前掲註(12)『新編埼玉県史　通史編三　近世一』七六八〜七七三頁。

(15) 奈倉哲三氏は、十七世紀末の越後国弥彦神社(新潟県弥彦村)の神主による仏教勢力排除(元禄廃仏)を幕府が否定して神仏習合の復旧を命じた経過を紹介し、「もしも神道優位の社会情勢がおとずれたならば、そのもとで一挙に廃仏を実現せんことを根本において祈念しているような、そのような緊張が内包されての、神仏習合の復活であった」と評価する(『真宗信仰の思想史的研究―越後蒲原門徒の行動と足跡―』校倉書房、一九九〇年。一六四〜一六七頁)。また、高埜利彦氏は、十七世紀後半から十八世紀初頭にかけて、地方の諸神社が神職の本所である吉田家と関係を結んで唯一神道化の傾向を深め、神仏習合を排除する事例について、「明治維新期のような国家政策ではないものの、ゆるやかな「プレ神仏分離」とでも呼べるものであった」とみなしている(前掲註(4)高埜利彦「江戸時代の神社制度」)。

近世前期の排仏的動向を、明治維新期の神仏分離政策や廃仏毀釈を見据え、神仏対立を重視する立場から解釈する見解であるが、筆者は近代の神社の形態を前提とせず、むしろ神職上位の習合的な神社において近世的な神仏共存が定着する過程のなかで生じた摩擦と捉えたい。

(16) 高埜利彦氏が、近世初頭における国家祭祀対象社の組織改編について、賀茂別雷神社(京都府京都市)と鹿島神宮(茨城県鹿嶋市)を事例に、「数百人規模の社人を抱く一社組織は、時代転換の中で内包していた矛盾が露呈し、これに対する幕府裁許を受けることで、社内の組織や身分秩序を形成したのであった。その際、幕府の裁許は上位者優位の原則を貫いて」いたと指摘するように(前掲註(1)高埜利彦『近世日本の国家権力と宗教』九一〜九二頁)、国家祭祀対象社も十七世紀に幕府裁許で神社運営の方法を指示されるが（太田直之「近世初頭における神仏関係の変容―賀茂別雷神社の社家・供僧相論を事例に―」『國學院大學研究開発推進センター研究紀要』四、二〇一〇年）、特に近畿所在の国家祭祀対象社では社職補任によって朝廷勢力も神社運営に影響を与える（前掲註（5）井上智勝「社家（神社世界）の身分」）。

（17）齋藤愼一「「将軍上覧」と『集古十種』―武蔵御嶽神宝の存在感―」（馬場憲一編著『法政大学地域研究センター叢書五　歴史的環境の形成と地域づくり』名著出版、二〇〇五年）。

（18）『武蔵御嶽神社及び御師家古文書学術調査報告書（Ⅴ）武州御嶽山文書第四巻―金井家文書（4）―』（法政大学・青梅市教育委員会、二〇一〇年）八二六号。以下、この史料集については『武州御嶽山文書』と略記し、巻数、文書番号を記した。

（19）『武州御嶽山文書』第三巻（二〇〇九年）五七〇号。

（20）『武州御嶽山文書』第二巻（二〇〇五年）四四八号。

（21）『武州御嶽山文書』第二巻、四三八・四九三号。

（22）拙稿「近世中後期における大宮氷川神社の運営―神主・社僧関係に注目して―」（『埼玉地方史』五四、二〇〇五年）。

（23）十八世紀前半、神主家分家の禰宜猿渡日向が台頭して神主や社家・社僧の反発を招き、享保二十一年に寺社奉行所に禰宜職を召し上げられた事例はある（前掲註（11）『大国魂神社文書Ⅰ』八～一九頁）。

（24）遠藤吉次「近世六所宮の社僧」（『府中市立郷土館紀要』七、一九八一年）。

（25）府中市郷土の森編『府中市郷土資料集一三　大国魂神社文書Ⅳ　土地の部（下）・支配の部』（府中市教育委員会、一九九一年）一八八～一九八頁。

（26）『武州御嶽山文書』第二巻、四三六・四四七・五〇一号、『武州御嶽山文書』第五巻（二〇一六年）一〇八二号。

(27)『武州御嶽山文書』第二巻、四九二号。

(28)『武州御嶽山文書』第二巻、四七四号。

(29)『武州御嶽山文書』第三巻、七二五号。

(30)前掲註(7)拙稿「近世神主と幕府権威」。

(31)大宮氷川神社や武州御嶽山などは、神社・社領の人別帳は神主が管理し、寺社・勘定の両奉行所に人口のみを直接報告する人別管理方式を認められており、「寺社奉行直支配」意識を持っていた。

(32)『武州御嶽山文書』第三巻、七三一～七三三号、第四巻、八八七号。

(33)『武州御嶽山文書』第二巻、四〇四号。

(34)甲斐国都留郡上吉田村(山梨県富士吉田市)に居住する富士山北口の御師集団には、吉田家門下、白川家門下、両家に属さず「古来ゟ御師家筋抔右無本所ニ而自専之神職ニ而事済」むとする「自専之御師」が混在していた。寛政九年(一七九七)二月、白川家は同家門下の御師に「御奉行所ニ而も許状無之自専之神職共義者、許状所持之神職と同席いたす者不相成」と述べる(『富士吉田市史　史料編　第四巻　近世Ⅱ』一九九四年。七五五～七五七頁)。他地域の御師にも自主独立志向がみられるがその維持は困難であったこと、そして朝廷勢力にとっては寺社奉行所席次の規定が許状を受けさせるうえで有用だったことがわかる。

(35)齋藤典男『増補武州御嶽山史の研究』(文献出版、一九九三年)二七七～二七八頁、『武州御嶽山文書』第四巻、九二八～九三〇号。

(36)『武州御嶽山文書』第二巻、四五一号。

(37)元禄十三年の幕府の装束下付は現状では明証がないが、同じ年に社頭造営が行われた香取神宮は装束を拝領しているため、蓋然性は高いと思われる。
(38) 国名免許は天明元年付けである。再触れ後に免許を受けたとする郡胤の説明が不正確なのか、発給の年を遡らせて再触れ以前に免許という形を整えたのか両方の可能性が考えられる。
(39) 前掲註(1)高埜利彦『近世日本の国家権力と宗教』。
(40) 前掲註(4)井上智勝『近世の神社と朝廷権威』。
(41) 竹ノ内雅人「神社と神職集団　江戸における神職の諸相」（吉田伸之編『身分的周縁と近世社会六　寺社をささえる人びと』吉川弘文館、二〇〇七年。後に竹ノ内雅人『江戸の神社と都市社会』校倉書房、二〇一六年、に所収）。
(42) 早稲田大学図書館所蔵『唯一神道名法要集』（請求記号：ハ〇三〇〇六〇七　早稲田大学図書館ホームページ古典籍総合データベースの画像を閲覧）。
(43) 『武州御嶽山文書』第四巻、九三一号、第五巻、一〇三二号、「片柳三郎家文書」一二―一～六、「片柳光雄家文書」一一―二。
(44) 前掲註(35)齋藤典男『増補武州御嶽山史の研究』二七八～二七九頁、『武州御嶽山文書』第四巻、九三三・九三四・九四五号、「金井國俊家文書」Ⅲ―一三―（一）―一六～二一。
(45) 『武州御嶽山文書』第三巻、六七六号、第四巻、九三二号。
(46) 椙山林繼「吉田家関東役所の創立と初期の活動」（『國學院大學日本文化研究所紀要』四五、一九八〇年）、松岡俊「富士山北口浅間御師の伯家神道入門―神仏分離の底流をめぐって―」（『富士吉田市史研究』七、一九九二年）、西田かほる「川口村における富士山御師の成立とその活動」（高埜利彦監修／甲州史料調査会編『富士山御師の歴史的研究』山川出版社、二〇〇九年）。

(47)『武州御嶽山文書』第四巻、九三四・九三六・九四四・九四五号。

(48)前掲註(11)『大国魂神社文書Ⅰ』八八～八九頁、前掲註(25)『大国魂神社文書Ⅳ』二二七～二三一頁、府中市郷土の森編『府中市郷土資料集一〇　六所宮神主日記』(府中市教育委員会、一九八八年)一九九～二〇一頁。

(49)『武州御嶽山文書』第四巻、九三六・九四五号。

(50)近藤喜博編『白川家門人帳』(清文堂出版、一九七二年)五七～六〇頁、『武州御嶽山文書』第二巻、四五二号、『武州御嶽山文書』第四巻、九三六～九四三号、「靱矢栄三家文書」二一―一～三。

(51)『武州御嶽山文書』第二巻、四七七号。

(52)『武州御嶽山文書』第四巻、九三六号。

(53)土岐昌訓『神社史の研究』(桜楓社、一九九一年)二三八～二三九頁、『武州御嶽山文書』第三巻、六八一号、第四巻、九三五・九四五号、第五巻、一〇七五・一〇七六号。

(54)前掲註(4)井上智勝『近世の神社と朝廷権威』。

(55)前掲註(50)『白川家門人帳』五七頁、『武州御嶽山文書』第二巻、三八四号。

(56)『武州御嶽山文書』第二巻、四八二号。

(57)前掲註(35)齋藤典男『増補武州御嶽山史の研究』二八〇～二八一頁、『武州御嶽山文書』第五巻、一一二九・一一三〇号。

(58)『武州御嶽山文書』第二巻、四〇四号、第四巻、八九四号。

(59)河野省三「幕末の神道家齋藤義彦」(『埼玉史談』八―六、一九三七年)、鹽谷啓山「河野博士の「幕末の神道家齋藤義彦」を讀んで」(『埼玉史談』九―一、一九三七年)、前掲註(50)『白川家門人帳』三七一頁、前掲註(35)齋藤典男『増補武州御嶽山史の研究』二八四〜二八六頁。

（60）『武州御嶽山文書』第二巻、四〇四号。

（61）『武州御嶽山文書』第四巻、九四七・九五七号、第五巻、一〇三三号、「片柳三郎家文書」一二一—一二三・一二八・一二九。

（62）中村佳史「摂家の家司たち」（高埜利彦編『身分的周縁と近世社会八　朝廷をとりまく人びと』吉川弘文館、二〇〇七年）、『武州御嶽山文書』第四巻、九四八〜九五二号、第五巻、九九三号。

（63）前掲註（25）『大国魂神社文書Ⅳ』二七六〜二七七頁、前掲註（46）松岡俊「富士山北口浅間御師の伯家神道入門」、前掲註（4）井上智勝『近世の神社と朝廷権威』、前掲註（7）拙稿「近世神主と幕府権威」。

（64）前掲註（35）齋藤典男『増補武州御嶽山史の研究』二八一〜二八三頁、『武州御嶽山文書』第四巻、九五三〜九五五号。

（65）『武州御嶽山文書』第一巻（二〇〇四年）五五号。

（66）拙稿「幕末維新期における神主の「支配」認識—「寺社奉行直支配」意識に着目して—」（『早稲田大学大学院文学研究科紀要』四九—四、二〇〇四年）。

（67）前掲註（10）深谷克己『近世の国家・社会と天皇』。

（68）山本博文「徳川王権の成立と東アジア世界」（水林彪他編『王権のコスモロジー』弘文堂、一九八八年）。ただし山本氏は、幕府が東国に成立した全国王権である点を重視し、朝廷が「宗教的な面についても、全社会を編成し、支配するような権威は持たなかった」点も指摘している。

（69）堀新『織豊期王権論』（校倉書房、二〇一一年）。

（70）前掲註（35）齋藤典男『増補武州御嶽山史の研究』二八一〜二八二頁。

（71）島薗進「一九世紀日本の宗教構造の変容」（島薗進他編『岩波講座近代日本の文化史二　コスモロジーの「近世」』岩

波書店、二〇〇一年）

〔付記〕　本稿は、拙稿「在地神職の秩序意識―武州御嶽山を事例に―」（歴史科学協議会編集『歴史評論』七四三、二〇一二年）を改題し、増補・改訂したものである。転載を快諾してくださった歴史科学協議会に末筆ながら御礼申し上げます。

武州御嶽山の宗教的文化空間の形成とその維持
―近世の社殿造営・修復とその資金調達の分析を踏まえて―

馬場憲一

はじめに

武州御嶽山（現・東京都青梅市御岳山一七六）は関東屈指の山岳信仰の霊場として知られ、社伝によると天平八年（七三六）に僧行基が吉野金峰山から蔵王権現を勧請した時に始まるといわれている。平安時代末には修験者たちが入峰し回峰行の拠点となり、鎌倉時代中頃には民衆を対象に霊験を説く場として武州御嶽山には堂舎が整備され、山岳信仰の霊山として繁栄することになったと考えられている。(1) 徳川家康の関東入国後の天正十九年（一五九一）十一月には、朱印地三〇石の寄進をうけ江戸城鎮護の祈願所となり、江戸時代中期以降は火難・盗難・病気などの現世利益的な祈願と五穀豊穣を願う作物神として、関東各地の庶民に広く信仰されてきていた。

ところで、改めていうまでもなく、現在武州御嶽山が立地する所は、前述のような歴史的背景の中から御嶽信仰の根拠地となってきた場所であり、社殿などの諸施設によって構成される宗教的な「文化空間」ともいうべき場を創り出してきている。このような「文化空間」については文化の本質を問う観点から、文化の空間的なシンボリズムの諸相や特質、さらにその形成や変化を探る研究が提起されているが、(2) 具体的な実証研究は管見のかぎりでは行われていない。

このため本稿では、近世における武州御嶽山の立地する場を宗教的な文化空間として捉え、その場を構成する社殿等の造営とその修復、さらにそれらに関わる資金調達の様相を明らかにし、武州御嶽山の宗教的文化空間の形成と維持がどのように行われてきたのかという視点からその実態を検証し、武州御嶽山における宗教施設の造営と修復が、宗教的文化空間の形成と維持という観点から、どのような意味を有するものであったのかについて考察していくことにする。(3)

一　江戸前期の社殿造営工事

近世を通して人びとに意識されてきた宗教的文化空間がどのように創出されてきたのか、この節ではその実態をみていくことにする。

1　慶長期の社殿造営

元和八年(一六二二)九月に、神主を務めていた濱名兼胤が、御嶽山の縁起や社殿の由来などを書いた「御嶽山社頭来由記」を作成しているが、(4)その中に「慶長十乙巳歳社頭再建なされられける時、元南向なるを江城鎮護の為として東方におもてして新に造営あり、奉行は大久保石見守、翌年丙午歳八月社頭落成す」と記されている。(5)

これによって江戸幕府成立まもない慶長十年(一六〇五)に、武州御嶽山の社殿再建が大久保石見守長安が奉行となって行われ、この再建の折に江戸城を鎮護するために武州御嶽山の社殿の向きをそれまでの南向きであったものを、江戸の方角にあたる東に向けて建築していたことがわかる。

この時の社殿造営の様子を具体的に記録した史料として、次のような文書が残されている。

〔史料1〕(6)

（端裏書）「慶長年中御造営之覚也」

（前欠）

一、永三拾弐貫五百九拾四文　同所年貢残り　釘買代

一、永七拾四貫百四拾八文　同所年貢残り　大鋸作残

是ハ大鋸六千百七拾九人　但シ壱人ニ付拾弐文宛

一、百五拾石三斗五合

是ハ大鋸六千百七拾九人、此外百拾弐人ハ御同役ニ両扶持塩味噌之代共ニ

一、五拾四石五斗四升

是ハ人足壱万九百八人、林木運了大鋸番匠小屋共ニ

米合八百七拾四石六斗七合

永合百四拾四貫九百三拾弐文

慶長十一年六月吉日　神主　濱名助六郎

当谷御代官　大野　善八郎

鈴木　孫右衛門

右巳午両年御造栄（営）之奉行野口形（刑）部少輔走廻り、番匠大鋸衆御算用共ニ致之付而向後迄之覚ニ如是書置者也

藤原秀房　書印

この文書は前欠文書であるが、武州御嶽山の社殿造営時の算用状の写しと考えられている。文書をみていくと、その造営工事には、神主の濱名助六郎と、三田谷の代官を勤めていた大野善八郎・鈴木孫右衛門が関わり、野口刑部少輔が造営の奉行として直接関与していた。大野・鈴木の両代官は代官頭大久保石見守長安の部下であったため、この慶長期の社殿造営が、大久保長安から全面的に指示を受けて行われていたことが考えられる。特に社殿完成後、徳川家康によって天下安平之太刀や神馬などが奉納され(7)、大久保長安からは武州御嶽山に、「大久保石見守敬白」「奉寄進武州三竹蔵王権現」「慶長十一年丙午十一月吉日」と銘文が彫られた「釣り灯籠」二基の奉納があり(8)、徳川家康―大久保長安という関係性の中で武州御嶽山の社殿造営が図られていたことが裏付けられる。

このように慶長期における武州御嶽山の社殿造営工事は、江戸幕府の直営工事として普請の惣奉行に任じられた大久保長安のもと、配下の代官が関わって行われており、武州御嶽山の宗教的文化空間が、幕府権力の意向の中で創出されてきていたことがわかる(9)。

２　元禄期の社殿再建

慶長十年(一六〇五)から翌年にかけて行われていた社殿造営から百八十四年後の寛政二年(一七九〇)三月二十二日に、寺社奉行からの問い合わせに武州御嶽山が作成して提出した「武蔵国御嶽山縁記之次第御由緒書」によると「元録(禄)拾弐卯年大風ニ而社頭甚大波(破)之段御奉行所申上候」とあり(10)、元禄十二年(一六九九)に大風によって武州御嶽山の社殿が大破し寺社奉行へ報告をしていたことがわかる。

この大風については元禄十二年八月十五日の出来事として、武州御嶽山から北東方角に約一里半離れた多摩川流域に位置する多摩郡二俣尾村（現・東京都青梅市二俣尾）の名主谷合七兵衛が、次のような記録を残している。

〔史料２〕[11]

八月十五日終日大雨風戌刻ゟ大風吹立、丑刻ニ吹止、前代未聞の大風、百年已来ノ大カセの由、老人語ル、田畑諸作山林竹木家居吹倒

一、当二又(俣)尾中にて家数合六十六軒吹倒

一、上方ハ関東ノ五分一ほと吹たるよし

一、奥筋も関東の半分のよし

一、上方道中筋磯辺〳〵つなミにて損たる所多し

一、江戸ハ吹候得共在々ノ半分のよし

一、安房上総ハ一円風ふかす

これによると、この日（元禄十二年八月十五日）二俣尾村では一日中、大雨が降り風も吹いたが、特に戌の刻から翌未明の丑の刻までは大風が吹き、この大風は前代未聞の風で田畑の作物に甚大な被害を与え、山林竹木、さらに家屋を吹き倒すという有様で、筆者の谷合七兵衛の住む二俣尾村でも家数六六軒が倒壊していたことが記されていた。[12] このような記録から、二俣尾の南西に立地する武州御嶽山でも、山頂付近で強い風が吹き本社など社殿全体に壊滅的な被害がもたらされていたことが推測できる。

その後、武州御嶽山の報告を受けた寺社奉行は、大風のあった翌九月に、幕府の普請関係の役人であったと思われる片山三七郎と与田藤右衛門の二人を検分に差し向け[13]、寺社奉行の普請担当として井上大和守・本多弾正少弼を任じている。[14] そして元禄十三年二月に至ると、武州御嶽山の社殿再建の資材調達を入札で行うことが命ぜられ、その執行

は代官で普請奉行となった設楽喜兵衛正秀[15]と瀧野十右衛門忠央[16]の二名が担当して行われ、具体的には次のように決まっている。[17]

〔史料3〕

一、惣矢来幷諸小屋損料幷足代丸太竹一色(式)　二又(俣)尾村七兵衛
一、手伝人足地築〆運迄一色(式)　江戸新はし吉野や吉左衛門
一、石方　木材木町八町目　善六　宮田や久二郎
一、材木諸色鳥井木迄、江戸霊岸嶋□□や伝三郎
一、大工木挽幷□□損料　同大和町倉地長七　太兵衛
一、屋ね方幷ぬりさいしき　京はし釘や清兵衛

これによって、この時期の社殿再建工事は、江戸市中の職人や地元の農民などが関わって行われることになったことがわかる。

同年二月二十六日には、普請奉行の瀧野十右衛門と下奉行八名が出席して「御普請御釿立」の儀式が行われていた。[18]そして社殿の再建が開始されてから約四か月過ぎた同年七月五日、江戸幕府は武州御嶽山の社殿工事を担当する代官に対して金子と時服を下賜している。[19]また工事はその直後の同年七月九日に本殿の上棟が行われているが、その時の棟札によると、大工棟梁は「武州江戸之住人」倉地長七ほか四名、仕手職として「越前敦賀住人」吉田伊右衛門ら二名、大工は「越前敦賀」住の一二名と「若州小濱住人」[20]の五名、「上州住人」八名の計二五名で、さらに「木工」として二名がこの工事に関わっていたことがわかる。その後、工事は同年九月中旬に竣工し、九月二十六日には本殿への遷宮が行われた。[21]

ところで、この元禄期の社殿再建工事は、元禄十二年八月十五日の大風によって社殿が大破した後、修復願書が差し出されて行われたようであるが[22]、実際には、大風で倒れた神木二〇六本を江戸城修理のための用材として江戸幕府に寄進して、その代償として将軍綱吉から四〇両が奉納され社殿の再建がなったようである[23]。

このような経緯から、元禄期の社殿再建は江戸幕府の支援を得て行われ、宗教的文化空間がこの時期も幕府権力の庇護の下に維持されてきている状況を確認することができる。

二　江戸期の社殿とその修理

1　江戸期の社殿構成と変遷

近世における武州御嶽山の社殿構成を、前期と後期に分けて、武州御嶽山の宗教的文化空間を理解するという観点から述べていくことにする。

(1)元禄期の社殿と関連施設の配置

元禄十三年（一七〇〇）に社殿が再建された折に作成された絵図面（図1参照）によって、武州御嶽山内における建物や関連施設の配置がわかる[24]。

それによると、「御本社」を中心に武州御嶽山の境域全体で四六棟の建物を確認することができる。建物配置の様子を、「本社周辺部」（＝御嶽山山頂付近）、「境内部」（＝御嶽山の山上部分のうち「本社周辺部」と「山上部」を除いた場所）、「山上部」、「山麓部」、「奥の院」の五つの地区に分けて、さらに詳しくみていくことにする。

まず本社周辺部に「拝殿」「御本社」とその裏手部分に「神明宮」などの末社や「御輿殿」「神狗供所」など一七棟

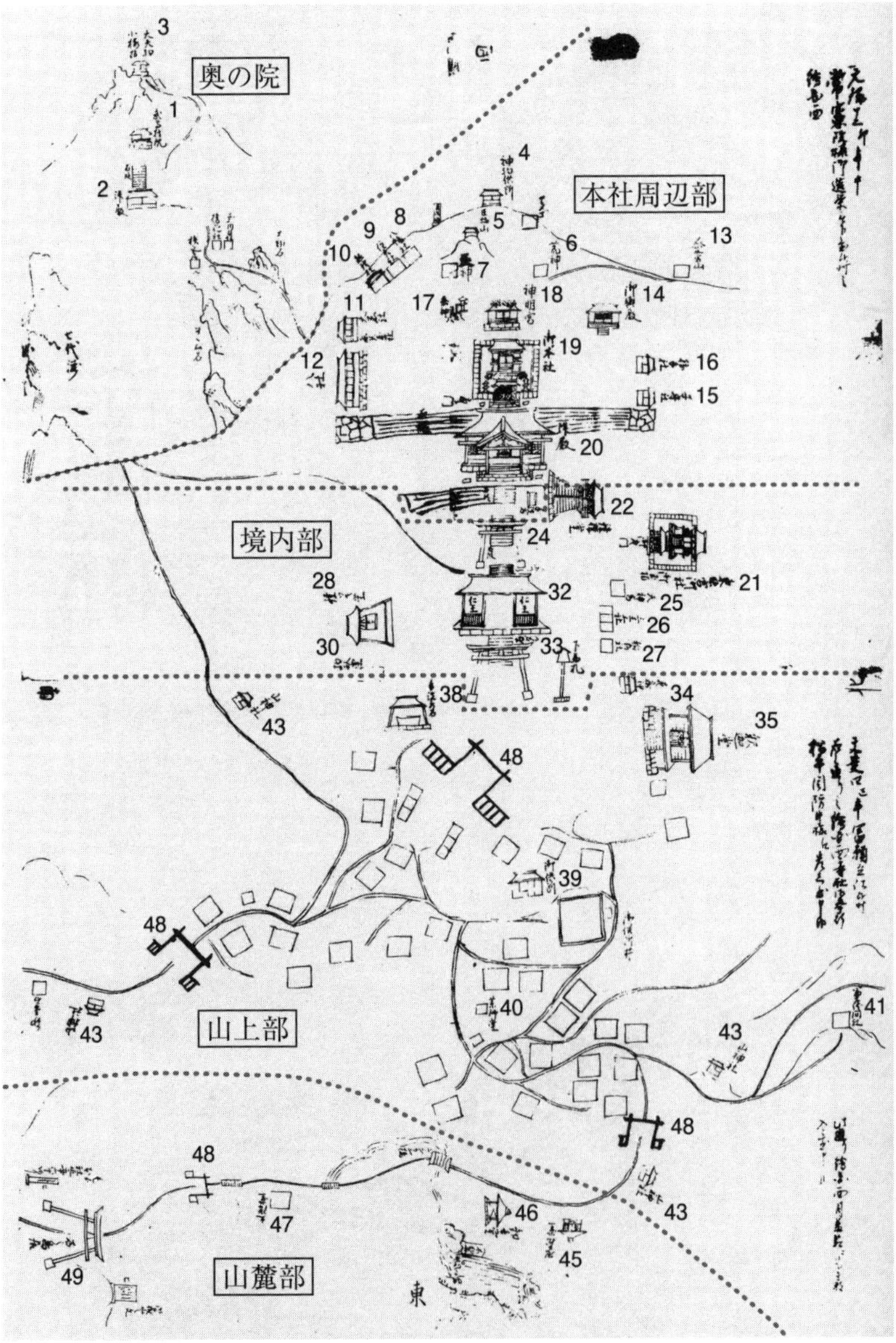

図1　武州御嶽山絵図(元禄12年)

(註)原図に表1の建物番号(数字)と区域(破線)を図示し加工した。

の建物が建立されていた。このように本社周辺部に多くの小祠が建築されていた。その本社周辺部の下に続き、参道沿いに後年に至り「二の鳥居」といわれた木造の鳥居が建っている場所までの間に位置する境内部には、「仁王（門）」をはじめ「駒形堂」「鐘ツキ堂」「鐘楼堂」「東照宮御社」などとともに、「稲荷社」「三王三社」「天神宮」の小祠など建物一〇棟が集中していた。

　武州御嶽山は非常に広い境域を有しており、境内部の外側に広がる山上部には神主や御師の家屋が集落を形成し、そこに神主・御師が居住していたが、その中にも武州御嶽山にも関連する「御供所」「薬師堂」などの宗教施設が点在していた。さらに武州御嶽山への入口部分にあたる麓の山麓部には「石之鳥居」があり、そこから御嶽山の山上部に位置する御師集落までの参道沿いには「黒門」（四ヶ所）をはじめ「文殊堂」「勧（観）音堂」「地蔵堂」「山神社」（四ヶ所）などが建ち並び、途中、参道から分かれた場所には、「富士浅間社」が建っていた。

　そして、絵図面の左上には、御嶽山の背後にあたる甲籠山に鎮座する奥の院の様子が描かれており、「拝殿」「武尊□院」「大天狗小桜坊」などの宗教施設が配されていた。

　このように元禄十二年作成の絵図面から武州御嶽山の社殿などの配置状況をみていくと、この時期、御嶽山の山麓から山頂に至る全山と御嶽山の背後に聳える甲籠山には、武州御嶽山に関わる社殿や関連施設が配されており、まさに山全体が宗教的文化空間を形成していたことが理解できる。

⑵文化文政期の社殿と関連施設の配置

　元禄十二年の絵図面に記された武州御嶽山の社殿や関連施設が、その後どのような状況になっていたのか。次にその様子をみていくことにする。

　武州御嶽山の社殿などの状況を記した記録は、管見のかぎりでは元禄十二年から約百二十年後の文化文政期の史料

図２　武州御嶽山絵図（文化文政期）『新編武蔵国風土記稿』より

にみることができる。その史料とは、官撰地誌として文政十一年（一八二八）に江戸幕府によって編纂された『新編武蔵国風土記稿』と、その官撰地誌編纂に関わっていた八王子千人同心組頭の植田孟縉が文政六年に昌平黌へ献上した『武蔵名勝図会』の二書である。

　ここではその両書によって、江戸時代後期における武州御嶽山の社殿と関連施設の設置状況を具体的にみていくことにする[25]。まず両書には武州御嶽山の絵図が挿画として掲載されている。その挿画を一覧すると、いずれの絵も御嶽山の北側に位置する多摩川方向から南側の御嶽山を遠望するような立体的な構図で書かれており、御嶽山頂の本社を中心に、手前に境内の社殿や御師集落、さらに山麓の登り口付近を克明に描写している（図２参照）。そして御嶽山の後ろ左手にはそそり立つ甲籠山を記しそこに奥の院が描かれており、当時、『新編武蔵国風土記稿』の編纂事業に関わった植田孟縉などの識者には、御嶽山および甲籠山を含む一帯を武州御嶽山の宗教的文化空間と捉える意識が存在していたことがわかる[26]。そのような意識によって書かれた武州御嶽山の社殿と関連施設をみていくと、両書の記述から武州御嶽山全体で三九棟の建物を確認することができる（表1参照）。

まず御嶽山の山頂付近には、四周に瑞垣を巡らし東に向いた八尺四方の大きさを有し、檜皮葺で「三重垂木。箱棟。菊桐の滅金紋六つ。扉に唐花二つ。内陣外陣に御紋三つ。御戸帳に白地金襴御紋二つ。四方は絵絹障子、（中略）左右の脇障子に昇龍降龍の高彫あり」と『武蔵名勝図会』に記された優美な「蔵王殿本社」、その本社の前には、屋根が厚板葺で建物の大きさ奥行四間、桁行八間の「拝殿」が設けられていた。そして本社の後ろには檜皮葺で六尺社の「地主神明宮」や「神輿堂」、右手には「籠守明神社」「勝手明神社」などの末社が配され、元禄十二年の時よりは四棟ばかり少なくなっているが、一三棟の社殿が建っていた。

本社のある山頂を下ったところに、高欄付き楼門造りで高さ三丈余り、建物の大きさ三間半に三間の「鐘楼」があり、その鐘楼から参道をさらに下った場所に「仁王門」や「木鳥居」（二の鳥居）があるが、この二町余りの区間は、いわゆる御嶽山の境内地にあたる部分であり、周り三間四方に朱塗りの瑞垣を構え、檜皮葺、高欄造りの「東照宮」や、高さ一丈二尺の「銅鳥居」（三の鳥居）、さらに「撞鐘堂」など一〇棟の比較的大きな建物が配されていた。

さらに「木鳥居」（二の鳥居）から山麓の御嶽山の入口に建つ「石鳥居」（一の鳥居）までは武州御嶽山の境域内にあたり、御嶽山への参道に沿って「黒門」「観音堂」があり、参道から少し逸れるが、「富士浅間社」など一三棟の建物が建っていた(27)。

また御嶽山頂の尾根続きで南西に位置する甲籠山の頂付近は、「奥の院」と称する一画を成し、そこには巽の方向に向いた大きさ二間に九尺の「拝殿」が建ち、一四、五歩登ると板葺で東に向いた三尺社の「本社」があり、さらにそこから一町ばかり険しい山道を登り山頂に至ると社地二〇坪ほどの土地があり、周りを栂・樅・杉・檜や雑木で囲

表1　武州御嶽山の社殿状況

区域	No.	元禄十二年	文化文政期A	備考	文化文政期B	備考
奥の院	1	武尊□院	奥院	小社で、前に大きさ二間に九尺の拝殿がある。	本社	東向き、板葺、三尺社。
	2	拝殿			拝殿	巽向き、大きさは二間に九尺。
	3	大天狗小桜坊	奥之奥院	石の小祠で、銅扉。大天狗、小天狗など祀る。	石祠	銅扉、高さ三尺。
本社周辺部	4	神狗供所			神狗堂	巨福社の一段上の山頂にある。
	5	巨福山	巨福社	末社。本社の後ろにある。	巨福社	本社の後ろ、西向き。檜皮葺。
	6	荒神	風神社	末社。小祠。本社の後ろにある。		
	7	天神	火神社	末社。小祠。本社の後ろにある。		
	8	八幡社				
	9	住吉社				
	10	熊野社				
	11	恵比寿社・大黒社	恵比須大黒相殿	末社。本社の左手にある。	大黒恵比寿合社	本社の後ろ左手で、社前に俵賽銭箱ある。
	12	八社	八所相社	末社。大きさは三尺に四間。本社の左手。	末社	本社の左手にあり、八社を一棟に造る。
	13	愛宕山	愛宕社	本社の西一町余りに建つ小祠。		
	14	御輿殿	神輿殿	大きさは二間半に三間。本社の後ろ右手。	神輿堂	本社の後ろで、大きさは三間、二間。
	15	子守社	籠守明神社	末社。本社の右手にある。	籠守明神社	南向き。
	16	勝手社	勝手明神社	末社。籠守明神社と同じ並びにある。	勝手明神社	
	17	蚕神				
	18	神明宮	地主社	末社。本社の後ろにある。	地主明神宮	本社の後ろで東向き。六尺社。
	19	御本社	御嶽社	八尺四方。檜皮葺。四面に籬(まがき)。	蔵王殿本社	檜皮葺、八尺四方。瑞籬(みずがき)が囲む。
	20	拝殿	拝殿	大きさは八間、四間。	拝殿	厚板葺四間に八間。
	21	東照宮御社	東照宮	檜皮葺、高欄造り。三間四方の瑞籬(みずがき)。	東照宮神殿	門を構え、東向き。瑞籬三間四方。
	22	鐘楼堂	鐘楼	大きさは三間に三間半。	鐘楼	高さ三丈、大きさ三間に三間半。
	23		観音堂跡	鐘楼の左手。		
	24	(鳥居)	銅鳥居	三の鳥居。高さ一丈二尺。	銅鳥居	三の鳥居。高さ一丈二尺。柱間二間。

境内部	25	天神宮				
	26	三王三社	山王社跡	楼門（仁王門）の右手。		
	27	稲荷社	稲荷社	末社。楼門を入って右手に三祠が並び建つ。		
	28	鐘ツキ堂	撞鐘楼	楼門の左手にある。	撞鐘堂	四足。
	29				神馬屋	撞鐘堂の並びに建つ。
	30	駒形堂				
	31				本地堂	鳥居と仁王門の間に建つ。三間半四方。
	32	仁王（門）	楼門	大きさ横六間半、幅四間半。檜皮葺。	仁王門	ここから社地の内。
	33	（鳥居）	木鳥居	二の鳥居。	木鳥居	二の鳥居。東向き。鳥居両側に茶屋あり。
山上部	34	疱瘡神	疱瘡神社	二の鳥居の下、右手にある。		
	35	釈迦堂	釈迦堂	大きさ三間四方。二の鳥居の下、右手にある。		
	36		蔵王権現堂	境内庫裡の前に建つ。大きさは二間四方。		
	37		世尊寺	本尊木造不動坐像。廃寺となり再建に及ばず。	世尊寺	社僧寺。本地堂の右手に建つ。
	38	手洗水屋				
	39	御供所				
	40	薬師堂				
	41	冨士浅間社	富士浅間社	本社の北八町の富士峰に建つ。小社。	富士浅間社	本社の北八町に建つ。五間。
	42		熊野社	小社。本社の東南で大久野村境に建つ。		
	43	山神社（4ヶ所）				
	44		正覚寺	村の西北にある。本尊木造釈迦坐像を安置。	正覚寺	曹洞宗。境内凡そ一町歩。
山麓部	45	地蔵堂	地蔵堂	本社の東北十町余に建つ。大きさは二間四方。	地蔵堂	土地の人に団子堂と呼ばれた。
	46	勧（ママ）音堂	観音堂	北の瀧本に建つ。大きさは二間半四方。	観音堂	麓の瀧本にある。
	47	文殊堂	文殊堂跡	場所は字坂本。寛保二年の洪水で流失。		
	48	（黒門）（4ヶ所）	黒門	四か所あり。高さ一丈二尺、柱間一丈。冠木門	黒門	御嶽村中野にある。他に二か所ある。
	49	石之鳥居	鳥居	石造。一の鳥居。御嶽村と柚木村の境にある。	石鳥居	一の鳥居。「御嶽山」という扁額がかかる。

（註）元禄十二年は「（元禄十二年御嶽山絵図面）」（鈴木伊織家文書）、文化文政期Aは『新編武蔵国風土記稿』、文化文政期Bは『武蔵名勝図会』をもとに作成。

まれた場所に銅扉に菊紋をつけた高さ三尺余りの石祠が建立されていた。

このように、文化文政期の調査にもとづき編纂された二つの地誌には、武州御嶽山の社殿と関連施設の配置の様子が詳細に記述されていて、その現状がわかるが、元禄十二年の江戸前期の状況と比較して、建物などの棟数では九棟ばかり少なくなっていることが認められる。しかし建物配置などをみるかぎりでは、ほぼ元禄期と変わることなく、百数十年後の文化文政期における武州御嶽山の社殿構成においても、その配置の大幅な改変はみられず、少なくとも武州御嶽山の宗教的文化空間は、江戸前期までに形成され維持されてきていたものと考えられる。

2 江戸中期以降の社殿造営・修復の様相

前記のような宗教的文化空間を維持するための取り組みとして、社殿などの造営をはじめ再建・修復などがあったことが考えられるが、それらについて記述した関連史資料を可能なかぎり収集して作成したのが表2である。それによると、武州御嶽山では江戸中期以降、社殿に対しては破損や流失に伴い、(1)社殿等の造営・再建、(2)社殿修復願いの提出、(3)職人による社殿等の請負修復工事、(4)社殿修復に伴う山内での議定連印、(5)散物・伐木による社殿造営・修復、(6)社殿修復のための出開帳・御免勧化・富興行願いなどの対応が図られていた。次にここでは、それらの(1)〜(4)の実態についてみていくことにする。

(1)社殿等の造営・再建

武州御嶽山においては、社殿などの造営や再建について、元禄以降、大規模な工事が行われることがなかったようで、古文書などで具体的にその状況がわかるようなものは存在しないが[(28)]、享保六年(一七二一)の史料には次のように記されていた。

表2　武州御嶽山社殿の造営・修復などに関わる年表

年　月	事　項	出典史料
慶長11年(一六〇六)11月	大久保長安配下の代官が関わり社殿を造営する。	『武州御嶽山文書』二巻三九一文書
元禄12年(一六九九)8月	大風が吹き、社殿が倒壊する。	『谷合見聞録』
元禄13年(一七〇〇)2月	社殿再建の工事始まる。	『谷合見聞録』
宝永4年(一七〇七)	権現末社の木馬屋を造営する。	『武州御嶽山文書』三巻五六〇文書
宝永5年(一七〇八)	権現末社の恵比寿社・大黒社・山王社を修復する。	『武州御嶽山文書』三巻五六〇文書
享保6年(一七二一)	鐘楼堂、仁王堂、駒形堂、鳥居などを造営する。	金井家文書Ⅲ－3－8
享保16年(一七三一)	本社瑞籬御門を造営する。	蟇股墨書銘(『旧本殿報告書』)
元文3年(一七三八)	大鳥居(一の鳥居)を修復する。	金井家文書(『旧本殿報告書』)
寛保2年(一七四二)	大洪水で山下の鳥居・文殊堂・観音堂が流される。	金井家文書Ⅲ－3－12
延享元年(一七四四)3～5月	社殿修復のため出開帳を江戸音羽町の護国寺境内で実施する。	『武州御嶽山文書』二巻五一八文書
延享2年(一七四五)	大水で大破した山下諸堂修復と宝蔵建立を願い出る。	金井家文書Ⅲ－3－12
寛延2年(一七四九)	社頭の修復願いを寺社奉行大岡越前守に提出する。	『武州御嶽山文書』二巻三九四文書
宝暦7年(一七五七)	社頭(本社・御輿堂・拝殿・釈迦堂)の修復願いを寺社奉行に提出する。	『武州御嶽山文書』二巻三九四文書、三巻五六四号文書
明和2年(一七六五)	本社、拝殿、本地堂などの修復仕様帳が作られる。	金井家文書Ⅲ－3－15
明和7年(一七七〇)	社殿を修復する。	金井家文書(『旧本殿報告書』)
明和7年(一七七〇)	久保田舎人が神明宮の修復を引き受ける。	「武蔵御嶽神社(月番箱)文書」4－3
安永2年(一七七三)	仁王門、本地堂修復の議定連判状が作られる。	金井家文書Ⅲ－3－21
安永6年(一七七七)	鐘楼を修復する。	金井家文書(『旧本殿報告書』)
安永7年(一七七八)	社頭修復のため江戸での富突興行を寺社奉行に願い出る。	『武州御嶽山文書』二巻五四四、五四五文書
安永9年(一七八〇)	丹後宮津城主松平伊予守が青銅鳥居を奉納する。	宝物金石文遺存品(『年表』)
安永9年(一七八〇)	釈迦堂の屋根の葺替え修理を行う。	金井家文書Ⅲ－3－69
天明2年(一七八二)	相州浦賀で富興行を行う。	『武州御嶽山文書』二巻五四六文書
天明4年(一七八四)	修復請負証文が作成され、本社、拝殿を富興行収益で修復する。	『武州御嶽山文書』二巻五九五文書
寛政3年(一七九一)	社頭大破につき富興行収益での修復願いを寺社奉行に提出する。	『武州御嶽山文書』二巻三九六文書
寛政4年(一七九二)2～4月	社頭修復のため御嶽山の境内で開帳を実施する。	『武州御嶽山文書』二巻五二一～五二四文書

寛政7年（一七九五）8月	拝殿・仁王門の屋根を修復する。	金井家文書Ⅲ－3－30
寛政11年（一七九九）	諸堂社修復につき御免勧化願いを寺社奉行に提出する。	『武州御嶽山文書』二巻三九八文書
文化2年（一八〇五）8月	再び武相甲三ヶ国での勧化願いが寺社奉行に出される。	『武州御嶽山文書』二巻五三四文書
文化3年（一八〇六）正月	社頭修復のため武蔵一国で勧化をすることを触れる。	『武州御嶽山文書』二巻五三六～五四〇文書、「武蔵御嶽神社（月番箱）文書」4－5
文化3年（一八〇六）4月	本社、拝殿など修復の仕様帳を作成する。	「武蔵御嶽神社（月番箱）文書」4－6
文化3年（一八〇六）	払沢（松沢ヵ）の一の鳥居が建つ。	宝物金石文遺存品（「年表」）
文化4年（一八〇七）	本社の塗替え修理を行う。	金井家文書Ⅲ－3－35～39
文化5年（一八〇八）8月	文化3年の勧化で修復ができなかった堂社修復のため開帳願いを寺社奉行に提出する。	『武州御嶽山文書』二巻五四二文書
文化10年（一八一三）8月	社頭修復のための社木伐採の許可を願う。	「武蔵御嶽神社（月番箱）文書」4－7
文化12年（一八一五）9月	拝殿・鳥居・釈迦堂・仁王門・観音堂など修理のために伐木願を寺社奉行に提出する。	『武州御嶽山文書』三巻五八七文書
文化14年（一八一七）	東照宮、仁王門など修復につき議定連印書を作成する。	『武州御嶽山文書』二巻三九九～四〇一文書
文政4年（一八二一）4月	鐘楼堂の屋根葺替えを屋根師が請け負って修理を行う。	『武州御嶽山文書』二巻四〇二文書
文政4年（一八二一）	本社など修復のための富興行が江戸浅草蔵前で許可される。	『武州御嶽山文書』二巻五五八文書
文政9年（一八二六）2月	本社など修復のための富興行が江戸浅草蔵前で開始される。	『武州御嶽山文書』二巻五五七～五五九文書
文政10年（一八二七）	本社などの修復入用木伐採のため議定連印を作成する。	「武蔵御嶽神社（月番箱）文書」4－11
天保6年（一八三五）8月	拝殿建替えのための入用木伐木につき議定連印を作成。	「武蔵御嶽神社（月番箱）文書」4－12
天保7年（一八三六）	拝殿が請負人によって修理される。	『武州御嶽山文書』二巻四〇三文書
天保13年（一八四二）	社殿が普請される。	金井家文書Ⅲ－3－53
弘化3年（一八四六）	寺社奉行に御宮建立願いをする。	『武州御嶽山文書』二巻四〇五文書
弘化3年（一八四六）6月	東照宮はじめ諸社堂修復のため伐木出願の議定を行う。	『武州御嶽山文書』三巻六〇五文書
嘉永2年（一八四九）	寺社奉行に御宮（本社、東照宮など）の建立願いをする。	『武州御嶽山文書』二巻四〇五文書、「武蔵御嶽神社（月番箱）文書」4－16
嘉永5年（一八五二）	大風で東照宮以下の末社が大破する。	「年表」
安政5年（一八五八）	社頭造営却下につき修復願い議定連印書を提出する。	『武州御嶽山文書』二巻四〇六文書
万延元年（一八六〇）	大鳥居が建替えられる。	月番記録（「年表」）

文久元年（一八六一）5月	吹き折れた檜を東照宮修復用木にすることを議定連印する。	「武蔵御嶽神社（月番箱）文書」4－23
文久元年（一八六一）5月	額殿など造立のための伐木、散物で賄うことを議定連印する。	「武蔵御嶽神社（月番箱）文書」4－24
文久元年（一八六一）	拝殿・仁王門・東照宮が修理される。	金井家文書Ⅲ－3－72～74
文久2年（一八六二）	本殿および東照宮を仮修理する。	月番記録（「年表」）
慶応元年（一八六五）	額殿が新築される。	墨書銘（『旧本殿報告書』）
慶応2年（一八六六）	拝殿、末社修復用木伐採を奉行所へ出願につき議定連印をする。	「武蔵御嶽神社（月番箱）文書」4－38

（註）出典史料欄の「年表」は片柳太郎「武蔵御岳山史年表」（『西多摩郷土研究』八、一九五三年）、『旧本殿報告書』は『東京都指定有形文化財　東京都御嶽神社旧本殿修理工事報告書』（一九八三年）を示す。

〔史料4〕(29)

御嶽山御本社権現

鐘楼堂　神明
稲荷　勝手
仁王堂　子盛
山王宮　三戸前　保食神
駒形堂　恵美須
疱瘡神　大黒宮
北　地蔵堂　拝殿
本地堂　八社　三島
観音堂　春日

文殊堂
花　表　弐ヶ所
此鳥居壱ヶ所たをれ申候
素盞（戔）鳴尊
宮なし

弁才天
宇賀
役行者
雷神
風神
山神
以上
天神宮
御供所
輿堂

已上、只今御造営之分

（中略）

享保六丑年　鳥井（居）倒レ候時之証文、神主より申候、此通写候

これによって、この享保六年段階の武州御嶽山では、鐘楼堂など二七棟の社殿と、二棟の工作物、一棟の関連施設が造営されていたことがわかる。

また幕末の嘉永二年（一八四九）五月には「御宮御建立願」を神主と御師一同が相談して寺社奉行宛に提出しているが、その文面には「追々平日雰露強く弥僧（増）朽腐致候」という状態なので、「御本社幷奥院《イン》其外諸社共、段々大破朽腐、何卒御見分之上　御造栄（営）被成下候、乍恐奉願上候」と述べている。(30)

以上のように二つの事例からみるかぎりでは、倒壊や大きな腐朽などが生じ、修理のみでの対応が難しい場合は、幕末の事例から、神主と御師一同が相談し「社中一統」で、新たに社殿などの造営・再建が試みられていたことがわかる。

(2) 社殿修復の動向

武州御嶽山の社殿修復については、近世中期以降たびたび寺社奉行にその修復願いが差し出されているが、宝暦七年（一七五七）[31]十一月に作成された願書は次のようなものであった。

〔史料5〕

乍恐以口上書奉願上候

一、武州多麻（摩）郡御嶽山蔵王権現者慶長年中

東照権現様依　厳命建立被　成下其以後大破仕候所、元禄年中

常憲院様依　台命御再建被　成下候得共高山故風雨烈社頭不残大破仕、別而末社神体等者片付置候体ニ零落仕候

付、九年以前巳三月ゟ同八月迄大岡越前守様江数般之御願申上候処、右之段被為聞召訳候哉、御内寄合於御列席

打続相願候様ニ被　仰渡難有御請仕候所、無間茂御退役　被遊、其上先神主淺羽蔵人儀数年長病ニ打伏其以後

三ヶ年来無神主ニ罷成候付、御願之儀只今迄延引仕候得共当時別而難捨置、此段一山挙而難儀至極仕候間無是非

奉願上候、以御　威光御修復　被為仰付被下置候者大破之社頭今般御取立ニ罷成、何分難有奉存候、以上

宝暦七年丑十一月

御嶽権現神主

金井　左門㊞

同山社僧

世　尊　寺㊞

同御師

馬場　主馬㊞

服部　織人㊞

久保田斎宮㊞

服部　主悦㊞

嶋崎　主膳㊞

馬場　大学㊞

鈴木　伊織㊞

須崎　民部㊞

片柳　左京㊞

黒田　内膳㊞

尾崎　修理㊞

片柳　図書㊞

（後欠）

この願書をみていくと、慶長年間以後の社殿造営の状況を記した上で、①武州御嶽山が高い山岳に立地しているため風雨は烈しく社殿はことごとく大破し、とりわけ末社や神体は片付けておくような有様にまで落ちぶれている状態にあること、②武州御嶽山すべての人がこの上ない困難な状況にあることを認識し修復を願い上げていることを述べている。差出人は神主・社僧・御師の三者であり、文面からも、厳しい御嶽山の地理的自然環境の中に存在する社殿の維持が、武州御嶽山の総意で進められようとしていたことがわかる。

また、[32]近世後期の文化十四年（一八一七）四月に、次のような議定連印証文が作成されている。

〔史料6〕

議諚（定）連印之事

一、東照宮様御宮御唐門有形之通新規、御箱棟鬼板有形之通新規、御玉垣有形之通新規
　但シ御入用木檜五尺位弐本

一、奥院御本社有形之通新規并仮御拝殿弐間九尺有形之通新規
　但シ御入用木風折檜ヲ以御修覆致筈、仮御拝殿者栂弐尺五寸ゟ三尺迄三本、尤不足之分ハ去子年中願置候末木以相用候筈

一、大國主社事代主社合殿一社有形之通新規
　但シ御入用木枯檜ヲ以御修覆致筈

一、仁王門はふ家根破損繕鬼板切継

一、鐘籠（楼）堂ひゐん有形之通新規
はめ切継土台新規、家根腐候場所繕ひ
　但シ入用木下はめ土台ハ、去子年中願置候鳥居木之末木相用候筈、ひゐんハ檜六尺位壱本御賄相用候筈
都合木数九本

一、人足等無滞相勤可申筈

右者去子年閏八月中大風ニ而損候場所幷今般見分之上朽腐候ニ付、御修覆仕度旨一山一同相談之上、前書之場所御修覆御入用木共ニ奉願上、御聞済之上ハ有散物ヲ以、早々御修覆出来仕候様可致筈、依之議掟(定)先例之通、連印仍而如件

文化十四年丁丑四月

神主 金井左衛門㊞
御師 橋本 玄蕃㊞
同 靭矢 山城㊞
同 片柳 美作㊞
同 高名 志摩㊞
同 片柳 内記㊞
同 須崎 丹後㊞
同 秋山 造酒㊞

(以下、御師二一名の名前省略)

この証文は、武州御嶽山の社殿である東照宮、奥院本社、ならびに拝殿、大國主社と事代主社の合殿、仁王門、鐘楼堂が、文化十三年閏八月の大風で破損し検分の結果、修復することになったので、その修復のための用材提供の許可を求め、その許しを得たならば人足を勤め、散物を出して修復することを議定し連印したものである。議定したのは武州御嶽山の神主と御師二八名で、まさに「一山一同相談之上」で合意して作られている。

この議定連印を得て、その後、武州御嶽山では文化十四年五月と八月に、寺社奉行に対して「大宮司金井左衛門」

と「御師惣代林美濃」の連名で社殿の修復願いが提出されている。(33)

このようにこの時期の武州御嶽山における社殿修復は、武州御嶽山を運営する神主と御師集団の一致した考えのもとで行われていたことがわかり、武州御嶽山の宗教的文化空間の維持に一山を挙げて取り組んでいたことが理解できる。

(3) 社殿の請負修復工事

武州御嶽山での社殿等の修復工事に伴い、どのような形で修理工事が行われていたのか、ここではその具体的な様子をみていくことにする。

文政四年（一八二一）四月七日、八王子寺町の「家根師」から次のような請負証文が、神主金井左衛門宛に差し出されていた。(34)

〔史料7〕

差上申請負証文之事

一、鐘楼堂御家根檜皮葺壱式、手前飯料・鉄釘・竹釘惣高〆金四拾三両ニ相定メ請負申所相違無御座候、尤普請中弐度御見分、仕上ヶ御見分可被下候筈、金子御渡シ方之義者初・中・後三度ニ追々御渡し可被下筈、葺方念入仕上ヶ差出し可申候、仕様之義者別紙帳面ニ認メ差上申候、若葺方御気ニ入不申候ハヽ、何ヶ度茂仕直し差出し可申候、為念請負証文仍而如件

文政四辛巳年

四月七日　　八王子寺町

家根師　佐兵衛㊞

請負証人御師　片柳　長門㊞

金井左衛門様
御山中様

これは、鐘楼堂の檜皮葺屋根の葺き替え工事に先立って作成された工事請負証文である。職人の手間賃・飯料、さらに修復材料費あわせて金四三両でその工事を請け負い、その金子の支払いは三回にわたって行われ、工事中の検分は二回、完成後に一回の検分が実施されていたことがわかる。

また天保七年（一八三六）九月の拝殿修理にあたって、五日市（現・東京都あきる野市五日市）に居住する留八から神主の金井左衛門宛に、次のような請負証文が提出された。

〔史料8〕[35]

一札之事

一、御拝殿建方貴殿御請負被成候処、此度相談之上金五両三分ニ相定下請仕候処相違無御座候、右金之儀者初・後両度ニ可被下候約定ニ御座候、然上者足場幷ニ大工手伝、且又彫物等其外木口大切ニ取扱、来ル十月五日迄ニ建上ヶ差出可申候、御約定之通飯米諸色手前ニ而一式引請念入出来候様可仕候、為後日請負申一札仍而如件

天保七申年九月

五日市　請負人　留八㊞

御師証人　石畑大工　須崎大内蔵㊞

同断　鈴木　内匠㊞

金井左衛門様

これによると、拝殿の修理工事が職人の飯米・品物などを含めて金五両三分で、五日市に住む留八が請け負って行われていたことがわかる。

以上、二つの請負証文から、具体的な修理にあたる職人について、屋根葺きを請け負っていたのが、武州御嶽山の南東約五里離れた在郷町八王子に住んでいた「家根師」であり、大工工事の請負は五日市の住人であったが、実際に工事を担当したのは、武州御嶽山から東方約五里に位置する多摩郡石畑村（現・東京都西多摩郡瑞穂町）の大工鈴木内匠で、いずれの工事も遠方に居住する職人の手によって行われていたことが確認できる。

また後者の請負証文からは理由は定かではないが、神主が請け負った修復工事を「請負人　留八」に下請けさせ、それを実際の職人が請け負って工事を行うという形がとられていたこともわかる。同時にここで取り上げた二つの請負工事には、御師が「証人」として名前を連ねており、請負修理工事が神主—御師という共同責任体制の中で執行されていたことが理解できる。

三　江戸期の社殿修理資金調達

近世における武州御嶽山では、社殿が幕府権力の意向を背景に造営され、その庇護のもとで社殿の再建が図られ、以後、一山を挙げて社殿の維持管理に取り組んできていた。次に、その社殿維持のために武州御嶽山が行ってきた社殿修理に伴う資金調達の様子を、具体的にみていくことにする。

1　散銭と社木伐採による資金調達

延宝七年（一六七九）八月、神主の濱名左衛門と濱名頼母から寺社奉行宛に差し出された訴状に、「拙者親弐拾六年已前（筆者註：承応二年）不調法仕候付、過怠散銭修理料被仰付」とあり[36]、承応二年（一六五三）に神主濱名氏の「不調法」な行為により、それまで神主取り分として神主の収入になっていた散銭が、御嶽権現社の修理費に廻されることになったことがわかる。さらに明暦四年（一六五八）八月、それまで行われてきた神主による一円支配体制に対して、社僧・御師がその横暴さに異議を唱え訴え出たことに対し、寺社奉行から次のような裁許状が出されている。

〔史料9〕[37]

覚

一、正月元日、権現江社参之事、山中之御師従早朝神主所江寄合、神主・社僧ヲ先立可社参事
一、同月七日、奉社祭礼、山・坂本之者共、神主所江寄合可執行之事
一、同月八日、大般若経箱負候者之事、神主下人ニ為持可申事
一、二月八日、祭礼之砌権現江納大（太）力刀之義、神主方ゟ其役人江可相渡事
一、散銭之事、神主・社僧幷御師立合相改致相対、神主所江預ケ置、社之修理料其外神用等ニ可仕候、勿論其節者相判之者共立合、封ヲ開可出之事
一、社中竹木猥ニ不可伐採候、若堂舎破損修覆其外入用之儀於有之者、奉行所迄伺之可受指図候、勿論私用ニ伐採候義堅停止之事
一、神主・社僧幷御師等と万事令相談、如先規社法能様ニ可令勤仕候、以私之遺恨神事・祭礼等聊不可致懈怠候、自然私曲之義於有之者、互ニ奉行所迄可訴之事

右条々堅可相守、此旨若於違背有者可為曲事者也

明暦四年戌三月廿七日

治左衛門　御判
源左衛門　御判
蔵　人　御判
将　監　御判
備　前　御判
出　雲　御判
武州御嶽権現　神主
同断　社僧
同断　御師

この五、六条目に武州御嶽山の社殿修復に触れ、散銭については、神主・社僧・御師が立ち会って改め、神主のもとに預けておいて「社之修理料其外神用等」に支出すること、と記されており、承応二年に幕府から命ぜられた社殿修復資金に散銭を充てることが、具体的な形で追認されている。

また、社木等の伐採については猥りに行うことを禁じ、武州御嶽山の堂舎修復やその他の費用に充てることを前提とした伐採を認めており、社木伐採による資金調達によって社殿修復を図ることが考えられるようになってきている。

これにより、時代が下った享保七年（一七二二）二月に、武州御嶽山の末社修繕に伴い次のような証文が作成されていた。

〔史料10[38]〕

内堅証文之事

一、権現末社之やね并鳥居小破仕候ニ付、御神体等茂留漏(雨)当難義ニ存、三方立合相談之散銭を以仕筈ニ相定、やね板木先規之例之通り神木山込ミ之内ニて枯木を伐、差板・鳥居之繕仕筈ニ相定申候、然上ハ誰ニ而茂壱人も違乱申者無御座候、為後日内堅連判、仍而如件

享保七年

寅二月十一日

神主
浅羽蔵人㊞

社僧
世尊寺㊞

御師
兵部㊞

頼母㊞

掃部㊞

（以下、三一名の御師名は省略）

末社の屋根や鳥居が破損したので、その修理を神主・社僧・御師の三方が立ち会い相談のうえで散銭をもって行うこととし、またその修理に用いる部材については、山内の枯木を伐り出して行うことを約束しており、明暦四年三月の裁許状が遵守されていることがわかる。

しかし、江戸中期の延享・宝暦・明和・天明期には、社殿の修理にあたってその費用に充てるために社木を売り出すことを巡って、しばしば神主と御師の間で出入が起こっていた(39)。

ところで、このうち宝暦十三年（一七六三）、社頭が大破したために散物や社木を伐り出し売却して費用をつくり修復しようと神主が一存で計画したことに対し、御師一四名が同意し、他二〇名の御師と社僧の世尊寺が不承知で出入

に発展し、寺社奉行の裁許を受けるという事件が起こっている。

その出入による裁許の結果、宝暦十三年十一月十八日に、神主の金井勇助と、世尊寺日應、御師惣代一一名の間で裁許の請証文を作成している。(40) その請証文の中で神主の金井勇助は、社殿修復に伴う散物や社木の売木などに対し、神主の身分にありながら一山の掟などを心得違いしていたことによって「押入」、そして社僧の世尊寺は、「社頭修復申談候節、等閑之取計、其上証拠無之儀を申立」るということをしたとの理由により「押入」、また神主の社殿修復計画に同意しなかった御師二〇名は、「社頭修復之儀得与申談取計方茂可有之処、無其儀世尊寺任申旨無証拠之儀共申立」てたので「急度御叱り」、さらに金井勇助に同調した御師一五名に対しては、「売木之儀者一山掟」でもあるにも拘わらずそのことを弁えず同意したことは不埒の行為であるとして「御叱り」、との処罰を寺社奉行から受けたことが記されている。

この裁許請証文によって、寺社奉行が下した裁許の内容と、社頭修復に関しての幕府の意向を読み取ることができる。それによると、まず寺社奉行は、社僧の世尊寺と神主の社殿修復計画に同意しなかった御師の罪状の前提として、「社頭修復申談候節、等閑之取計」、「社頭修復之儀得与申談取計方茂可有之処、無其儀」など、社殿修復ということに対する姿勢を問題にしている。これは、裁許請証文の中に「社頭修復之儀者一社中申談破壊不致様可取計候」とあるように、武州御嶽山の社殿修復にあたっては山全体が一つになって対応することへの幕府側の強い意思の表われと理解することができ、武州御嶽山の宗教的文化空間の存続については、このような幕府側の意向も側面から働いていたことが考えられる。

2 開帳による修復資金の調達

開帳は、寺社が秘蔵する神仏を信者の血縁のために礼拝させる宗教的行事で、江戸時代には、寺社は建物の修繕費などを捻出する目的で盛んにこの開帳を催していた。武州御嶽山でも近世中期以降、建物の修復資金を調達するために開帳を計画し実施していた。

寛保三年(一七四三)十月に作成された「乍恐以書付奉願候」(端裏付箋(後補))には「開帳について願状」と記されている)という表題の願書があるが、この願書は、武州御嶽山の神主浅羽蔵人・社僧世尊寺・御師惣代須崎帯刀の連名で寺社奉行に差し出されていた。(41)

長文なので抜粋してみていくと、まず、「四拾四年以前元禄拾三年辰年、惣社堂不残御建替、祭器等迄被　下置、其上御鎧弐領御神納被遊候、其後破損ニ付、拾八年以前享保拾一午年、黒田豊前守様江奉願神木相払、此代を以加修覆候得共」とあり、元禄期の社殿再建とそれに伴う祭器や鎧二領の寄付をうけていたが、その後、社殿が破損し、十八年以前の享保十一年(一七二六)に寺社奉行の黒田豊前守に願って、山の神木を売り払って、その代金をもって修理を加えたという事実が述べられている。しかし、現在、武州御嶽山は「高山故、平日零立風烈、末社やね殊外損、雨露神体掛り、本社を始、拝殿・鐘楼・本地堂・斬通地本破壊仕、其上去年秋中大雨風ニ而、山下一之鳥居・文殊堂・観音堂押破、彼是不及自力一山難儀仕候」というような状態にあること。さらに「一、神宝日本武尊御鎧・畠山重忠之鎧・唐鋑(鞍カ)・唐鐙・唐轡・正宗御太刀宝寿丸・奥院等茂何れ茂拙者代之内両度迄入御　上覧御繕包物上箱等迄被為仰付、武蔵国号之宝器ニ而御座候ニ付大切ニ仕、永相伝候様御書付を以被為　仰付、殊外大切ニ奉存候得共、自古来宝蔵無御座、紛失・火災等茂無心許安堵不仕、幷日本武尊神社大破仕候而、御祈禱之勤殊外難儀仕候」との事情を述べている。そしてこのような状況にあるので、最後に「右宝蔵建立、武尊神社・大鳥居・文殊堂建替惣宮所為修復之、来子年三月朔日ゟ五月朔日迄、音羽町於護国寺境内権現開帳仕、為御武運長久御子孫御繁栄之御大名様方御屋敷江神宝持参仕入御覧、思召次第之御初尾物開帳散物与都合仕、建立・建替惣修覆仕、御武運長久御子孫万々歳御祈禱相勤度候、此段被為聞召訳、権現開帳御大名様方幷御旗本様方不残御触流之儀、願之通被　仰付被　下置候様ニ幾重ニ茂奉願候」と記している。

このようにこの願書は、将軍家が上覧した神宝の日本武尊御鎧・畠山重忠之鎧・唐鞍・唐鐙・唐轡・正宗御太刀宝寿丸など、諸々の宝器や宝物を入れるような宝蔵がないので、宝蔵の建立や建物の修復資金を調達するため、開帳を江戸音羽町の護国寺境内で開催させて欲しいというものであった。

この願書の結果、延享元年（一七四四）三月一日から五月一日まで、江戸音羽町の護国寺境内で開帳が実施されたが、「雨天相続、殊外不繁盛ニて諸色払方一向相済不申、借金仕り罷立候」(42)という状態で、この時の開帳は天候に恵まれず、開帳は行ったが、不振に終わり、結果的には借金を残し、武州御嶽山の建物修復費を生み出すことはなかったようである。

その後、武州御嶽山の開帳は「（寛政三年：筆者註）八月六日以来之大風雨ニ而本社幷拝殿・御祈禱所、其外末社諸堂舎破却之場所多、当時難相凌奉存候」(43)という状況にあったため、寛政四年（一七九二）二月五日から四月十五日まで、武州御嶽山の境内で実施され(44)、また文化五年（一八〇九）には「堂社修理之助成ニも可相成与奉存候」との理由で(45)、翌文化六年二月十五日から四月十五日まで、開催場所は不明だが、開帳を実施したい旨の願書が寺社奉行所宛に提出されていた。

開帳というのは、基本的には三十三年に一回開催ということが江戸幕府からの布達によって決まっており(46)、いつでも開帳ができるわけではなかったが、武州御嶽山では折に触れて寺社奉行に開帳願いを出し、幕府の許可のもと、社殿などの修復費を得ることが試みられていたことがわかる。

3 勧化による修復募金活動

勧化は寺社への寄付を求めて行う募金活動で、江戸時代には寺社の建物などを修理・造営するために、当該寺社が幕府の許可を得て、募金の期間や地域を定めて実施していた。武州御嶽山の勧化に関わる史料をみていくと、三回の勧化が計画ないし実施されていたようである。

寛政五年（一七九三）六月に、武州御嶽山の大宮司から寺社奉行宛に、「社頭修覆成就」のため「御府内万石以上・以下、武家方・寺社・在町幷武蔵・相模・甲斐三ヶ国」での「御免巡行勧化」願いが出されている。(47)しかし、当時、担当の寺社奉行が許可を出すという段階になると他の役職に異動してしまい、度重なる異動によってなかなか許可されることはなかった。

許可が出ないなかで、文化二年（一八〇五）八月に再び江戸市中とその在町、さらに武蔵と相模と甲斐の三か国での「御免巡行勧化」願いが寺社奉行に差し出されている。この時、武州御嶽山の大宮司の金井散位から寺社奉行宛に提出された文書が「社頭大破ニ付御免勧化願書」である。(48)

この願書をみていくと、「一、武蔵国号神社御嶽山社頭修復為御助成、御府内武家方・寺社・在町幷武蔵・相模・甲斐三ヶ国御免順行勧化之儀、去ル卯年青山下野守様ニ而願之趣追而可被及御沙汰之旨御直ニ被仰渡奉畏、是迄数度御下知奉窺候得共、今以御差図無御座及数年乍恐難儀至極奉存候」とあり、武州御嶽山では、寛政七年の勧化許可願いに対し許可の下知を寺社奉行がなかなか出してくれないので、非常に困っていることを記している。そのうえで勧化を「御免被成下候而茂惣修覆之儀無覚束奉存候間、拾ヶ年以来年々初尾散物其外山内風折木売木代金等ヲ以、絵図面之内諸末社其外共ニ修理ヲ加候得共、本社拝殿・二（仁）王門・鐘楼堂等者少分之儀ニ而ハ難行届候之間、切り継取繕而已ニ而相凌来候仕合、殊ニ社頭者武・相・甲三ヶ国之鎮守一山惣御師共舗地之檀家ニ有之候而、年中参詣之助力を以数百人奉仕之者渡世相続仕候儀ニ付、御宮所見苦敷場所難捨置候間、是迄表向之零落取繕ニ心配仕候、諸末社神体初神輿・御膳供具・神器等不残御寄附御建立之品ニ候得共、全破却同様ニ罷成別而歎ヶ敷奉存候、殊更年中七度之祭祀当日者一統ニ社中開扉之例ニ御座候得共、近年其儀茂難相成仕合ニ御座候」と記し、「此上一統之修理ヲ以三、四拾年来茂相保候様仕度奉存候間、何分右御免順行之勧化願之通御下知被成下候様偏ニ奉願候、此上延引ニ茂罷成候而者猶以及大破、修覆ニ而者難相届可罷成奉存候ニ付乍恐再願奉申上候」という理由を述べ、再度の勧化願いを行っている。

この願いの結果、文化三年二月に、武州御嶽山の社殿修復助力の御免勧化が、武蔵一か国を対象に許可されることになり、「当寅三月ゟ来卯年九月迄、御料・私領・寺社領・在町共可致巡行間、信仰之輩者物之多少ニによらす寄進すへきもの也」と、勧化の通達が江戸幕府から、武蔵国の幕領、大名領、旗本領、さらに寺社領などの村々に対して出されていた[49]。

この時の勧化の様子をみていくと、多摩郡をはじめとして、武蔵国の都築郡・橘樹郡・入間郡・高麗郡・比企郡・豊島郡・足立郡（現在の東京都多摩地区から神奈川県の北東部、それから埼玉県南部）などに居住する支援者の協力を得て行われていた[50]。

また、武州御嶽山では文化三年の勧化での修復が「拝殿・鐘楼・諸末社・堂舎等数多之儀修理不行届」という状態だったため、文化五年八月に今度は、江戸市中の武家方・寺社・在町での勧化を願い出ていた[51]。このように一回の勧化では済まなくて、再度、行われているようなこともあって、武州御嶽山では、勧化による社殿の修復費調達には苦労していたようであるが、幕府の許可を得た勧化によって、非常に広範囲な村々から募金を集めて御嶽山の社殿修理が行われていたことがわかる。

４　富興行による修復資金の調達

江戸幕府は、寺社が建物修復資金を調達することを目的に富興行を開催することを許し、幕府から許可を受けた富興行を御免富といっていた。

安永七年（一七七八）八月、そのような富興行の願いが武州御嶽山でも行われていた。[52]

その願書は、武州御嶽山の神主金井左衛門と御師惣代馬場采女の連名で、寺社奉行所宛に提出されており、「一、武州御嶽山蔵王権現、東照宮様、常憲院様御建立之社頭ニ御座候、今般及大破候間、御建立御修復奉願候処、願之筋難相成趣被仰渡奉畏候、併甚大破仕末社等ニ者破却仕候場所茂有之候、此節御修復不被仰付候而者、社堂迄追々破却仕、末々社頭及退転可申儀難計歎ヶ敷仕合ニ奉存候」との理由を述べ、「依之奉願候者、於江戸表拾ヶ年之間、富突興行被　仰付被　下置候様ニ奉願候」と、富興行の開催を願い出ている。さらに続けて「然者右助成を以何分ニ茂御造営修復仕度候、此段幾重ニ茂奉願上候、右願之通被　仰付被　下置候得者　御両代様御尊慮永相続仕、益　天下泰平御武運長久御祈禱、年月御祭礼御神事、無怠慢抽而奉執行候、此段願之通被　仰付被　下置候様、幾重ニ茂奉願上候、以上」と記述し、富興行を許可して社殿修復ができるのならば、いろいろ幕府のための祈禱も怠慢なく行うことを申し出ている。

このように武州御嶽山では、境内の社殿が大破したので、江戸市中での富興行を許可して欲しい旨を神主と御師惣代の連名で寺社奉行宛に願い出ていたのである。

しかし、このような願書が提出されていたにも拘わらず、富興行は興行条件などがなかなか折り合うことなく難航し、ようやく天明年間（一七八一～八九）に入って、相州浦賀の叶明神社で執り行われることになるが、天明二年四月、浦賀での富興行に際して、富くじの引請元締から請負証文が武州御嶽山に提出された。(53)

その請負証文には、「今般於相州浦賀ニ、当寅六月ゟ来ル未ノ六月迄、中年五ヶ年之間、御富　御免被蒙　仰候ニ付、右年季之内、御富一式取〆り之儀、私共江御頼ニ付、諸向引請申所実正也」とあり、富興行は武州御嶽山自身がやるのではなくて、地元に引き受けてくれる人がいて、その人に任せて運営を図っていたことがわかる。請負によって天明二年から開始された富興行は、江戸から離れた浦賀で開催したため、富札の売れ行きが悪くなかなか収入を上げることができず、天明三年七月には、武州御嶽山から寺社奉行所宛に浦賀での興行中止の届を出していた。(54)その後、浦賀での富興行の失敗をうけて、武州御嶽山では富興行の再開を模索し、兵庫・江戸・大坂・奈良、それから泉州堺での富興行の開催を、寺社奉行に願い出ていた。(55)

そのような状況のなかで、文政四年（一八二一）に江戸浅草蔵前の華徳院での富興行が許可され、文政九年二月から、そこでの富興行が開始されることになった。(56)

この富興行に先立って、興行請負人と武州御嶽山の間で取り交わした証文があるが、そこには興行請負人として横山町の大坂屋や駒込追分町の高崎屋など、江戸の商人の名前が記されており、それらの興行請負人と、武州御嶽山神主の金井家、御師の馬場采女らとが規定を取り交わし、富興行が開催されていた。(57)

このように、武州御嶽山が社殿修復の資金を獲得するために催した富興行は、幕府の許可を得て開催され、興行請負人と武州御嶽権現社との間で諸々の条件を取り交わして行われていたことが理解できる。

おわりに

以上、本稿では武州御嶽山の立地する場を宗教的文化空間と捉え、近世における社殿等の造営とその修復、それらに関わる資金調達などについて明らかにし、武州御嶽山という宗教拠点での宗教的文化空間の形成と維持の実態を検証した。ここでは、その検証の結果明らかになったことを要約整理し、若干の考察を加える。

近世における武州御嶽山の社殿造営工事は、江戸幕府が成立して間もない慶長十年（一六〇五）に、在地の寺社勢力に対する宥和政策を遂行するなかで、徳川家康の意を受けた代官頭大久保石見守長安が奉行となって配下の代官に命じて行われ、翌慶長十一年に完成している。この慶長期における社殿造営工事は、江戸幕府の直営工事として実施されており、武州御嶽山の社殿を中心とする宗教的文化空間が、この時期、領主権力の意向のなかで創り出されてきていたことがわかる。しかし、その社殿を中心とした武州御嶽山の宗教的文化空間も、元禄十二年（一六九九）八月十五日に発生した大風によって社殿が大破したために、江戸市中の職人や地元農民が関わって再び江戸幕府の支援を得て社殿の再建が施されており、この元禄期における宗教的文化空間が、領主権力の庇護の下に引き続き維持されていたことが理解できる。

つぎに武州御嶽山の近世における社殿構成とその変遷をみていくと、元禄期には「御本社」を中心に境域全体で四六棟の建物を確認することができ、御嶽山の山麓から山頂に至る御嶽全山と、その背後に聳える甲籠山には、社殿や関連施設が配されていたことがわかる。近世後期の文化文政期に至ると、建物は元禄期に比べて九棟ほど少なくなっているが、社殿構成やその配置の大幅な改変は見られず、近世前期に形成された武州御嶽山の宗教的文化空間は、この時期に至っても維持されていたことが確認できる。

武州御嶽山では近世中期以降、この宗教的文化空間を維持するために社殿等の再建や修復が行われていたが、特に社殿等の修復にあたっては、武州御嶽山を運営する神主と御師集団の合意によってその修復が行われ、請負修理工事では、神主―御師という共同責任体制の中で執行されていた。また社殿を修理するための資金調達は、①散銭と社木伐採、②開帳、③勧化、④富興行などによって行われていたが、特に①に関わって神主と御師・社僧の間で起こった訴訟事件で、江戸幕府は社殿修復にあたって武州御嶽山が神主・御師・社僧が一体となって対応することを求める考えを示し、さらに②③④の実施にも幕府は深く関与しており、武州御嶽山の宗教的文化空間の維持・存続には、幕府側からの意向も強く働いていた状況がわかる。

このように、近世における武州御嶽山が立地する境域全体を宗教的な文化空間として捉え考察していくと、近世初期に地域における宗教勢力への宥和政策を踏まえ、その宗教的文化空間のシンボルとなる社殿が幕府権力の積極的な意向の中で造営されることによって宗教的文化空間が創出され、一方、その維持にあたっては、そこに暮らす神主と御師からなる宗教者集団の合意と共同責任体制、ならびに幕府権力の意思を背景に、近世後期に至るまでその宗教的文化空間が存続してきたことが理解できる。

最後に、以上のような状況から、武州御嶽山における宗教的文化空間の形成と維持について考察していくと、宗教施設の造営と修復が、その文化空間のシンボリズムの連続性を担保することになり、社会の宗教的秩序の確立と維持をめざす支配権力と、宗教的かつ精神的な権威を有する文化空間の秩序を堅持しその場の発展を願う宗教者集団の両者にとっては、極めて重要な意味を持つ行為であったことを指摘して、本論文のまとめとする。

註

（1）齋藤典男『武州御嶽山史の研究』（隣人社、一九七〇年）四二～四六頁。

（2）杉浦直「空間的シンボリズムと文化」（『文化の基礎理論と諸相の研究』岩手大学人文社会科学部、一九九二年、五五～七四頁）。同論考は、主として外国文献の事例紹介を通しての概念的かつ研究課題提起型の論文であり、具体的な個別事例を取り上げて分析した研究ではない。なお、杉浦論考の存在については、法政大学多摩共生社会研究所特任研究員森屋雅幸氏から教示をうけた。

（3）このように本稿では、宗教的文化空間を表象する社殿など空間をシンボライズする建造物の造営と修復を取り上げ、それに関わる行為を中心に述べ分析していくことにするが、本来、宗教的文化空間を分析対象とする場合、その場を根拠づける宗教性や信仰に伴う権威性なども、その文化空間を構成するものとして同時に研究対象として歴史的変遷の中で検討していく必要があると考える。しかし、紙数の関係もあり、すでに武州御嶽山については先学の優れた研究成果（代表的な論著としては註（1）に掲げた齋藤典男氏の著書をはじめ、西海賢二『武州御嶽山信仰史の研究』名著出版、一九八三年など）もあるので、武州御嶽山における「場」の宗教性や、信仰に伴う「場」の権威性など精神的な要素は、歴史的推移の中ですでに宗教的空間を形成してきているという実態を踏まえ、すでに近世以前から武州御嶽山という場が創出してきた自明の事実とし、本稿では改めて論ずることはせず、その場を構成する社殿等の造営、および修復など建造物の維持に関わる物理的かつ外的行為のみを対象として、論証していくことにした。なお、本稿の研究テーマと関連する武州御嶽山の文化性については、武州御嶽山における文化の権威化という視点から、徳川将軍家への神宝上覧などの歴史事象を取り上げて論じた齋藤愼一氏の労作「将軍上覧と『集古十種』―武蔵御嶽神宝の存在感―」（馬場憲一編著『歴史的環境の形成と地域づくり』名著出版、二〇〇五年、所収）がある。

（4）この史料については後世に成立したとの説もある（武蔵御嶽神社及び御師家古文書学術調査団編『武蔵御嶽神社及び御師家古文書学術調査（Ⅲ）　武州御嶽山文書　第二巻　金井家文書（2）』法政大学・青梅市教育委員会、二〇〇五年の「解説」三八〇頁）。

（5）前掲『武蔵御嶽神社及び御師家古文書学術調査（Ⅲ）』六〇～六四頁、三六一号文書。以下、この史料集については『武州御嶽山文書』と略記し、巻数、頁数、文書番号を記した。

（6）『武州御嶽山文書』第二巻、一一三頁、三九一号。

（7）『武州御嶽山文書』第二巻、六〇～六四頁、三六一号。

（8）拙稿「関東領国体制形成期における代官頭大久保長安の地方行政について―南関東での活動を中心に―」（『法政大学「多摩論集」』二九、二〇一三年）。

（9）徳川家康は関東入国後の天正十九年十一月に朱印地三〇石を寄進し、武州御嶽山を江戸城鎮護の祈願所としており、そのようななかに武州御嶽山に対する具体的な幕府権力の意向を読み取ることができる。この慶長十一年の社殿造営について、齋藤典男氏は、江戸幕府の寺社勢力を政治権力へ服従させるための宗教政策の中で武州御嶽山が「強力なる権力に積極的な結びつきを示し」「幕府による修復を最大限に利用し」た結果と推論し（前掲『武州御嶽山史の研究』八八～八九頁）、村上直氏は、武州御嶽山の社殿造営は徳川家康が「地域の開発の拠点にしようとしたこと」にあり、「江戸城を守る防衛線の一大拠点にし」、「江戸の発展を祈念する一つの拠点に」することであったとの見解（同氏「大久保長安と武蔵御嶽神社」『法政大学多摩地域社会研究センター研究年報』三、一九九九年、一五四頁）を述べている。
　このような異なる見解から、社殿造営の幕府権力の意図については今後の検討課題と言えるが、筆者は造営行為の意図は、大久保長安配下の代官が慶長十一年より時代が下った時期に、この地方の寺院に対して行っていた経典の補写や銅鐘の鋳造などと同様、在地の寺社勢力に対する宥和策(大久保長安配下の代官による宥和策については、拙稿「近世前期世襲代官の在地支配とその終焉—江戸幕府高室代官を事例として—」『学芸研究紀要』一五、一九九九年、参照のこと)に通じるものがあったと考える。以下、本稿では、江戸幕府の社殿造営の意図については、武州御嶽山に対する宥和政策の一環で行われたとの見解に立って論じていくことにする。

(10)『武州御嶽山文書』第二巻、七二一～七三一頁、三六八号。

(11)この出来事は、後年「谷合氏見聞録」と名付けられた史料に記述されている。「谷合氏見聞録」は『青梅市史史料集第五十四号　谷合氏見聞録　付・伊勢参宮道中記　青梅縞資料集』(青梅市教育委員会、二〇〇八年)に収録されており、同書掲載の清水利「『谷合氏見聞録』について」によると、「谷合氏見聞録」は谷合七兵衛吉次がその見聞したことを後世に伝えるために書き残した記録で、江戸時代の元禄十一年(一六九八)正月から延享元年まで四十七年間の、政治・経済・天変地異・気候・信仰・農民生活などについて見聞したことを中心に書き綴っていると解説されている。

(12)元禄十二年より四十八年後の延享四年五月作成の「武蔵国多摩郡三田領二俣尾村差出帳」『青梅市史史料集　第二十七号　村明細帳(二)』(青梅市教育委員会、一九八一年)によると年代は少し下るが、村内の家数は「百五拾弐軒」とあるので、元禄十二年八月十五日の大風では、村内の半数近くの家屋が倒壊の被害にあっていたことになる。

(13)『寛政重修諸家譜』によると、片山三七郎は諱を満國といい、「元禄二年十二月十九日遺跡を継、御被官を勤め、のち組頭を歴て御大工頭となる」(『新訂　寛政重修諸家譜』第二十、二六七頁)とあり、また与田藤右衛門は「依田藤右衛門信澄」といい、「元禄八年七月九日家を継、小普請となり、十四年二月十日大番に列し、宝永二年十月晦日死す」(『新訂　寛政重修諸家譜』第六、二二七頁)と記述されている。これらから、少なくとも片山三七郎は普請関係の役職に就いていたことが類推できる。

(14)『武州御嶽山文書』第二巻、七二〜七三頁、三六八号。

(15)『新訂 寛政重修諸家譜』第十七、三一二頁。

(16)『新訂 寛政重修諸家譜』第二十、九二頁。

(17)「谷合氏見聞録」（前掲『青梅市史史料集　第五十四号』二〜三頁）。

(18)「谷合氏見聞録」によると、もう一人の普請奉行を勤める「設楽喜兵衛殿ハ二月中旬死去」とある。しかし『新訂寛政重修諸家譜』（第十七、三一二頁）では、元禄十三年七月十六日に亡くなったことになっている。

(19)『徳川実紀』第六篇、四一一頁。

(20) 武蔵御嶽神社修理委員会編『東京都指定有形文化財　武蔵御嶽神社旧本殿修理工事報告書』（一九八三年）七七頁。

(21)『武州御嶽山文書』第二巻、七二〜七三頁、三六八号。

(22) 須崎裕家文書の中に包紙があり、その表書に「元禄十三年御社頭御修覆願書壱通」（武蔵御嶽神社及び御師家古文書学術調査団編『武蔵御嶽神社及び御師家古文書学術調査報告書（Ⅻ）』法政大学・青梅市教育委員会、二〇一一年、三一九頁）と書かれており、本紙の存在は確認できなかったが、願書は作成されていたと考えられる。

(23) 片柳太郎「武蔵御岳山史年表」（『西多摩郷土研究』八、一九五三年）の元禄十三年の条、前掲『東京都指定有形文化財　武蔵御嶽神社旧本殿修理工事報告書』五・三七頁。

(24) この図面は文政四年に武州御嶽山で富興行を願う折に寺社奉行に提出されたものであるが、「元禄十二卯（マヽ）年中、常憲院様御造営被下置候時之絵図面」と記載されている。なお同絵図面については、前掲『東京都指定有形文化財　武蔵御嶽神社旧本殿修理工事報告書』より転載した。

(25) 以下、ここでの記述は、特に断らないかぎり、両書のいずれかを出典として記述した。

(26) この時期以降、この意識は特に顕著で天保五年刊行の『御嶽菅笠』にも同様の構図で描かれている。
(27) 武州御嶽山の社僧寺の「世尊寺」はこの棟数の中に含めたが、曹洞宗寺院の「正覚寺」は、武州御嶽山と直接関係がないので含めなかった。
(28) 新築された建造物のうち、本社の「瑞籬御門」(享保十六年)、青銅鳥居(三の鳥居。安永九年建立)、払(松ヵ)沢の一の鳥居(文化三年建立)、額殿(慶応元年造営)などは、それらに記された墨書銘や金石文によって建立の事実を確認できる。
(29) 金井家文書Ⅲ－3－8。
(30) 『武州御嶽山文書』第二巻、一三二～一三二頁、四〇五号。この願いは嘉永六年に江戸幕府から「五ヶ年間御倹約」すべきとの命令があり、取り上げられることはなかった(『武州御嶽山文書』第二巻、一三三～一三三頁、四〇六号、参照)。
(31) 『武州御嶽山文書』第二巻、一一七～一一八頁、三九四号。
(32) 『武州御嶽山文書』第二巻、一二三～一二五頁、三九九号。
(33) 『武州御嶽山文書』第二巻、一二五頁、四〇〇・四〇一号。これら文書の差出人名の中に社僧世尊寺の名前がないが、これは世尊寺が天明年間に廃寺となったためである(前掲齋藤『武州御嶽山史の研究』一三〇頁参照)。
(34) 『武州御嶽山文書』第二巻、一二五～一二六頁、四〇二号。
(35) 『武州御嶽山文書』第二巻、一二六頁、四〇三号。
(36) 片柳光雄家文書「乍恐以書付申上候」(七、神社運営－四号)。
(37) 『武州御嶽山文書』第二巻、二四二頁、四六六号。この裁許状は齋藤典男氏によると「『一山掟書』・『明暦証文』・『三方相談』などと呼ばれ、江戸時代を通じて一山すべてに適応され、度々の訴訟の際必ず照会されている最も重要な文書となり、いわば武州御嶽山における憲法的存在であった。『三方相談』と名づけられるごとく、神主・社僧・御師の三つの職域を規定する最高権威となっていた」（前掲『武州御嶽山史の研究』一一〇頁）とある。

(38)『武州御嶽山文書』第二巻、三〇〇頁、五〇八号。

(39)『武州御嶽山文書』第三巻（二〇〇九年）、四〜五頁、九〜一〇頁、五六二・五六八・五七〇・五七二・五七三・五七四・五七五号。

(40)『武州御嶽山文書』第三巻、九〜一二頁、五六八号。

(41)『武州御嶽山文書』第二巻、三一一頁、五一八号。

(42)『武州御嶽山文書』第二巻、三一三頁、五二〇号。

(43)『武州御嶽山文書』第二巻、三一六頁、五二三号。

(44)『武州御嶽山文書』第二巻、三一六頁、五二六号。

(45)『武州御嶽山文書』第二巻、三一六頁、五二六号。

(46)『司曹雑識』三（『内閣文庫所蔵史籍叢刊』第九巻所収）一一九七頁。

(47)『武州御嶽山文書』第二巻、三三六頁、五三二号。

(48)『武州御嶽山文書』第二巻、三三七頁、五三四号。

(49)『武州御嶽山文書』第二巻、三三八〜三三八頁、五三五号。なお、この時の勧化は当初は武蔵・相模・甲斐の三か国でやらせてほしいというものであった。しかし、その理由は定かではないが、結果的には武蔵一か国だけで許可されている。

(50)『武州御嶽山文書』第二巻、三三九〜三五五頁、三三六〜五四〇号。
(51)『武州御嶽山文書』第二巻、三五六〜三五七頁、五四二号。
(52)『武州御嶽山文書』第二巻、三五九頁、五四四号。
(53)『武州御嶽山文書』第二巻、三六〇〜三六一頁、五四六・五四七号。
(54)『武州御嶽山文書』第二巻　三六二頁、五四九号。
(55)『武州御嶽山文書』第二巻、三六二〜三六四頁、五五〇・五五一号。
(56)『武州御嶽山文書』第二巻、三六八〜三七四頁、五五七〜五五九号。
(57)『武州御嶽山文書』第二巻、三六八〜三七〇頁、五五七号。

近世における武州御嶽権現の旦那証文

米崎　清実

はじめに

八王子千人同心株や、いわゆる富士御師の旦那場のように、近世社会において社会集団の身分や利権が売買されたことは知られている。現在の武蔵御嶽神社の神職家において多くの旦那証文は伝来し、武州御嶽権現の御師の間でも旦那の売買や質入が頻繁に行われたことを示している。

旦那証文は御師家の経営分析の素材となり、齋藤典男氏はそれらを通じて近世後期の御師家の経営状況について触れている(1)。しかし、まずは証文そのものの特性を確認することが必要だろう。そこからは、旦那売買や質入に関する慣行、御師集団の金銭融通の秩序や御師と旦那の関係をうかがうことができよう。小稿では、旦那証文の分析を通じて、武州御嶽権現における御師社会の秩序について明らかにすることを目的とする。

一　旦那証文と旦那売り渡しの実態

1　旦那証文

最初に代表的な旦那売渡証文を紹介しよう。

〔史料1〕(2)

永代譲り渡シ申旦家証文之事

一我等代々持来り候牛王旦家、武州多摩郡廻り田村ニ而家数七拾軒、同大岱村ニ而八拾軒、両村ニ而家数百五拾軒之場所、代金六両ニ相定メ、只今金子不残慥ニ受取、貴殿江永代ニ売渡し申所実正也、右之旦家ニ付我等子々孫々者申ニ不及、脇より少茂相滞り申者無御座候、万一相滞り申者御座候ハヾ、我等加印之者何方迄も罷出、急度埒明ケ、貴殿江少茂御苦労相掛ケ申間敷候、若シ又右旦家引付不申候ハヾ、右金高程之場所何方ニ而茂引替差出シ可申候、為後日永代譲り渡し申旦家証文仍而如件

天保十年

亥十一月

売り主　片柳　将監㊞

組証人　黒田　木工㊞

同断　秋山　造酒㊞

親類証人　馬場　主馬㊞

同断　岸野　大炊㊞

馬場采女殿

参ル

右の史料は、天保十年（一八三九）十一月、片柳将監が馬場采女に宛てて武蔵国多摩郡廻り田村の七〇軒、大岱村の八〇軒、合わせて一五〇軒の旦那を金六両で永代に売り渡した証文である。組証人二名、親類証人二名が連印している。今回の売り渡しについて子々孫々や第三者から支障を申し出ることがないこと、万一支障が生じた場合は、連印した者たちが責任をもって対処し、馬場采女に対して迷惑をかけないこと、旦那の「引付」がない場合は金額に見合った他の場所の旦那を差し出すことを約束している。「引付」とは、引き合わせるという意味がある。また「引付」の代わりに「名付」と記されている証文もある[3]。「名付」とは懐くと解することができる。このことから、このような文言は、御師と旦那の良好な関係を意味し、今回の売り渡しに関する旦那の承認と考えることができる。この点については、さらに後述したい。

以上のように、旦那売渡証文には、①どの村の何軒の旦那をいくらで売り渡すのか、②売り渡しに際して支障のないこと、③旦那の承認が得られない場合は、それに見合った他の村の旦那と差し替える、という内容が記されている。また、表題は、右に掲げた「永代譲り渡シ申旦家証文之事」の他にも、「永代売渡申檀那証文之事」「永代売渡申牛王旦那証文之事」などと記される。

永代売り渡しの場合でも、旦那の返還は行われた[4]。

〔史料2〕

檀家証文之事

一貴殿方より買置候牛王旦那之内、養沢青木平村此度身請被成度由ニ而、金三歩慥ニ受取、青木平村牛王旦那相返シ申候、依而自後貴殿方ニ而永々御支配可被成候、為念檀家証文仍而如件

文化四丁四月　　　　　　　　　　　　　売主　高名　志摩㊞

馬場薩摩殿　　　　　　　　　　　　証人　片柳　内記㊞

右の史料は、高名志摩が馬場薩摩から買い受けていた旦那を返還する証文である。また、史料1の下書きではあるが、奥書には「右金調達致、返金候ハゞ、何時成りとも此旦家御返し可被下候御約定」と記されている史料もある。[5]つまり、永代売り渡しの場合であっても、返金さえすれば元の御師のもとにいつでも旦那は返還されるべきもの、という慣習となっていたことがわかる。

旦那証文には、年季を限って旦那を質入して金銭を融通する証文を含めることができる。

〔史料3〕[6]

有合ニ売渡シ申旦家証文之事

一此度無拠御社用出金ニ其外要用金ニ差詰り、我等代々持来り候牛王旦家甲州丹波山村ニ而弐百軒、武州秩父郡下モ名栗小沢村より上ミ名栗村鬼丸迄ニ壱百六拾軒、我野中沢村ニ而八拾軒、高麗郡中藤新田村四軒、（中略）右村々ニ而家数七百軒之場所、代金拾六両ニ相定メ、只今金子不残慥ニ受取、有合拾ケ年季ニ売渡シ申所実正ニ御座候、尤年季之内請戻シ候ハゞ、御定メ之利足勘定ヲ以受戻シ可申候、年季明ケ候ハゞ、元金ニ而御戻シ可被下候御約定ニ御座候、右旦家ニ付我等子々孫々者不及申ニ、横合より違乱妨ケ申者毛頭無御座候、万一障り申者御座候ハゞ、加印之者何方迄も罷出、急度埒明ケ、貴殿江少茂御苦労相掛ケ申間敷候、為後日有合ニ売渡し申旦家証文仍而如件

天保十二年　　　　　　　　　　　　　旦家売主

丑七月日

組証人
黒田　木工㊞
代　片柳　将監㊞
親類代証人
片柳　内記㊞

秋山造酒殿
参ル

右の史料は、天保十二年七月、黒田木工が秋山造酒に対して甲斐国丹波山村、武蔵国秩父郡名栗村など七〇〇軒の旦那を十年季、一六両で売り渡した証文である。年季が明けてからは元金にて請戻し、年季内での請戻しの場合、「御定メ之利足勘定」をすることになっている。年季の売り渡しもまた、永代売渡証文と同様に、今回の旦那の売り渡しにあたり子々孫々や他者からの支障のないことが記されている。

さらに、永代売り渡しや年季の売り渡しではなく、旦那を質物として金子を貸借することも行われた。

〔史料4〕(7)

金子借用申証文之事

一金弐両也　　但し文字金也

右者無拠御社用出金ニ差詰り、我等代々持来り候牛王檀家武州多摩郡坂浜村ニ而九拾軒、百村四拾六軒、長沼村弐拾四軒、都合家数百六拾軒之場所書入、質物いたし、前書之金子借用申所実正ニ御座候、右金返済之儀者、当十二月中ニ元利とも無相違返済可申候、万一其砌り返金致し兼、滞り候ハヽ、右書入質物之旦家加印之もの方へ

引請、貴殿方江者金子ニ而急度返済可申候、為後日金子借用証文依而如件

文政八酉八月日

借主　岸野　佐渡㊞

組合証人　須崎　要人㊞

親類　馬場　薩摩㊞

須崎　大内蔵殿

参

右の史料は、文政八年（一八二五）八月、岸野佐渡が多摩郡坂浜村など一六〇軒の旦那を質として、須崎大内蔵から二両を借用している証文である。金子借用証文は短期の金銭融通に使われていたことが指摘されているが、本史料においても十二月までという四カ月間となっている。証文には元利ともに返済することが明記され、返済に滞りが生じた場合、借主とともに連印している者が旦那を引き受け、金銭の貸出主には金銭でもって返済することが約束されている。金子借用証文の場合、旦那を質としながらも、金銭の貸出主に旦那は移譲されず、旦那への配札権などは借主側で保持していたことがわかる。

さて、旦那の売買はいつから行われていたのであろうか。武州御嶽権現の旦那売買に関して、管見の限り最も古いものが（8）次に掲げる史料である。

〔史料5〕

売渡申屋鋪檀那之事

一我等身体不罷成候ニ付而、双方より神主殿江得御意、御下知請、屋敷幷檀那惣合一間（ママ）不残金子六両壱分請取、末代売渡申所実正也、此屋敷檀那ニ付而、我等子共ハ不申自脇々茂一切かまい無御座候、自然六ケ敷義御座候者、

我等共罷出、急度申分可仕候、少も御苦労ニ懸申間敷候、為後日惣方之五人組迄も以連判如此候、以上

寛文九年酉ノ十二月十三日

売主　又右衛門㊞
証人　与二右衛門㊞
同　善右衛門㊞
同　又兵衛㊞
同　次左衛門㊞
同　平左衛門㊞
同　孫右衛門㊞
同　平右衛門㊞
同　勘兵衛㊞
名主　八郎兵衛㊞

五郎兵衛殿
参

右の史料は、寛文九年（一六六九）十二月十三日に、又右衛門が五郎兵衛に屋敷と旦那を六両一分で売り渡しているものである。今回の売買の証人として双方の五人組八名と名主一名が連印している。この証文においても売り渡した屋敷と旦那について、我等子供まで一切関与しないこと、問題が生じた際には関係者が立ち入り、買主である五郎兵衛に迷惑をかけないことを約している。

御嶽権現の旦那の売買は、すでに寛文期から行われていたことがわかる。また、ここで注目すべきことは、「双方より神主殿江得御意、御下知請」と、屋敷や旦那の売買にあたり、売主・買主双方から神主に許可を得ていることである。これだけでこの時期の神主に御嶽権現の旦那の保有権があったとするのは留保しなければならないと考えるが、

旦那の売買に何らかの形で神主が関与していたことは事実である。

次に掲げる延宝七年（一六七九）二月十三日の売買証文には、神主の関与は記されていない。

〔史料6〕[9]

旦那売渡申手形之事

一ながふち村・大やな村合而五拾間（ママ）、金子弐分ニうり渡し申所実正也、年季之儀ハ拾年ニ相定申候、年季極り申候ハヽ、右之本金弐分返進仕候ハヽ、旦那御返し可被下候、若年季之内請申候ハヽ、五わり之まし金ニて旦那うけ可申候、此旦那場新御師いやと申候ハヽ、わきニて旦那五拾間（ママ）相渡シ可申候、為其手形如此ニ候、仍而如件

延宝七年未ノ二月十三日

売主　宮　　内㊞

証人　主　　□㊞

同断　清 太 夫㊞

伊兵衛殿　参

「ながふち村・大やな村」の五〇軒を十年季、二分で売り渡しているものである。年季売り渡しという形態もすでにこの時期から行われていたこと、「此旦那場新御師いやと申候ハヽ、わきニて旦那五拾間（ママ）相渡シ」と、先に指摘した引付文言に相当する文言が記されていることを確認できるが、ここでは神主の関与は認められない。年季売りだからともみることができる。しかし、次に見るように、神主が売買に関与する宝永期の史料もある。

〔史料7〕[10]

証文之事

一又兵衛儀、今度身体潰シ候ニ付、山神戸屋敷・檀那共ニ我等方江請取、金子四両弐分又兵衛方江相渡し申候、其

後貴殿江右之金子高を以永代ニ売渡し申所実正也、檀那場家数之儀者、三百弐拾軒屋敷共ニ永々支配可有之候、且又又兵衛方より之檀那屋敷証文共ニ相渡し申候、尤組合かまい無之候、若滞儀有之候ハヽ、我等埒明可申候、為後日仍如件

宝永三丙戌年二月廿三日　　濱名　左京㊞

ミたけ山

作兵衛殿

〔史料8〕(11)

旦那手形之事

一三百弐拾軒、神主左京殿方へ金子四両弐分ニ永代ニ相渡し申候、此旦那あらため申候得者、八拾軒多御座候ニ付、金子壱両壱分ニ永代ニ売渡し申所実正也、此旦那ニ付脇より少茂かまい無御座候、若かまい申者御座候ハヽ、我等急度埒明可申候、為後日仍而如件

宝永三年

戌五月十五日　　青梅　又兵衛㊞

作兵衛殿

史料7は宝永三年（一七〇六）二月二十三日、神主濱名左京から作兵衛に宛てた証文で、又兵衛が「身体潰」となったため、その屋敷と旦那を神主が四両二分にて買い受け、さらに同額で作兵衛に売り渡しているものである。史料8は同年五月十五日の又兵衛が作兵衛に宛てた証文で、濱名左京を介して作兵衛に売り渡した旦那を改めたところ、八〇軒多かったことから、それら旦那分を一両一分で売り渡しているものである。

宝永期、青梅にも御嶽権現の旦那を持つ者がいたことがわかる史料であるが、ここで注目したい点は、旦那の売り渡しにつき、一時的に神主が買い取り、その後、さらに売り渡していることである。寛文期の証文のように、文言として記されているわけではないが、旦那の売買に神主が関与していたことがわかる。

2 旦那売買、質入の実態

旦那証文には、永代売り渡し、年季売り渡し、旦那を質物とする金銭借用と三種類があることを確認したが、それらはどのような目的で、売り渡しや質入がなされ、どのように使い分けられていたのであろうか。具体的に馬場家と須崎家を取り上げて、旦那証文から旦那売買と質入の実態を見てみよう。

表1は馬場家に伝来する旦那証文一覧である。馬場家は代々武蔵御嶽神社に御師として奉仕し、二月祭礼では神馬の警護役、口取役、笛吹役などを勤めてきた[12]。馬場家に伝来する旦那証文は、宝永期が最も古く、天保期まで残されている。宝永期から正徳期、享保期、明和期、文化期と、いくつかのまとまりがあるものの、どの時期においても馬場家への永代の売り渡しが行われていることを確認できる。寛政期から文化期における馬場家の当主の薩摩は、山上御師の片柳小源太の弟である[13]。寛政九年（一七九七）の№25は、その片柳家から譲り渡しを受けた証文である。

表1　馬場家文書における旦那証文

番号	作成年代	内容／理由	売り渡し・質入対象	金額	差出人(作成者)	受取人
1	宝永元.8.15	売り渡し	八王寺たて村15軒	1分200文	旦那主 八左衛門 内膳	作兵衛

2	(1)(宝永 3 カ).2.15 (2)宝永 3.2.23 (3)宝永 3.5.15	(1)金子請取 (2)・(3)売り渡し ／(2)又兵衛身体潰し	(1)旦那 (2)山神戸屋敷・旦那320軒 (3)神主方へ320軒売渡旦那80軒過多分	(1)1両2分 (2)4両2分 (3)1両1分	(1)左京 (2)濱名左京 (3)青梅 又兵衛	(1)作兵衛 (2)ミたけ作兵衛 (3)作兵衛
3	宝永 5.10.15	売り渡し	おこせ領日山・たつかい、2村21軒	1分銭424文	売主 斎宮 証人 左門 証人 内記 証人 掃部	求女
4	正徳 4.10.1	売り渡し	おこせ町・山田村・尾崎村・和田村・墨岩村・麦原村・山入村・すへ村・高本村、9ヶ村250軒	6両1分	売主 大蔵 証人 宮内 証人 外記 証人 数馬	求女
5	正徳 4.11.18	売り渡し	成木やつにて北おそき村・やくや村・あまかさす村・大蔵野村・弐本竹村、5ヶ村110軒	3両3分	売主 大蔵 証人 外記 証人 宮内 証人 数馬	求女
6	正徳 4.11.28	売り渡し	墨山村50軒	1両1分	旦那売主 玄蕃 証人 刑部	求女
7	正徳 4.12.5	売り渡し	おとぐろ村・岩渕村、6軒	1分	売主 大蔵 証人 外記	求女
9	享保 2.10.19	売り渡し	前沢村上分・下里村にて104軒、箱根ヶ崎・西之川・金子・青梅4ヶ村にて36軒、小岩井村・野口村・川寺村3ヶ村にて88軒	10両2朱	売り主 右衛門 証人 主膳 証人 半太夫 証人 長太夫 証人 中務 証人 外記 証人 兵部 証人 監物	求女
10	享保 3.7.25	売り渡し	高麗領平沢村・丹波女村・つづらぬき村、3ヶ村200軒	10両	売主 将監 証人 式部 証人 造酒 証人 杢之進 証人 玄蕃	求女

11	享保 4.11.20	売り渡し	相州下九沢村・田名分、126軒	4両1分	南瀧本売主 重郎左衛門 同所証人 三左衛門 御嶽証人 左太夫	御嶽村求女
12	享保 4.12.27	売り渡し	二ノ宮村・大久野村・岩井村・山下村・青梅かみ宿、4ヶ村39軒	1両2分	売主 外記 証人 宮内 証人 大蔵	介之丞
13	享保 5.9.9	売り渡し	下九沢村之内作口村にて14軒	2分	南瀧本売主 重郎左衛門	ミたけ　求女
14	享保 5.12.20	売り渡し	城村・清戸萱宿村、2ヶ村70軒	3両	売主 久弥 証人 帯刀 証人 左近	助之丞
15	(1) 享保 6.4.20 (2) 享保 6.9.10	売り渡し	(1) はけした村・藤橋村、2ヶ村50軒 (2) とミ岡・藤橋村之旦那たしに青梅うらじく、7軒	(1) 2両1分	(1) 旦那売り主 衛門 証人 清太夫 証人 式部 (2) 売主 衛門	(1) 助之丞 (2) 助之丞
16	享保 7.3.25	売り渡し	和田村・青梅町・をもて川村・もろ岡村・ふき上村、5ヶ所50軒	2両	旦那売主 主計 証人 清太夫	助之丞
17	享保10.8.10	売り渡し	前沢村下分・同所新田・神明山、114軒	4両	売り主 須崎民部 証人 嶋崎長太夫 証人 片柳左京 証人 馬場鉄五郎 証人 鈴木豊太郎 証人 高名靭負 証人 須崎兵部	馬場求馬
18	元文 5.9	売り渡し	前沢村・新田・南沢・小山村、4ヶ所100軒	2両	旦那売主 穐山酒造 証人 橋本玄蕃 証人 片柳将監	馬場求女
19	寛保元.10	売り渡し	下本道村・寺岡村・尾津村・青木平村、4ヶ村70軒	1両2分	売主 尾崎久弥	馬場主馬
20	宝暦 3.4	売り渡し	小虫村45軒	1両	売主 靫屋式部 証人 原嶋兵庫 証人 須崎左近	馬場求女
21	明和 4.5	売り渡し	中藤村30軒	2分	売主 片柳左中 証人 秋山造酒	馬場主馬

22	明和 6.11	売り渡し	二の宮村17軒	2分	旦那売り主 片柳図書 証人 尾崎修理	馬場主馬
23	明和 9.3	売り渡し	足立領にて松本新田・南打谷村・満か本村・四ツ谷村・沼影村・大矢場村・小矢場村・武蔵村、8ヶ村350軒	5両	旦那売主 服部主税 証人 服部主殿 証人 久保田斎宮 証人 馬場主馬 証人 秋山造酒	片柳将監
24	天明 6.9	売り渡し	足立郡之内白幡村・辻村・根岸村・別所村、4ヶ村230軒	2両2分	檀那売主 橋本多門 組証人 黒田木工 組証人 秋山造酒	片柳将監
25	寛政 9.4	譲り渡し	川口村・犬目村、川越領之内増形村・池辺村・鯨井村・粟生田村・まと場村・大塚村・田波目村・平沢村・鹿山村・高萩村・女影村・岩渕村・木之下村、15ヶ村538軒		譲り主 片柳若狭	勇吉
26	享和 2.11	売り渡し	足立郡にて十三ヶ所他日比田村、684軒	10両	旦家譲主 片柳若狭 組合証人 橋本伊予	馬場薩摩
27	文化 2.4	売り渡し	大門村・矢村・長瀬村・上野村、4ヶ村17軒	1分2朱	売主 須崎丹後 組証人 馬場出雲	馬場さつま
28	文化 4.4	買い戻し	養沢青木平村旦那	3分	売主 高名志摩 証人 片柳内記	馬場薩摩
29	文化 5.4	売り渡し	比企郡正直村・根岸村・古水村・今泉村・野本村・松山宿、6ヶ所400軒	4両	旦那売り主 片柳内記 組合証人 高名志摩 組合証人 須崎丹後 組合証人 馬場出雲 組合証人 須崎出羽 親類 馬場大隅	馬場薩摩
30	文化11.1	売り渡し	比企郡望月村・岩殿町、70軒余	1両1分	金井左衛門納戸	馬場薩摩
31	文政 4.5	売り渡し／社用に差詰り	武州比企郡坂戸宿・中村・北大塚村、3ヶ所208軒	1両2分2朱	売り主 片柳内記 組合証人 須崎丹後 組合証人 馬場出雲 組合証人 高名志摩 組合証人 須崎出羽 親類証人 馬場大学	馬場薩摩

32	天保 7.9	譲り渡し／拝殿修復金預り散物其外要用出金に差詰り	武州足立郡新曽村・上戸田村、高麗郡高萩村、入間郡高倉村・矢野上村・大久保村・成願寺村・大塚村・峯村・小山村・竹之内村・堀込村・中里村・戸口村・沢木村・あつ川村・森戸村にかい・浅羽村、573軒	8両	譲り主 久保田斎宮 組合証人 服部主殿 組合証人 服部刑部 組合証人 片栁内匠	馬場主馬

註
1）作成年代の元号表記は原文書のままとし、年月日の記載はすべて算用数字に改めた。
2）金額・返済期限は算用数字に改めた。
3）売り渡し・質入対象の村名は原文書の記載に従ったが、旦那数については算用数字に改め、合計数を記すようにし、個別の村の旦那数を省略した。
4）受取人の敬称の表記は省略した。

表2は須崎家に伝来する旦那証文一覧である。須崎家は代々武蔵御嶽神社に御師として奉仕し、二月祭礼では笛吹役を勤めてきた(14)。須崎家に伝来する旦那証文は、いずれも宝暦期以降のものである。宝暦期から享和元年（一八〇一）までは、須崎家への永代売り渡し証文であるが、文政十年（一八二七）以降は須崎家が他家より金子を借用する証文が多い。

表2　須崎家文書における旦那証文

番号	作成年代	内容／理由	売り渡し・質入対象	金額／返済期限	売り主	受取人
1	宝暦13.4.	永代売り渡し	宮ノ下村・瀧之八日市・宇津木村、150軒	3両	売り主 服部主税 証人 久保田斎宮 証人 片栁内匠	須崎大蔵
2	明和 7.6.	永代売り渡し	稲毛長沼村 40軒	3分2朱	売主 片栁図書 証人 片栁数馬	須崎大内蔵

3	天明 2.4.	永代売り渡し	稲毛領志ほく村80軒	1両3分	売主 片柳八百八 組合証人 尾崎修理	須崎要人
4	天明 5.12.	永代売り渡し	殿ケ谷戸新田38軒	3分	売主 靭矢頼母 組合証人 片柳宮内 組合証人 岸野外記	須崎大内蔵
5	天明 8.6.	永代売り渡し	小丹波村・川井村・払沢村・柚木村、4ヶ村34軒	2分	売り主 橋本多門 組合証人 片柳将監 組合証人 黒田木工 組合証人 秋山造酒 親類証人 馬場栄蔵	須崎大内蔵
6	寛政 8.10	永代売り渡し／尾崎修理病死ニ付	五日市村・樽村・山下村、3ヶ村50軒	2両2分2朱	組合売り主 片柳織部 組合売り主 片柳図書 組合売り主 片柳隼人 親類証人 岸野外記	須崎要人
7	享和元.5.	永代売り渡し	上稲毛領黒川村・真光寺村・栗木村・片平村・五刀田村・古沢村・平尾村、金程村、8ヶ村250軒	4両2分	売り主 片柳若狭 組証人 秋山伯耆 組証人 黒田安芸 組証人 橋本伊予 親類証人 片柳長門	須崎要人
8	文化13.11.	金子借用／無拠入用	武州多摩郡成木村70軒、八王子大和田村30軒	1両2分／翌4月	借主 山崎阿波 証人 片柳長門	須崎日向母
9	文政 2.6.	金子借用／無拠入用	川嶋領平沼村100軒	3両1分／翌4月	借り主 須崎因幡 証人 久保田河内	須崎大内蔵御老母
10	文政 5.9.	年季売り渡し／無拠社役出金差詰	上州高崎町	5両	山崎阿波 証人 靭矢相馬	須崎大内蔵
11	文政 8.8.	金子借用／無拠社用出金ニ差詰	武州多摩郡坂浜村・百村・長沼村、160軒	2両／12月	借主 岸野佐渡 組合証人 山崎要人 親類証人 馬場薩摩	須崎大内蔵
12	文政10.4.	金子借用／無拠	相州高座郡上溝村500軒	5両／翌4月	借主 須崎大内蔵 組合証人 片柳将監 親類証人 山崎要人 証人 鈴木伊織	大久野長井金兵衛

13	文政11.6.	金子借用／無拠	相州高座郡下溝村300軒	3両／翌正月	借主 須崎大内蔵 証人 橋本玄蕃	鈴木伊織
14	文政11.10.	金子借用／無拠	相州高座郡上溝村・勝坂村・市場村、600軒	5両／翌4月	借用主 須崎大内蔵 組証人 片柳将監 親類証人 片柳長門	金井左衛門 須崎蔵人
15	文政12.4.	金子借用／無拠要用	武州埼玉郡廣田村250軒	2両／翌4月	借主 須崎大内蔵 証人 片柳将監	金井東市
16	文政12.4.	金子借用／無拠要用	武州都筑郡黒川村・栗木村・真光寺村・片平村・五刀田村・古沢村・平尾村・稲毛宿河原村・長尾村、9ヶ村570軒	5両／翌4月	借主 須崎大内蔵 証人 片柳将監	片柳宮内
17	文政12.7.	金子借用／無拠要用	武州多摩郡落合村・宇津木村、300軒	3両／翌4月	借用主 須崎大内蔵 証人 黒田木工	長井金兵衛
18	文政13.4.	金子借用／無拠要用	武州川越町・新座郡大和田村、600軒	6両／翌4月	借主 須崎大内蔵 証人 片柳将監 証人 山崎要人	馬場采女
19	文政13.4.	金子借用／無拠要用	武州稲毛領大丸村・長沼村・矢野口村・平尾村・片平村、570軒	7両／翌4月	借主 須崎大内蔵 組証人 黒田木工 親類証人 山崎要人	片柳中務
20	文政13.4.	金子借用／無拠要用	武州多摩郡五日市村・樽村・小倉村・山下村・入野村、5ヶ村130軒	1両2朱（権現様燈明料）／翌4月御散物帳〆之砌	借主 須崎大内蔵 証人 秋山造酒	金井左衛門 当月番衆中
21	文政13.5.	金子借用／無拠要用	相州下溝村・当麿村、500軒	5両／翌3月	借主 須崎大内蔵 証人 橋本玄蕃 証人 山崎要人	下村清右衛門
22	文政13.8.	金子借用／無拠要用	武州川越南町・北町・高沢町・本町・江戸町・松弓町・同心町、7ヶ町500軒	5両／翌3月	借主 須崎大内蔵 組証人 橋本玄蕃 証人 金井左衛門	齋藤石見
23	文政13.8.	金子借用／無拠要用	武州五日市村100軒	1両2分／翌3月	借主 須崎大内蔵 証人 山崎要人	須崎兵衛
24	天保2.3.	金子借用／無拠要用	武州川嶋領柴竹村・牛ケ谷戸村・吉原村・安塚村・飯嶋村・新堀村、川田谷領八幡原村・前領家村・狐塚村、9ヶ村500軒	5両／翌3月	借主 須崎大内蔵 証人 橋本玄蕃 証人 山崎要人	秋山兵衛

25	天保 2.4	金子借用／無拠要用	武州比企郡川嶋領柴竹村・牛ケ谷戸村・新堀村・吉原村・安塚村・飯嶋村、川田谷領狐塚村・八幡原村、8ヶ村500軒	5両／翌3月	借主 須崎大内蔵 証人 橋本玄蕃 証人 山崎要人	馬場采女
26	天保 2.4	金子借用／無拠要用	武州川越城下南町・北町・高沢町・本町・同心町・松弓町、500軒	5両／8月	借主 須崎大内蔵 証人 片柳将監 証人 山崎要人	齋藤石見
27	天保 2.4.	金子借用／無拠要用	武州落合村、相州下溝村・磯部村・新道村、800軒	8両／翌4月	借主 須崎大内蔵 証人 片柳将監 証人 山崎要人	大久野村長井金兵衛
28	天保 2.4.	金子借用／無拠要用	武州比企郡川嶋領吉原村・柴竹村・牛ケ谷戸村・飯嶋村・安塚村、5ヶ村107軒	2両／8月	借主 須崎大内蔵 証人 黒田木工	小高対馬
29	天保 2.4.	金子借用／無拠要用	多摩郡原中野村・上下大和田村・落川村・河内村、高麗郡岩澤・高萩村、6ヶ村360軒	5両／翌3月	借主 山崎要人 証人 岸野佐渡	須崎大内蔵
30	天保 2.5.	金子借用／無拠要用	武州稲毛領大丸村・長沼村・矢野口村・平尾村・片田村・栗木村・真光寺村・黒川村、8ヶ村700軒	7両／翌3月	借主 須崎大内蔵 証人 橋本玄蕃 証人 山崎要人	片柳頼母
31	天保 2.12.	金子借用／無拠要用	相州高座郡上溝村500軒	5両／翌3月	借主 須崎大内蔵 証人 片柳将監 証人 片柳長門	馬場采女
32	天保 3.4.	金子借用／無拠要用	相州下溝村・当摩村・磯部村、3ヶ村800軒	8両／翌3月	借主 須崎大内蔵 証人 片柳将監 証人 山崎要人	秋山兵衛
33	天保 3.4.	金子借用／無拠要用	高座郡下溝村・当摩村、500軒	5両（伊勢講金之内）／翌4月伊勢講日待まで	借主 須崎大内蔵 証人 片柳将監	金井東市 鈴木伊織 林大膳 須崎左近 須崎蔵人 高名監物 黒田木工 秋山造酒 日待当番 片柳頼母 日待当番 片柳宮内

34	天保 3.5.	金子借用／無拠要用	埼玉郡廣田村200軒	1両2分／11月	借主 須崎大内蔵	須崎左近
35	天保 4.3.	金子借用／無拠要用	武州多摩郡五日市村・樽村・小倉村・山下村・宮下村・宇津木村・梅坪村・八日市村・大屋村、9ヶ村500軒	5両／翌3月	借主 須崎大内蔵 証人 片柳将監	片柳勘ケ由
36	天保 4.4.	金子借用／無拠要用	相州高座郡溝村500軒	5両／翌3月	借用主 須崎大内蔵 組証人 橋本玄蕃 親類証人 山崎要人	鈴木伊織
37	天保 4.4.	金子借用／無拠要用	相州下溝村・当摩村、505軒	5両／7月	借用主 須崎大内蔵 証人 片柳将監	片柳頼母
38	天保 4.4.	金子借用／無拠要用	武州新座郡大和田駅・引又町、500軒	5両／翌3月	借主 須崎大内蔵 証人 橋本玄蕃	高名監物
39	天保 4.4.	金子借用／無拠要用	武州稲毛領大丸村・長沼村・矢野口村・平尾村・片平村・栗木村・真光寺村・黒川村・五刀田村・吉田村・古沢村、11ヶ村1000軒	10両／翌3月	借用主 須崎大内蔵 証人 橋本玄蕃 証人 山崎要人	片柳頼母
40	天保 4.4.	金子借用／無拠要用	武州埼玉郡埼玉村・廣田村、550軒	5両／翌4月	借主 須崎大内蔵 証人 黒田木工 証人 片柳長門	須崎蔵人
41	天保 4.4.	金子借用／無拠要用ニ差詰	武州足立郡河田谷村300軒	3両／御宮燈明金翌4月帳〆勘定まで	借り主 須崎大内蔵 組合証人 黒田木工	金井左衛門 当月番
42	天保 4.4.	金子借用／無拠要用	相州高座郡上溝村・下溝村、800軒	8両(伊勢講積金)／翌4月伊勢講日待まで	借主 須崎大内蔵 証人 橋本玄蕃	金井東市 秋山造酒 林大膳 片柳頼母 片柳宮内 須崎左近 須崎帯刀 鈴木伊織 日待当番 高名監物 日待当番 黒田木工

43	天保 4.4.	金子借用／無拠要用	武州埼玉郡埼玉村・廣田村、2ヶ村550軒	5両／翌3月	借主 須崎大内蔵 証人 黒田木工 証人 山崎要人	秋山兵衛
44	天保 4.4.	金子借用／無拠要用	相州高座郡下溝村・当麻村・磯部村、3ヶ村600軒	5両／翌3月	借主 須崎大内蔵 証人 片柳将監 証人 山崎要人	秋山兵衛
45	天保 4.4.	金子借用／無拠要用	武州埼玉郡埼玉村・廣田村、500軒	5両／翌4月	借主 須崎大内蔵 証人 橋本玄蕃	馬場采女
46	天保 5.6	質流れ証文／社用出金其外無拠儀ニ差詰	武州新座郡大和田村・引又村・宗岡村、足立郡下大久保村・上大久保村・領家村・神田村・白鍬村・八王子村・円阿弥村・上下天沼村・□田谷本村・三條町村・嶋根村・在家村・宿村・五関村・塚本村・美女木村・夏濱村・早瀬村・天王村・道万村・大野村、23ヶ村1308軒	35両	組合親類惣連印	林大膳
47	天保 5.8.	売り渡し／無拠社用其外要用	武州比企郡河島領安塚村・飯島村・吉原村・柴竹村・牛ケ谷戸村・新堀村、足立郡上ミ下モ川田谷村・宿石戸村・下石戸村・桶川宿上ミ村・南村・門前村・久保村、埼玉郡廣田村・埼玉村、17ヶ村2000軒余	34両	旦那譲主 須崎大内蔵 組合証人 秋山造酒 組合証人 片柳将監	（後欠）
48	天保 5.9.	金子借用／無拠要用	武州稲毛領大丸村・長沼村・矢野口村・平尾村・片平村・栗木村・真光寺村・黒川村・五刀田村・古沢村・吉田村、11ヶ村1000軒	15両／翌年より4年間、毎年4月に年割で一割利息にて	借用主 須崎大内蔵 組代証人 秋山造酒 親類証人 山崎要人	片柳頼母
49	天保 5.9.	金子借用／無拠要用	武州多摩郡八王子八幡宿・八木宿・梅坪村・八日市村・大屋村・佐入村・宇津木村、7ヶ村400軒	6両2分／翌年より4年間、毎年4月に年割で一割利息にて	借用主 須崎大内蔵 組代証人 秋山造酒 親類証人 片柳長門	須崎左近殿跡お袋さま
50	天保 6.4.	金子借用／無拠要用	比企郡青山村・小川宿・大塚村・増尾村・飯田村、5ヶ村650軒	5両／翌4月	借主 山崎要人 組証人 岸野佐渡 新類 片柳図書	片柳織部

51	天保 6.7.	交換証文	武州新座郡大和田宿と多摩郡玉川村付110軒・橘樹郡190軒		当人 林大膳 組合 靭矢市之丞 組合 岸野佐渡 新類 片柳左京 新類 須崎蔵人 立入人 上海沢村 向雲寺 立入人 当山 正覚寺	須崎大内蔵
52	天保 9.5.	金子借用／無拠要用	相州高座郡当麻村・勝坂村・入谷村、3ヶ村300軒余	3両3分／翌5月	借主 須崎大内蔵 証人 黒田木工 証人 須崎兵部	片柳宮内
53	弘化 3.2	金子請取／旦家数不足ニ付		1両2分	請取主 高名監物 証人 須崎蔵人	須崎大内蔵
54	弘化 4.4	金子借用／無拠要用	武州橘樹郡寺尾村・太尾村・馬場村・駒園村・篠原村、5ヶ村400軒余	5両／翌3月	借主 須崎大内蔵 証人 片柳将監	馬場牧多
55	安政 5.2.	金子借用	庄間村・新田宿村・四ツ谷村・上郷村・河原口村・中□村・中野村・吉園村・用田村・宮原村・内戻村・□□村・達行村・寺見村・栗木村・大嶽村・萩園村・濱郷村・南湖村、2300軒	(前欠のため不明)／2月より翌年まで1年に5両づつ10月限	借用主 須崎大内蔵 証人 秋山造酒	片柳左源太
56	文久元.4.	金子借用／無拠要用	武州多摩郡五日市村・小倉村・山下村・宮下村・宇津木村・八日市村・佐入村・梅坪村・平尾村・黒川村、都筑郡栗木村・片平村・真光寺村、13ヶ村580軒	8両／翌4月 日待まで	借主 須崎大内蔵 証人 黒田修理	伊勢講御仲間
57	文久 2.4.	金子借用／無拠要用	武州多摩郡五日市村・小倉村・山下村・宮下村・宇津木村・八日市村・佐入村・梅坪村・片平村・真光寺村、10ヶ村500軒	5両／翌4月	借主 須崎大内蔵 証人 穐山造酒	伊勢講御仲間
58	元治 2.4.	金子借用／要用に差詰	相州高座郡磯部村・上下新戸村・座間上宿・同新田宿・今泉村、6ヶ村500軒	10両／翌4月	借主 須崎大内蔵 証人 秋山造酒	服部刑部
59	慶応 3.4.	金子借用／要用に差詰	武州新座郡大和田町・同中野、足立郡大野村・道万村・早瀬村、都筑郡茅崎村・川井村、橘樹郡久米村・太尾村・菊名村・神代寺村・片倉村・岸野根村・篠原村・東大豆戸村・西大豆戸村・大熊村・駒岡村・北寺尾村、19ヶ村1400軒	20両／翌4月	借主 須崎日向 組合証人 片柳若狭 親類証人 須崎出羽	黒田安芸

60	（江戸期）	金子借用／要用に差詰	高座郡上溝村・当摩村・磯部村・新戸村	32両2分	（後欠のため不明）	（後欠のため不明）
61	慶応 4.4.	金子借用／要用に差詰	武州新座郡大和田町・同中野、足立郡道万村・大野村・早瀬村、都筑郡茅崎村・川井村、橘樹郡久米村・太尾村・菊名村・神代寺村・片倉村・岸野根村・篠原村・西東大豆戸村・大熊村・北寺尾村・駒岡村、19ヶ村1400軒	22両／翌4月	借主 須崎日向 組合証人 片柳若狭 親類証人 須崎出羽	黒田安芸
62	明治 2.4.	金子借用／要用に差詰	武州多摩郡五日市村・檜村・小倉村・宮下村・八日市村・梅坪村・宇津木村・大谷村、都筑郡黒川村・真光寺村・栗木村・五刀田村・古沢村、750軒	13両／翌4月	借主 須崎日向 証人 橋本伊予	馬場大隅内やま
63	明治 2.4.	金子借用／御宮入用其外要用に差詰	相州高座郡上溝村・当麻村・磯部村、3ヶ村850軒	15両／翌4月	借主 須崎日向	片柳加賀
64	明治 2.4.	金子借用／要用に差詰	武州新座郡大和田町・同中野、足立郡道万村・大野新田・早瀬村、都筑郡茅ヶ崎村・川井村、橘樹郡久米村・太尾村・菊名村・神代寺村・片倉村・岸ノ根村・篠原村・東西大豆戸村・大熊村・駒岡村・北寺尾村、19ヶ村1400軒	25両／翌4月	借用主 須崎日向 組合証人 片柳若狭 親類証人 須崎出羽	黒田安芸・御仲間
65	明治 3.4.	金子借用／要用に差詰	相州大住郡田原村・羽根村・堤萱部村・戸川村・曽屋村・横野村・今泉村・名古木村、8ヶ村600軒余	20両／翌4月	借主 須崎宮治	片柳大齢
66	明治 4.4.	金子借用／要用に差詰	武州新座郡大和田町・同中野、足立郡大野村・道万村・早瀬村、都筑郡茅ケ崎村・川井村、橘樹郡久米村・太尾村・菊名村・神代寺村・片倉村・岸野根村・篠原村・東大豆戸村・西同村・大熊村・駒岡村・北寺尾村・東寺尾村・旁ノ谷戸、久良岐郡大田村・永田村・井戸ケ谷、23ヶ村1800軒	30両／翌4月	借主 須崎［　　　　］	（後欠のため不明）
67	明治 4.4.	金子借用／要用に差詰	武州新座郡大和田町・同中野、足立郡大野村・道万村・早瀬村、都筑郡茅ケ崎村・川井村、橘樹郡久米村・太尾村・菊名村・神代寺村・片倉村・岸野根村・篠原村・大豆戸村東西両所・大熊村・駒岡村上下・寺尾村南北両所、久良岐郡大田村上下・永田村南北・井戸ケ谷村、26ヶ村1800軒	30両／翌4月	借用主 須崎宮治 組合証人 片柳若穂 親類証人 須崎磐門	黒田筑紫・御仲間

68	明治10.5.	金子借用／無拠要用	多摩郡長沼村120戸		10円／翌5月	借主 須崎宮治 証人 秋山操	服部八百会

註
1）作成年代の元号表記は原文書のままとし、年月日の記載はすべて算用数字に改めた。
2）金額・返済期限は算用数字に改めた。
3）売り渡し・質入対象の村名は原文書の記載に従ったが、旦那数については算用数字に改め、合計数を記すようにし、個別の村の旦那数を省略した。
4）受取人の敬称の表記は省略した。

表2からは質入対象の特徴についてもうかがえる。№12〜14・21・27・31〜33・36・37・42・44・52・60・63は、相模国高座郡上溝村・下溝村・当麻村の例である。同様に、武蔵国都筑郡黒川村や真光寺村などもたびたび質入の対象となっている。このことから、須崎家は金子借用の際の質入の旦那場をある程度特定していたのではないかと推察される。

金銭の借入先は多様であるが、馬場采女・秋山兵衛・鈴木伊織などの名前が複数回確認できる。また、№12・17大久野村長井金兵衛や、№21下村の清右衛門のように、御師とは見られない者からも借用している。№33・42・56・57のように伊勢講仲間から借用している例もある。№22・26は文政十三年（一八三〇）とその翌年の天保二年（一八三一）に川越城下の町を質入して斎藤石見から借用している。№36・37や№40・43・45は同年月に同じ旦那場を質として異なる御師から金子を借用している。一方、金銭の借入先は、№8・9・62のように須崎家の「母」「御老母」など、家の当主以外の例も見られる。また、「権現様燈明料」（№20）や、「伊勢講金」（№33）、「御宮燈明金」（№41）、「伊勢講積金」（№42）から借用している例も見られる。

金銭の借用理由を見ると、「社役出金」（№10）、「社用出金」（№11・46）、「社用」（№47）、「御宮入用」（№63）、「無拠要用」などと具体的な用途については記されていない。一方、金子借用証文の多くが四月に借用、または四月を返済期日としている。これは、「御散物帳〆」（№20）、「帳〆勘定」（№41）、「伊勢講日待」（№33）と、御嶽権現や伊勢講の運営にとって四月が節目の月となっていたからだろう。

また、№28・29を見ると、須崎大内蔵は小高対馬から金二両を借用している一方、同年月に山崎要人に金五両を貸与している。実際、旦那を買い受けたものの、買い付け資金が調達できず、ただちに別の御師に売り渡している次の史料も見られる。

〔史料9〕(15)

添書一札之事

一配札牛王檀家、武州多摩郡廻り田村ニ而家数七拾軒、同郡大岱村ニ而八拾軒、両村合而家数百五拾軒之場所、代金六両ニ相定、片柳将監方より永代ニ買請候得共、金子出来兼候ニ付、以添書貴殿方江永代譲り渡し候間、永々御所持可被成候、若シ又右檀家ニ付、何様之相滞り出来候共、私方ニ而引請、何方迄も罷出、急度埒明ケ、貴殿江少も御苦労相掛ケ申間敷候、為後日添書一札仍而如件

天保十年

亥十一月日　　　売主　馬場　采女㊞

片柳勘ケ由殿

参

右の史料は、史料1として掲げた旦那売渡証文の添書である。史料1で見たように、片柳将監は馬場采女に廻り田村・大岱村合わせて一五〇軒の旦那を六両で売り渡したが、結局、馬場采女は金子を調達できなかったらしい。馬場

采女はさらに片柳勘ケ由に売り渡している証文である。

以上のように、御師はさまざまなネットワークを用いながら、旦那の売買・質入を柔軟に活用して金銭の融通を図っていたといえよう。

では、永代売り渡し、年季売り渡し、金銭借用はどのように使い分けられていたのであろうか。

天保十年(一八三九)十一月、片柳将監は入間郡三ヶ嶋村一七〇軒を質として馬場采女の内室から金二両一分二朱の借金をしている。[16] 史料1で見たように、同年月に片柳将監は馬場采女に多摩郡廻り田村などの旦那一五〇軒を六両で売り渡している。片柳将監は永代売り渡しと金子借用を使い分けていたことがうかがわれる。

また、時代は遡るが、前に掲げた史料6の関連史料からは、永代売りに至るまでの経緯をうかがうことができる。

〔史料10[17]〕

旦檀(ママ)永代ニ仕候手形之事

一大やな村、長ぶち村両村ニ而毎度売置申候旦檀(ママ)之儀、今度以来之祝ニ而永代ニ売渡申候、此旦檀(ママ)ニ付而子々孫々迄構無御座候、万一構申者御座候ハヽ、我等何方迄も罷出、急度埒明可申候、為後日証文仕、進上申候、仍如件

手形主　御嶽御師

元禄十六年未ノ　市太夫㊞

三月廿四日

同所御師

兵左衛門殿

「大やな村、長ぶち村」の旦那を「毎度売置」していたため、今後永代に売り渡すという元禄十六年(一七〇三)三

月二十四日の証文である。今回の永代の売り渡しの前に、年季売りあるいは永代売り渡しと買い戻しを何度か行ったことがうかがえる。つまり、永代売り渡しは、旦那を質とする金銭借用の最終的な形だったのではなかろうか。

二　旦那証文と旦那の「引付」

先に見たように、旦那証文の中には、旦那の永代売り渡しに際して旦那の「引付」について記されていたものもあった。この「引付」については、旦那証文の中に記されるのみならず、旦那証文の添書として取り交わされることもあった。

〔史料11〕[18]

添証文之事

一拝嶋村旦那、此度貴殿方江売渡申候所、一旦右村引付不申候ハヽ、府中ニ而屋敷分村六拾軒之所永代壱両弐分ニ相定、旦那売り渡証文相認、拝嶋村証文与引替、屋鋪分村引渡シ可申候、□ハ証文相添申所、仍如件

明和七寅年極月日

旦那主　黒田　内膳㊞
証人　片柳　織部㊞
同断　片柳　図書㊞

黒田木工殿
参

一拝嶋村無相違引渡り候ハヽ、此証文御返シ可被下候、已上

右の史料は、明和七年（一七七〇）十二月、黒田内膳が黒田木工に拝島村の旦那五〇軒を永代に売り渡した証文の添証文である。拝島村旦那の「引付」がなかった場合、府中屋敷分村六〇軒の旦那と引き換えることを約している。奥書には、拝島村の旦那の引き渡しが滞りなく行われた場合、本書を返還することが記されている。

また、「万一引付不申候ハヽ、何ケ度茂我等方ニ而引付候様可仕候、実々引付不申候ハヽ、我等所持之内ニ而引替候儀定奥書致置候」と記されている証文もある。[19] 売り主や譲り主、証人などが滞りない旦那の移譲に努めていたことがうかがえる。

「引付」が行われなかった場合を見てみよう。

〔史料12〕[20]

取引証文之事

一去ル天保五午年中譲請候旦家之内、武州新座郡大和田宿引付不申候ニ付、此度立入人幷加判一同熟段（ママ）之上為引替、多摩郡玉川附ニ而百拾軒、橘樹郡ニ而百九拾軒被相渡、慥ニ家別帳面とも受取申候、然上者大和田宿之儀者貴殿方ニ而配札可被致候、為後日為取替証文依而如件

天保六年

閏七月日

当人　林　大膳㊞

組合　靭矢市之丞㊞

同　岸野　佐渡㊞

親類　片柳　左京㊞

同　須崎　蔵人㊞

立入人　上海沢村　向雲寺㊞
当山　正覚寺㊞
須崎　大内蔵殿

右の天保六年（一八三五）七月の史料は、林大膳が須崎大内蔵から譲り請けた旦那のうち、新座郡大和田宿の旦那が「引付」をしなかった。そこで、立入人などにより、多摩郡多摩川沿いと橘樹郡の村々の旦那と引き換え、大和田宿については元の須崎大内蔵で配札するという証文である。旦那証文で取り交わした村とは異なる村の旦那が買主のもとに移譲されている。

ところで、この「引付」文言は、史料6に掲げたように、近世前期から見ることができる。一方、馬場家の旦那証文を見ると、元文五年（一七四〇）九月、明和九年（一七七二）三月、天明六年（一七八六）九月、文化五年（一八〇八）四月、文政四年（一八二一）五月の証文に記されており、近世中期以降に多く見られる。御師と村々の旦那との間に金銭の貸借関係が生じ、それが御師と旦那の関係に影響を及ぼす場合もあった。

〔史料13[21]〕

請取状之事

一我等御師者庄大夫ニ御座候、其時分庄大夫方へ金子弐分借用仕候らへハ、其金子も不済及三拾年ニ、一切出入不被仕候、牛王旦那うちすて申候、依之貴殿当村被参候、右庄大夫借用いたし候金子弐分、貴殿方より請取、家数九軒貴殿牛王旦那罷成上ハ、何方よりもかまい無御座候、請取事

正徳五年未ノ五月日
日向和田村
清左衛門㊞

馬場求女殿

次左衛門㊞

右の史料は、正徳五年(一七一五)五月、日向和田村の清左衛門・次左衛門が馬場求女に宛てた金銭受取証である。日向和田村では御師庄大夫の旦那場だったが、庄大夫へ金子を貸したところ、三十年間も返済されることもなく、御嶽権現の旦那としての立場も「うちすて」られた。今回、庄大夫に貸した金子を馬場求女から受け取り、馬場求女の旦那になったとする証文である。

さらに「貰返」といい、御師の借用した金銭を旦那が拠出して、引き続き元の御師による配札を受けるという例も見られる。

〔史料14〕(22)

預り申一札之事

一私共村方貴殿御配札ニ御座候処、去ル申年中、岸野大炊殿江金四両ニ而御譲り被成候処、此度私共右出金いたし、御貰返シ候ニ付、其節御入置被成候証文之儀者、村方夫々江為致披見候而、夏作御配札之節無相違御返シ可申候、為念預り一札仍而如件

天保十年

四月九日

高萩村

弥五郎㊞

権　七㊞

山崎要人殿

右の史料は、天保十年四月九日、高萩村弥五郎・権七が山崎要人に宛てた証文である。そこには次のように記されている。すなわち、高萩村では山崎要人が御嶽権現の配札を行っていた。ところが、山崎要人は岸野大炊へ旦那を金四両で譲り渡してしまった。そこで、高萩村の旦那が出金して、「貰返」をした。その際の証文を村内に披見するために、預かっている、というものである。

永代売り渡しや年季売り渡しなど、旦那の売買にあたり、旦那の意向に関係なく、御師の一方的な都合により契約を結んでいたという指摘があるが[23]、村々の旦那は御師の旦那売買にけっして関与しないわけではなかったことがわかる。御師と旦那とは、配札とそれに伴う初穂の提供など御嶽権現信仰を通じた互酬的関係にあったが、どの御師がどの地域を旦那場とするかは、御師と旦那双方の合意に基づいていたと見ることができる。

おわりに

御嶽権現の御師たちにとって、旦那を売買・質入れすることが金銭調達の有効な手段であり、近世後期には日常化していた。それらは近世前期から行われており、特に近世前期には神主が旦那の売買に関与していた。

近世中期以降、売買や質入の旦那場や金銭の借用先はある程度特定されており、貸出主が金銭を工面できず、ただちに他の御師に旦那を移譲する例もあった。また、永代売りであっても元の御師は返金すれば旦那を返還することが可能で、御師は、永代売り、年季売り、短期の金銭借用と用途を使い分けて、柔軟な金銭調達秩序ともいうべきものを持っていたのではないかと見られる。

一方、旦那の売買にあたり、御師は旦那の意向を無視することはなかった。売買や質物の対象となった旦那自らが金銭を調達し、御師の変更を阻止する動きも見られた。
金融調達秩序をめぐる御師どうしの関係や御師と旦那の関係など多くの課題は残されている。今後の課題としたい。

註

（1）齋藤典男『増補武州御嶽山史の研究』（文献出版、平成五年）。
（2）片柳三郎文書8－(1)－8
（3）須崎裕家文書5－(1)－1
（4）馬場満家文書8－29
（5）片柳光雄家文書8－52
（6）黒田忠雄家文書6－(1)－26
（7）須崎裕家文書5－(1)－10
（8）片柳三郎家文書8－(1)－1
（9）服部喜助家文書6－(1)－1
（10）馬場満家文書8－2－(2)
（11）馬場満家文書8－2－(1)
（12）『武蔵御嶽神社及び御師家古文書学術調査報告書(XIII)』（法政大学・青梅市教育委員会、平成二七年）
（13）註(12)と同じ。
（14）『武蔵御嶽神社及び御師家古文書学術調査報告書(XII)』（法政大学・青梅市教育委員会、平成二三年）

(15) 片柳三郎家文書8－(1)－9
(16) 片柳光雄家文書8－51
(17) 服部喜助家文書6－(1)－2
(18) 黒田忠雄家文書6－(1)－14
(19) 馬場満家文書8－34
(20) 須崎裕家文書5－(1)－52
(21) 馬場満家文書8－8
(22) 須崎裕家文書5－(1)－63
(23) 齋藤前掲註（1）書。

明治期における御嶽講社
―豊穂講社（教会）を事例として―

乾　賢太郎

はじめに

武州御嶽山には、関東地域のほぼ全域と東海・甲信越の一部にわたって広がりをみせた御嶽講が存在し、これらは山内の神主や御師の布教によって各地に展開した。特に御師による檀那廻りや御嶽講の参詣などによって、御嶽山と各地域は信仰的かつ経済的な結び付きを強固なものにしたと言える。近世に発展し、地域によっては現在に至るまで関係を保持し続けている御嶽講だが、後述するように近世から現代への中間地点である近代を対象とした分析は多く見られるとは言い難い。近世と現在の御嶽講において超時間的に共通する部分はあるものの、歴史は連続性の上において把握する必要があろう。

本稿では、近代の中でも特に講組織の制度が築かれた明治期に焦点を当て、御嶽山における近代講社の成立と展開について考察したい。なお、史料上の表記から、近代の講組織は「講社」と記すことにする。

一　近代の神社崇敬講社と武州御嶽山に関する研究史

宗教制度史を研究した豊田武は、教部省が明治五年（一八七二）以降に認可した講社を、①神社崇敬講社、②山岳信仰、③教祖信仰、④其他の四種に分類している。(1) 本稿で扱う武州御嶽山の講社は、神社に附属する組織であることから、この分類においては神社崇敬講社に相当する。よって、ここでは神社崇敬講社に関する先行研究を概観したい。

内務省神社局事務官を務めた足立収は、阿波国一之宮である国幣中社の大麻比古神社（徳島県鳴門市）の初穂講の講則から、講社のあり方について論じている。(2) 西川順土は明治初年に神社を中心として結集された講社や教会について教部省の統制を中心に考察した。(3) 安丸良夫は王政復古から帝国憲法が制定される明治二十年代初頭までを変革期の過程と考え、国家と宗教との関わりの諸相を分析している。その中で、神社崇敬講社については「活力ある講を手中にすることが、神道勢力拡大の重要な手段となった」と評している。(4)

また、近年では森悟朗が、明治初期に伊勢の神宮教院が各地の伊勢講を再編し、神風講社を組織した過程を考察している。これと併せて、神宮教院・教会の規則に基づいた定宿システムについて言及する。(5) 一方、武田幸也は明治初年における新宮教院・神宮教会の制度史を紐解きながら、教化活動の一環として組織された神風講社の位置と役割について再検討を行っている。(6) 市田雅崇は近代に国幣大社であった気多神社（石川県羽咋市）を事例に、神社が崇敬者の獲得から信仰的・経済的基盤を構築していく過程を考察している。(7) 藤本頼生は近代の稲荷講社に着目し、講社制度の中での神社附属講社を検討し、明治期から大正期までの内務省による講社の調査や講社に関する法令（案も含む）などを取り上げて、近代の神社と講社の関係を論及している。(8)

以上、神社崇敬講社を考察した研究を列挙したが、主に西川・安丸・武田が宗教制度史から講社を分析していることに対し、足立・森・市田は神社との関係から、講社やそれに類する組織の具体的な様相を検討しているという傾向が導き出せるだろう。藤本の研究は前者と後者の両側面からアプローチをかけたものであり、このような複合的な視点は今後注目すべきである。

次に、明治期の武州御嶽山信仰の研究史についても簡略的ではあるがまとめたい。加藤章一は武州御嶽山の信仰史を概観した上で、明治期の神仏分離を中心に検討している[9]。齋藤典男は神仏分離後の武州御嶽山は江戸時代末期からの財政的破綻が大きく影響し、神主や御師は経済的に困窮したことを言及している。この混乱期を再建したのが、①近代的師檀関係を再編成した講社組織の形成、②山内の神主・御師（山上・山下）の同格化であったことを指摘する[10]。西海賢二は武州御嶽山の神仏分離やその後の山内の状況、例えば、社号の改称、公認講社の設立、緊縮財政の様子などについて考究している[11]。

このように、明治期の武州御嶽山については、神仏分離以降の動向を中心に分析しているのが従来の傾向と言えよう。そして、齋藤と西海は、当時の武州御嶽山は経済的に窮乏しており、その打開策として旧来の檀那を再編成し、公認講社を結成したという点で見解が一致している。だが一方で、公認講社の具体的な成立や展開については検討され尽くされていない感が残ることは否めない。

ここまで、近代の神社崇敬講社と武州御嶽山の研究史について振り返ってみたが、これらの先行研究を踏まえると、次のことが課題として導き出せる。一つ目は、神社崇敬講社を考察する場合、当時の宗教制度と各神社が抱える講社の具体例を併せて考える必要があることである。二つ目は、武州御嶽山の研究において、神社に附属する講社の成立・展開については未だに不明瞭な点が多いということである。本稿では、これらの問題を検討するために、明治期の武州御嶽山に設立した講社について、宗教制度との関わりを視野に入れながら、神社との対応を軸に講社などの組織の成立について考えたい。

二　明治期の武州御嶽山の概要

武州御嶽山では、社僧として山内の運営に関わってきた世尊寺が天明八年(一七八八)に廃寺となり、安永〜天明期頃からは神主・御師による山内の運営が実質的に行われた。これ以降、山内では神道的色彩が色濃くなり、王政復古以後の神仏分離政策については受容できる素地があったと言える。神仏分離の影響としては、明治元年(一八六八)十二月に神社社号の改めを願い出て、その結果「御嶽権現」から「式内社大麻止及豆及天神」と改められたことが挙げられよう(明治七年には「御嶽神社」と改称され、神奈川県社に列せられた)。[12]この他、神社の祭神名も神道化を徹底されたこと、仁王門から随身門へと改称したこと、仏像・仏具の整理が行われたことなどの影響があった。[13]さらに、江戸中期以降、山上御師の菩提寺として慶応年間まで山内に正覚寺(曹洞宗海禅寺末)が存在していたが、堂舎の荒廃が激しかったことに加え、明治元年八月には山内の葬儀が神葬祭で行われることから存在意義を失い、明治二年に住職が退山したことで寺院を廃することになった。[14]

次に当時の武州御嶽山の状況で見逃せないことは、幕末から続く財政難である。[15]例えば、明治元年十月には、信徒からの散物が少ないので御坂並木の中の小木を伐り、社用に充当した。従来、社木の伐採は社殿修復のためだけに使用されるべきものであったが、山内の財政事情により、社木の伐採に至ったのであり、同様の行動は同年十二月・翌年一月にも窺うことができる。さらに、明治二年正月には、神号改めなどの入費のために杉や檜八二五本が売却された。(16)明治四年二月には、山内の朱印地に対して明治政府から上知令が出され、朱印地の没収が実施されたことも神社の経済的基盤が奪われたこととして注目されるだろう。(17)

また、山内の動向においては、武州御嶽山信仰の維持・布教に努めてきた御師職の扱いも見逃せない点として挙げられる。明治元年十二月、「御師」の名は暫定的に「禰宜」と改められたが、明治六年になると神主だけを神官とし、御師は仮神官の職に置かれた。そして、身分は神主が士族、御師が平民として戸籍に編入された。明治七年三月には旧神主が祠官、旧御師のうち二名が祠掌とされたが、祠掌以外の御師たちは御嶽神社を産土神とする氏子となり、神社運営には関われなくなったのである。(18)多くの御師たちは宗教者としての身分が奪われてしまい、これによって生活の手段が失われてしまったと言えるだろう。このように、明治時代初期の武州御嶽山は財政難と御師の失職という問題を抱えていたのである。

三　豊穂講社の成立

武州御嶽山における近代講社の成立を考える前に、明治時代初期の講社に関する宗教制度を振り返りたい。明治五年（一八七二）三月に教部省が設けられた。同省は明治初年の祭祀・宣教機関であった神祇省に代わって置かれた宗教関係を所管する官庁で、社寺の廃立、神官・僧侶の任命などを扱った（同省は明治十年一月に廃止）。同省の事務章程には、「教会ヲ集会シ、教義ヲ講究シ及講社ヲ結ブ者ニ免許ノ事」とあり、これによって講社の設置は教部省の取扱事項となった。明治六年五月には、講社設立の根本原則となる教会大意十カ条が定められた。前掲の豊田武は教会大意の意義について、以下の通り述べている。(19)

この教会大意こそ、諸講社をして大教宣布運動の一翼たらしめんがために出来た規準であり、政府としては、これら講社の抱く特異なる信条をそのままに認めたのではなく、大教宣布の手段として、この勢力とその教導技術を利用したに過ぎなかった。

講社は教会大意に準じて結集されることが明示され、神道教化の一翼を担う存在として再組織されたのである。明治八年三月になると、神道関係者を中心に神道事務局が設置され、神道を中心とした独自の方針が確立されたが、講社に関しては、在来の講社を統一し、神道中心の活動を一段と強化することが試みられたのであった。当時の宗教制度を顧みると、明治政府や神道界が人々を教導・教化する手段として講社の結集を推進していたことがわかるだろう。

さて、武州御嶽山の近代講社の嚆矢については、明治八年四月に書かれた「結社願御伺」をまずは確認したい。

〔史料1〕[20]

結社願御伺

御当県管下第十三大区六小区武蔵国多摩郡御嶽山県社御嶽神社ハ、往古ヨリ人民崇敬ノ社ニテ従来講中有之、年々月々参詣神楽奉納等致来候処、今般更ニ講名之義、豊穂講社ト相唱、別冊之通規約相定、諸事不都合無之様取締仕候間、右結社之義御聞届被成下置度、此段奉伺候也

右社

祠掌　片柳正雄

祠掌　片柳賀祥

祠官　金井郡籌

明治八年第四月

神奈川県令　中島信行殿

（以下、省略）

これは「明治九子年六月　豊穂講社願入費取調簿　祠官掌合簿」と書かれた簿冊に綴られた伺書の写しだが、「県社御嶽神社ハ、往古ヨリ人民崇敬ノ社ニテ従来講中有之、年々月々参詣神楽奉納等致来候処、今般更ニ講名之義、豊穂講社ト相唱」とあることから、参詣や神楽奉納していた講中を豊穂講社と改称しようとする旨を神奈川県に申し入れていたことがわかる。先に記した通り、当時の宗教政策によって神道中心の活動をより強固なものにするため、近世以来続く講中を近代講社に再編成する意図も考えられるが、山内の事情も影響していたと想定される。これについては、明治十年三月の史料を参照する。(21)

〔史料2〕

為取替証

当社之義ハ往古ヨリ御造営之御宮所之処、当今国幣以下之社ハ官費御造営無之候ニ、追々大破仕候得共、配札ハ御廃止ニ相成、営繕之方法更ニ無之、自然朽腐ニ至、神慮へ対シ恐入候ニ付、今般豊穂講社之義　本県へ御伺申上御聞届之上ハ、入費是ハ他借致候テ成共、早々教部省へ相願御許可ヲ受、講社結集追々盛大ニ相成候ハヽ、右資本金ニテ諸入費計等致、渉金之内五分ハ御宮営繕之□ニ、積金五分ハ三名配分活計之凌方ニ可致筈取極メ申処、確実ニ御座候、為後日証書如件

明治十年三月　祠官　金井郡籌

祠掌　片柳正雄㊞

同　片柳賀祥㊞

この史料は豊穂講社の設立証書に相当するものだが、「当今国幣以下之社ハ官費御造営無之候ニ、追々大破仕候得共、配札ハ御廃止ニ相成、営繕之方法更ニ無之、自然朽腐ニ至、神慮へ対シ恐入候ニ付」とあるように、県社であった御嶽神社は官費が使用できず、かつ神社や御師の収入源である配札活動が禁止されたため、神社内の建物を営造・修繕できないという内容が綴られている。このことから、豊穂講社を結成し、講社からの資本金をもとにして、山内の営繕費と生活費に充当しようとしたことがわかる。

ちなみに、明治九年一月の「以書付奉願上候」は、御嶽神社本殿の新規建替の営繕に関する伐木許可願書だが、社殿の様子については、「元禄度ヨリ百七十有除年経、年暦殊ニ高山絶頂之社頭、平日雨霧強ク、表見付ヨリハ悉朽腐仕、此度葺替致候」としており、山頂の社殿は平日でも雨や霧が強いため、建物は朽ち腐りやすいことが記されている。(22) つまり、ただでさえ老朽化の進みが早い武州御嶽山の社殿であったが、同社は神奈川県社であったため、官費による神社の修繕はできなかったのである。加えて、神社では配札という布教行為が禁止され、これから得られる奉納金を神社の営繕費に充てることができなかった。よって、御嶽神社は教化を担う豊穂講社を発足させることで、神社の営繕費と旧神主・旧御師の生活費に充てようとしたのである。こうして、組織化に至った豊穂講社だが、講社の具体的な事項については明治八年五月刊行の「御嶽神社　豊穂講社規約」にまとめられている二十一条の内、注目すべき条文をいくつか取り上げて検討する。(23)

前文には、「政教一致ノ機此ニ於テ、見ルヘシ其教ヲ施ス旨趣百般ナリト雖モ、其要ハ三章教憲ニ帰ス」とあり、国民教化のための教義である三章教憲(三条教則)を徹底することが明記されている。第一条は「御獄神社社頭ヲ以講社本集会所トシ(後略)」とあり、御嶽神社は講社の集会所となった。第三条には「講長ハ大講長、中講長、小講長ヲ置キ(後略)」とあり、第五条には「入社ノ者五十名ニ小講長一人ヲ置キ、百名ニ中講長一人ヲ置キ、以テ小轄セシムへキ事」とある。これは元御師が大講長を担うことで、講社の運営に関わることを示し、中講長・小講長は旧武州御嶽講の代表者が就くことが記された。なお、明治十一年の「豊穂講社規約」には、「大講長ノ上モ総長一員ヲ置キ、総講社ヲ管理総括スル事」が追記され、総長は祠官であった金井氏が兼務することになった。

第六条には「入社ノ者ハ敬神ヲ旨トシ、毎朝造化三神、天照大御神、御嶽大神産土神ヲシ」とある。これは神道事務局の神殿に造化三神・天照大御神を祀ったことが影響しており、第八条には「皇大神宮ノ神璽」を毎年受ける必要があることが明記されている。

第十四条には「積金ノ高ニ応シ、一年分清算ノ上、十分一ヲ神道事務局ト当県下事務局トヘ献納スヘキ事」とあり、講社の積立金は神道事務局と神奈川県の神道事務分局に献納することが記される。第十九条には「講長ニテ毎月説経日ヲ定メ、社中稼業ノ余暇説経ヲ聴聞シ（後略）」とあり、第二十一条には「社中者、当神社前ニ神楽奉納ノ節ハ、必ス説経ヲ拝聴スヘキ事」とある。このことから、日常や神社での神楽奉納において神道の教義に関する説教の実施が促されたことがわかる。なお第二十条は「年中休暇」の項であり、明治六年十月の「年中祭日祝日ノ休暇日ヲ定ム」による祝祭日（休日）が記載されている。

ここまで、「御嶽神社　豊穂講社規約」の条文を部分的に見てきたが、豊穂講社は神道の政策の影響を受け、神道を教化するための末端機関として組織したことがわかるだろう。そして、講社設立の背景には前述の通り、神社の維持と宗教者の生活基盤を築くという目的があったのである。

豊穂講社の結成後、明治九年一月に神奈川県の神道事務分局に出された届書の控えによると、豊穂講社は「入社人員　結社創業之際　凡二万人」となり、収入は「御嶽神社八年歳入　金六拾円」となった。(24)

四　豊穂教会への変更

明治十五年(一八八二)十一月二十七日付で内務省から「府県社以下、神社附属ノ講社ニシテ教法部類ニ非ルモノ、今後新ニ結集スル者ハ、地方庁ニ於テ調査認可シ、当省へ可届出、此旨相達候事」という達が公布された。[25]これ以降、府県社以下の神社附属講社は地方庁が調査認可し、内務省へその結果を報告することになった。これは、明治十五年一月に内務省が神官と教導職を分離し、神官が葬儀に関与することを禁止、いわゆる「祭教分離」が影響したものと言えるが、神社附属講社の内、教法部類ではないものは許可され、それ以外は神社から別立して独立の組織とする必要があった。つまり、武州御嶽山においては御嶽神社が祭祀、豊穂講社が教化を担うことになったのである。

さて、武州御嶽山では豊穂講社を教会化する動きが見られるようになる。明治二十一年七月二日付で神道管長の稲葉正邦に提出された「直轄教会願」の控えには、教会の設立趣旨が述べられている。なお、神道管長とは神道本局の管長のことであり、神道本局(教派名は「神道」)は神道事務局が改組した組織で、一派独立するほどの力がない教会を傘下に収めて体裁を維持していた。

〔史料3〕[26]

直轄教会願

当豊穂教会之儀ハ、去ル明治八年教部省御許可ヲ以テ豊穂教会ト相唱へ、信徒結集候以来自今ニ至リ、信徒凡七萬、神式ニ改ムル者凡七百戸ニ至リ候ニ付、教会結集ノ差出願仕リ、去ル六月廿三日附ヲ以テ御許可相成候、付テハ充分永続之目途相立候間、更ニ御局直轄ニ被成下、教義ニ関スル事件ハ勿論、教師進退等一切各地分局ヲ経

由セス、直ニ御本局へ上申仕度候間、特別之御詮議ヲ以テ右直轄之儀御認可被成降度、此段奉願候也

神奈川県武蔵国西多摩郡御嶽山

明治廿一年七月二日　連名前同断連印

神道管長正四位子爵　稲葉正邦殿

前記の通り、明治九年一月時点では、豊穂講社に入社した人員は「凡二万人」であったが、「自今ニ至リ、信徒凡七萬、神式ニ改ムル者凡七百戸ニ至リ候ニ付、教会結集ノ差出願仕リ」とあり、十二年間で信徒数が三・五倍に増加したことから、教会を結集した旨が窺える。また、「御局直轄ニ被成下、教義ニ関スル事件ハ勿論、教師進退等一切各地分局ヲ経由セス、直ニ御本局へ上申仕度候」とあることから、御嶽神社は神道本局直轄の教会とした上で、神社に教会本部を設置したものと言える。なお、明治二十一年七月付で神奈川県知事に差し出した「豊穂教会御届書」の写しには、「自今神道豊穂教会ト引直シ候」と見え、「引直シ」という言葉を用いている。(27) 引き直すとは、改める・作り変えるの意であり、後述する豊穂教会から豊穂講社への引き直しも同様の意味で使用している。

次に、豊穂教会の具体的な事項については、明治二十一年八月に作成された「豊穂教会内規」の二十八の条文の中から、いくつかの条文に着目したい。(28) 第一条は「豊穂教会本部ハ御嶽神社々内ニ設置ス」とあり、教会の本部は御嶽神社内に設けられていた。第弐条には「本教会ニ左ノ職員ヲ置ク」とあり、教会会長・副会長・主幹・幹事という役職が設置され、教会の運営に関しては旧神主・旧御師によって担われ、第三条から第九条まではそれぞれの役割が記されている。

第十六条の「総テ守札ハ教会本部ノ外製造ヲ許サズ（後略）」、第十七条の「守札表面及製作ハ、本部ニ於テ定ムルノ外、或ハ信徒ノ習慣ト唱へ一己ノ意見ニテ製作スルヲ免サズ」は守札の製作に関することである。守札は信仰の布

教の際に必須のもので、守札の製造は教会本部がすべて管理することになった。なお、この条文は内務省が明治十五年十月に「神社寺院ノ守札ト可認モノ、及神仏号ヲ記載セル図像ハ、其神社寺院ノ外出板不相成候儀ト可相心得、此旨相達候事」と府県社に達したように、神社・寺院の守札は、それら以外において守札の製造を禁止したことが影響している。

第十九条は「分支教会所ノ設置出願スル者ハ、（中略）本人及信徒惣代ノ連署ヲ以テ認可ヲ受可事」とあり、教会所やその支部の設置について示す。布教のための拠点を各地に作り、「教資金」を教会本部に献納することが義務付けられた。第二十条には「旧時ノ配札場ニシテ、未ダ入社入会ニ至ザル信徒有之郷村へ、甲乙主幹入込ミ、結社ノ際、各自従前ノ授札人々限リ入会ヲ請ハバ、之ヲ謝辞ス可シ（後略）」とあることから、旧御師を務めた主幹が守札の旧配札地に赴き、教会への勧誘を行うことが定められた。第二十二条では「各主幹及ヒ手代ト称スル者、濫リニ他号主幹ノ入会信徒へ神符ヲ配付シ、其他金額物品ノ寄附ヲ勧説ス可カラズ」と謳い、主幹は御師の頃から抱えてきた旧講社の縄張りを侵し合わないことが確認された。

以上、いくつかの条文を示したが、豊穂教会は豊穂講社とは異なり、御嶽神社内に本部を置き、守札の管理を統括していたことからもわかるように、教化を担う新たな組織として編成されたのである。また、教会所やその支部を設置することで、教会本部への献納金が定期的に送られるシステムを構築した。豊穂教会の布教については、旧配札地を中心に勧誘を進めていたようだが、近世から続く御師の縄張りは当時においても根強く残り、互いの領分を侵さないことが促されていたのである。

ところで、明治八年に豊穂講社が成立した際においても、当時の山内では山上御師と山下御師の間で区別が残っている状況だった。山上御師は、江戸初期には山上に移住し、山上の権現（神社）の周辺にある神主屋敷を中心に集落を形成して、専業の御師となった人々である。山下御師は、百姓御師・坂本御師とも呼ばれ、山麓の権現領滝本村と天領中野村に居住し、山麓に残って社領で農業を行った人々が元となっている。彼らは参詣者が増えるに従って宿坊を営み、享保年間頃から御師職も兼務するようになった。このように出自が異なる二つの御師だが、次の史料にある通り、明治八年十月に、山下御師は神奈川県の神道事務分局に山上御師のことを訴え出ているのである。

〔史料4〕(29)

願旨

神奈川県下云々坂本住居教導職試補小高雄治外拾壱名之者上申候、先般御嶽神社豊穂講社設立之義ニ付、山中坂本住居之者一同、中講長之名義被仰渡御請仕候、然ル処、今般各事件ニ付、坂本中講長拾弐名之者出願之儀、左ニ

一、豊穂講社中講長改任之名義、又ハ御宮神務筋名称及更定事務之方法、都テ山中之者同等取扱之事

一、各自講長之進退ニテ、入社為致候郷村之社中ニテ、御宮へ神楽奉納之節ヲ、山中之者同様之処御差支無之上ハ、前事取扱候当人ハ勿論、外ニ弐三名宛同日御宮へ出勤、同席神拝之事

一、御宮祭典之節ハ御差支之簾無之、山中之者一同祭日神勤ニ候得ハ、是又坂本之者一同、同日神勤同断之事

前書願之件々御許容被成下度奉願候、且方今山中坂本共一同平民籍ニテ、教導職試補ニ候ヘハ、則同職同権ニ付、向来山中之者坂本之者ト等差支之名義ニ不相成様、公平之名称其余同議ニ被仰付度出願仕候間、諸事一視同仕出御沙汰伏テ奉懇願候也

右坂本住居

明治八年第十月　　小高雄治

斎藤栄若
北島美知衛
北島　央
青木福保
天野幸年
北島仙太夫
下田宇太郎
山下正臣
北島健治
岡部守衛
斎藤間喜太

神道教導取締
大講義鳥居亮信殿

この史料にあるように、山下御師は豊穂講社・神楽奉納・神社祭典について山上御師と公平に扱ってほしい旨を願い出ている。よって、当時の山下御師は、講社の運営においても山上御師と同等に関与できなかったことがわかるだろう。この判決の結果は、明治十七年二月付の「大審院上告書写」に記されている。(30) 内容を要約すると、「山上御師と山下御師とは住地が異なっていて、江戸時代の行政上の取扱いも異なり、職掌も異なっていた。しかし、何れも同じ神に仕えている。この社に対する実質は同じであることから、山下御師も御嶽神社の氏子であることを認める」ということである。

これをきっかけに、明治十九年には、祠官の金井郡治、山上御師で祠掌の林正樹、山下御師の北島仙太夫の三名が神職に推挙されたことで、山上・山下御師の区別なく山内の運営に携わることができるようになった。つまり、御師間の区別の解消は、御師全員が平等となって、神社と講社・教会の維持に取り組むことを実現させた画期であったと言えるだろう。

五　豊穂講社への引き直し

明治三十二年（一八九九）九月、御嶽神社から東京府へ「講社引直シ御聞済願」が提出された。これは、神道本局直轄から解離し、御嶽神社附属の講社へ戻ることを願い出たものである。(31)だが、明治二十九年十二月一日付の「教会ヲ講社ニ引直シ被成下度願」の下書きが残っていることから、遅くても明治二十九年十二月には、豊穂教会から豊穂講社への引き直しを山内で検討していたようである。

〔史料5〕(32)

教会ヲ講社ニ引直シ被成下度願

東京府下西多摩郡三田村御嶽山

神道直轄豊穂講社

右教会義ハ、従来府下西多摩郡三田村御嶽山御鎮座府社御嶽神社附属講社トシテ、旧教部省ヨリ明治七年中御認可ヲ以テ信徒結成被為共、去ル明治廿一年中、御局御認可ヲ以テ神道直轄豊穂教会ト引直し、爾来茲ニ拾年間教義拡張罷有候へ共、現今ニ至リ神社教会ノ間ニ情弊ヲ生シ、百般ノ事件名実矛盾致シ候事多端ニ候へ共、第一御嶽神社タル講社ノ収益ヲ以テ、社殿ノ修善(繕)等受以事相弁シ来リ候モ、現状ニ於テ自然神社教会ト各立ノ姿勢ニ立戻リ、今後改良被成下□過候ハ、、実ニ神社ノ維持上ニモ関係ヲ来タシ可申候ト、日夜痛歎仕処、今回神職教会員一同役儀仕リ、再ヒ豊穂講社引直シ致度、然引直シノ後、教会内教師一般ハ将来御局ニ期シ、管内離ルヘカラザル義務ト奉存、分局ヲモ設立仕リ、終身御本局ノ部属タルハ勿論之御座候間、何卒願意御採用相成候様致度、為御参考講社現物及指令写格別、此趣連署相願候也

神道直轄豊穂教会副長
権少教正　金井　郡治

明治二十九年十二月一日

神道豊穂教会主幹物代
馬場　太居
片柳　太齡
黒田　筑紫
靱矢　穂並
橋本　茂登

この下書きの冒頭には、明治七年に旧教部省から認可をもって豊穂講社を設立したことや、明治二十一年に神道本局の認可によって豊穂教会に変更したことなどの経緯が書かれている。しかし、「現今ニ至リ神社教会ノ間ニ情弊ヲ生シ、百般ノ事件名実矛盾致シ候」とあるように、当時においては御嶽神社と豊穂教会の間で弊害が出て、あらゆる

事柄に矛盾を来し始めていたようである。要するに、神社は祭祀、教会は教化という政府の政策と、山内の現状が乖離したことを表しているのだろう。この現状を克服するため、御嶽神社は別立ての教会から神社附属の講社へと引き直すことを試みたと考えられる。その証左として、「第一御嶽神社タル講社ノ収益ヲ以テ、社殿ノ修善（繕）等受以事」とあるように、御嶽神社附属の講社の収益を社殿の修繕などのために充当したい旨が示されている。さらに、神社と教会を続ける場合おいても、その関係に改良を加えなければ、神社の維持の上でも支障を来すことを予想しているのである。

神社と教会の関係を指摘し、神社附属講社に引き直すことを模索していた山内の宗教者たちだが、下書きを作成した当時の思惑としては、「引直シノ後、教会内教師一般ハ将来御局ニ期シ、管内離ルヘカラザル義務ト奉存、分局ヲモ設立仕リ、終身御本局ノ部属タルハ勿論之御座候」とあり、講社への引き直し後においても、神道本局に附属することを考えていたようである。しかし、実際に提出した「講社引直シ御聞済願」には、「今般本局之直轄ヲ解離シ、従前之通リ神社附属ノ講社ト致候」とみえ、御嶽神社は神道本局から解離することで、独立した講社運営を目指したと考えられる。

前述の通り、明治三十二年に豊穂教会から神社附属の豊穂講社へ引き直しを行ったが、同年九月には「豊穂講社規約」[33]を新たに作成した。ここでも規約の条文を取り上げて、新たな豊穂講社の性格を把握する。

〔史料6〕

敬神ハ国家ノ大典、布教ハ人民ノ其本ニシテ、上下之ニ依ラサルヲ得ス、上之レニ依レハ下之ニ向フ、下之ニ向ヘハ則国政随テ振起ス、蓋シ敬神ノ念慮貫徹セハ、国ニ不敬不忠ノ者ナク、家ニ不孝不悌ノ者無ルヘシ、若夫如此セハ、上下一和国威ヲ万邦ニ輝スニ足ル、依テ当神社ニ於テ此講社ヲ設ケ、規約ヲ立テ、益々敬神ノ趣旨ヲ発

揚セントスル所以ナリ、入社者其レ之ヲ体シ、益廉恥ノ風ヲ磨キ、相協同シ以テ神恩ヲ敬謝シ、各基本ヲ固クセセンコトヲ

御嶽神社豊穂講社規約

第一条

当講社ハ豊穂講社ト称シ、本部ヲ武蔵国西多摩郡三田村御嶽山御嶽神社々務所内ニ置ク

第二条

当講社ハ左ノ役員ヲ置ク

総長　壱人

理事　七人

主幹　四拾三人

第三条

総長ハ御嶽神社々司ヲ以テス

総長ハ講社ヲ総轄ス

総長ハ主幹三分ノ二以上ノ同意ニ依リ理事及ヒ主幹ヲ補免ス

第四条

理事ハ主幹ノ互選トス

理事ハ講社ノ会計庶務ヲ分掌ス

理事ハ満一ケ年ヲ以テ任期トス

第五条

主幹ハ総長ノ命ヲ受ケ講社拡張ヲ分担ス

第六条

主幹ハ世話人ヲシテ御嶽神社神附（符）ヲ講社員ノ望ヨリ授受スルモノトス

講社員ニ左ノ担任者ヲ置ク

世話人

講長

大講長ハ特別ノ功労アル者

中講長ハ百名ニ一名ヲ置ク

小講長ハ五十名ニ一名ヲ置ク

第七条

当講社ニ入社セントスル者ハ、最寄世話人ヘ申シ出テ分担主幹ヲ経本部ノ認可ヲ請フヘシ

但シ本部ハ認許ノ証トシテ入社証ヲ授ク

第八条

当講社本部ニ毎年春秋両度講社員ノ安全ノタメニ臨時祭ヲ執行ス

第九条

講社員ハ報本反志ノ意ヲ体シ徳義ヲ重シ毎朝御嶽大神産土神及ヒ祖先ノ霊ヲ敬拝スヘシ

第十条　附則

豊穂教会主幹ヲ以テ豊穂講社主幹ト見做ス
但主幹ハ五十音ヲ以テ区分ス

本規約が旧規約と大きく異なる点は、国民教化のための教義である三章教憲(三条教則)の箇所は削除され、「敬神ノ念慮」とだけ記されていることである。第一条は、講社の本部は御嶽神社の社務所に設けられたことが窺える。第二条から第五条までは役職についてであり、総長は神社社司、理事は主幹の互選で、主幹は旧御師が担うことが明記され、講社員に関する第六条は大中小の講長と世話人を講社内に設けることが書かれている。第八条には、講社本部における講社の安全祈念のために春秋の臨時祭を行うことが記され、この点は旧規約に見られない新規項目である。第九条には、「御嶽大神産土神及ヒ祖先ノ霊ヲ敬拝スヘシ」とあり、旧規約にあった造化三神・天照大御神の名称は削除されている。

以上、明治三十二年の豊穂講社規約を見てきたが、御嶽神社附属の講社となり、神道本局から解離したことで、本局が唱える神道の教化に関する項目はなくなったと言えよう。つまり、豊穂講社は名実ともに神道本局という教派の末端から離れ、御嶽神社独自の講社として再編成されたのである。

まとめに代えて

明治時代の神仏分離政策の風は武州御嶽山にも吹いたが、山内では安永~天明年間(一七七二~八九)頃からすでに神主・御師による運営が実質的に行われており、政府の政策を受け入れる素地は整っていた。加えて、慶応年間(一八六五~六八)まで続いていた正覚寺は明治元年(一八六八)になると廃寺となり、ここにおいて仏教色を失うことになった。そして、明治初年、教部省を中心に人々を教導し教化する手段として、講社の結束を推進するという方策が取られたが、同じ頃の御嶽山内では経済的困窮や御師の失職という問題を抱えており、御嶽山はこの課題を克服する術の一つとして、近代講社の成立を試みたと考えられる。近代講社は豊穂講社と名付けられたが、当時は御嶽神社が講社を集約する機関となり、講社は神社を通じて神道を強化するための末端組織として機能していたのである。

明治十五年には、政府が神道における「祭教分離」を促したことから、山内では御嶽神社が祭祀、豊穂講社は教化を担うようになった。さらに、信徒数が倍増したことから、豊穂講社から豊穂教会という形態に改変し、その教会は本部を御嶽神社内に置くものの、神道本局の直轄としての管理を受けることになったのである。教会が守札の管理を一手に引き受けていたことからもわかるように、教会は教化を司る組織に編成され、教会の下に教会所やその支部を設置することで献納金を収集する仕組みを築いたのであった。

ところで、先に挙げた豊穂講社が成立した時においても、山上御師と山下御師の区別は解消されないままであった。山下御師は山上御師と公平に扱ってほしいという旨を訴え出ているが、その不公平の内容の中には豊穂講社の事務も含まれていた。その後、紆余曲折を経るが、明治十九年には御師間の区別が解消されたことにより、これ以降の神社と講社・教会の運営についても平等に取り組めることになったのである。

明治三十二年に行われた豊穂教会から豊穂講社への引き直しは、神社は祭祀、教会は教化という状況が山内で矛盾を来し始めたことを乗り越えるために実行されたと指摘できる。御嶽神社は豊穂講社を神道本局から引き離し、自らの附属講社とすることで、神社独自の講社運営を志向したのであろう。こうした経過を通じて、現在に見られる御嶽講社の基礎が築かれたのであった。

本稿においては、御嶽神社との関係を軸に御嶽講社などの組織の成立過程を考えてきたが、国の政策や神道事務局・神道本局との関係においては今後も引き続き見直していく必要があるだろう。(34) 検討すべき課題はまだまだ残されているが、この稿は一旦閉じることとする。

註

(1) 豊田武『豊田武著作集　第五巻　宗教制度史』(吉川弘文館、一九八二年)。
(2) 足立収「国幣中社大麻比古神社の初穂講に就て」(『神社教会雑誌』二七-八、一九二八年)。
(3) 西川順土「明治初年に於ける教会講社の展開について」(『神道研究』四-二・三、刀江書院、一九四三年)。
(4) 安丸良夫「近代転換期における宗教と国家」(『日本近代思想大系五　宗教と国家』岩波書店、一九八八年)。
(5) 森悟朗「神風講社と浪花講・三都講・一新講社」(長谷部八朗編『「講」研究の可能性』慶友社、二〇一三年)。
(6) 武田幸也「明治初年の神宮教院・神宮教会と神風講社」(長谷部八朗編『「講」研究の可能性Ⅱ』慶友社、二〇一四年)。
(7) 市田雅崇「近代の講的組織―気多講社を事例として―」(前掲『「講」研究の可能性Ⅱ』)。
(8) 藤本頼生「近代における神社講社制度の沿革と稲荷講」(伏見稲荷大社社務所編『朱』第五八、二〇一五年)。
(9) 加藤章一「神仏分離と御嶽信仰」(『宗教研究』三六-三、一九六三年)。
(10) 齋藤典男『武州御嶽山史の研究』(隣人社、一九七〇年。文献出版、一九九三年増補版)。
(11) 西海賢二『山岳信仰と地域社会　上　武州御嶽山信仰』(岩田書院、二〇〇八年)。
(12) 「御一新につき社号改称願書」(武蔵御嶽神社及び御師家古文書学術調査団編『武蔵御嶽神社及び御師家古文書学術調査報告書(Ⅲ)武州御嶽山文書　第二巻　金井家文書(二)』、二〇〇五年)。
(13) 「王政復古のため蔵王権現を御嶽大神宮と改称及び仏像・仏具類取り除きにつき議定連印」(慶応四年五月、武蔵御嶽神社（月番箱）文書二）。
(14)「神葬祭執行につき正覚寺廃寺住職退山のため諸資産処理方法議定連印」（明治二年六月、武蔵御嶽神社（月番箱）文書四八）。
(15)「散物手薄につき修復等のため売木する旨議定連印」（武蔵御嶽神社及び御師家古文書学術調査団編『武蔵御嶽神社及び御師家古文書学術調査報告書（Ⅳ）武州御嶽山文書　第三巻　金井家文書（三）』、二〇〇九年）。
(16)「神階及び官幣使派遣出願費用のため売木につき議定連印」（明治二年正月、武蔵御嶽神社（月番箱）文書四六）。
(17)当時の社領の明細は次の史料にまとめられている。「武蔵国多摩郡之内社領郷村高其外取調書　御嶽山」（明治四年七月、武蔵御嶽神社（月番箱）文書二二八）。
(18)前掲齋藤註(10)『武州御嶽山史の研究』増補版三二一～三三三頁。
(19)前掲豊田註(1)『豊田武著作集第五巻　宗教制度史』三六九頁。
(20)「豊穂講社結社につき伺書・控」（明治八年四月、金井國俊家（以下、金井家）文書五七七〇）。
(21)「豊穂講社設立証書」（明治十年三月、金井家文書五五七四）。
(22)「御嶽神社御本殿新規建替願上に付き営繕費のため伐木許可願書」（明治九年一月、片柳三郎家文書八八二一－三）。
(23)「御嶽神社　豊穂講社規約」（明治八年五月、金井家文書五二五四）。
(24)「豊穂講社入社人員・社入費・所蔵書籍届書・控」（明治九年一月、金井家文書五二八五）。
(25)「内務省乙第六十四号」（明治十五年十一月二七日、東京都公文書館所蔵）。
(26)「直轄教会願」（明治二十一年七月二日、須崎裕家文書一二〇）。
(27)「豊穂教会御届書」（明治二十一年七月、金井家文書八〇六〇）。

(28)「豊穂教会内規」(明治二十一年八月、金井家文書四三六)。
(29)「坂本住居教導職試補小高雄治他十一名より講社並びに御宮神務の儀山上山下同様に取扱い方懇願につき写を以て届書」(明治八年十月、金井家文書七〇五三)。
(30)「大審院上告書写」(明治十七年二月、服部喜助家(以下、服部家)文書六二)。
(31)「講社引直シ御聞済願(豊穂講社従前の通り神社附属と致したき旨聞済願書)」(明治三二年九月、金井家文書一三七三)。
(32)「教会ヲ講社ニ引直シ被成下度願(下書)」(明治二九年十二月一日、金井家文書七二二七)。
(33)「豊穂講社規約」(明治三十二年九月、服部家文書二二九)。
(34)明治二十九年に神道本局に入り、大正十四年に同局の管長を務めた神崎一作は、同氏が著した『神道六十年史要』(宣揚社、一九三四年)の中で、教会から講社への引き直しが行われた要因を次のように述べている(一五四〜一五五頁)。

明治廿二三年頃から、官国幣社には政府から保存金が下附されることになり、神職の待遇も、次第に高めらるゝに従ひ、何時とはなく官僚式の空気は、先づ官国幣社の中に立ち籠め、神社は民衆の熱ある信仰を満たしむるには、次第に不熱心となるにいたりつゝあつた。勿論其れはその筈だとも言へる。神社は国家の営造物であることが明にせられ、神職はこれを管理するが、主たる任務であるかの如く、四囲の事情が然か感ぜしめらるゝが故に、俸給相当の事務を執り、目前視覚に触るゝ事柄を処理しつゝ、その日を送る気楽さは、努力精進して自己の信仰を披瀝し、而して参拝者の為に祈り、その信仰を満足せしむる苦しさに比しては、到底同日の談にあらず。斯る気分で神社に仕へては、先づ第一に自己に信仰も起らず、又これを養ふべき体験を積むことにも、考へ及ばない所から、神社信仰者を満足せしむるが如き面倒を見る親切心は容易に起らないと云ふその心理状態が、先づ官国幣社を通じて、一般神社にも及ばんとする風が徐々とこの頃から吹き始めたのであつた。それ故に、折角先輩の苦心して羽育んだ教会は、講社に立ち戻るものが多く、参拝者はそれに満足しない為めに、次第に熱があり、温か味を有つた信仰は消失して、この風が次第に府県社以下の神社まで及ぼうとした。

明治二十二〜三年頃からの保存金の下付とは、明治二十年度より保存金が毎年国庫から官国幣社に付与されたことを意味する。この保存金の下付を契機として、神崎は官国幣社の神職が神社の管理を職務の中心とし、彼らの信仰面が疎かになったことを指摘している。さらに、神職に神社の信仰者を満足させるような配慮がなく、この状態は一般の神社にも及ぼうとしていたと回顧する。神崎はこれらのことが原因となって、教会から講社に立ち戻るものが多かったとしているが、この動向については今後も検討の余地があろう。

武蔵御嶽神社文化財年表

齋藤　愼一

この年表作成の経緯を記す。

はじめは、拙稿「「将軍上覧」と「集古十種」―武蔵御嶽神宝の存在感―」の参考に付けた近世の「武蔵御嶽山の神宝を中心とした年表」で、馬場憲一編著・法政大学地域研究センター叢書５『歴史的環境の形成と地域づくり』（名著出版、二〇〇五年）に収載された。

これを二〇〇七年一月二八日、多摩地域史研究会一六回大会「江戸と多摩」特集で、「徳川将軍神宝上覧―江戸に運ばれた多摩の文化財―」のテーマで発表した際に、中世年代の史料と、徳川家、江戸・東京とのかかわりを増補してレジュメとして配布した。

さらに、拙稿「日の出祭と流鏑馬祭―中世の祭礼―」（『古文書にみる武州御嶽山史の歴史』武蔵御嶽神社および御師家古文書学術調査団編、岩田書院、二〇一五年）執筆にあたって、中世にさかのぼり、近世の神主家・社僧・御師と祭礼と神宝管理のかかわりの事項も補充した。また「神仏判然令」以降の神宝の消息を補充した。

この間、一九九五年より二十一年を要した法政大学と青梅市による前掲調査団の一六家の文書調査の成果も頂いた。また古くは『東京府史蹟名勝天然記念物調査報告書　第三冊』（一九二五年）、新しくは齋藤典男『武州御嶽山史の研究増補版』（文献出版、一九九三年）によるところがある。

一方、『東京都指定有形文化財武蔵御嶽神社旧本殿修理工事報告書』（一九八四年）所収の社堂造営とその背景を考慮した御嶽の沿革年表も参考とした。さらに、中世の大仲臣国兼の「南贍部州大日本国東海道武蔵国奥院縁起」については、法政大学の関口恒雄「御嶽山関連鎌倉時代文書の信憑性を辿って」(『経済史林』六〇－三・四、一九九九年)から、また壬生氏の「御嶽山社頭来由記」については、清泉女子大学の山本勉「天寧寺釈迦如来像の修理を終えて」(二〇〇九年三月二四日、青梅市仏像調査報告レジュメ)から知見を得た。世尊寺一七世盛円の事跡については、清水菊子旧調査員の学恩を得た。

なお、( )で出典を示さぬものは、すべて神主・大宮司家の後裔である金井国俊家文書である。

二度にわたる年表の改訂編集は、祭礼に造詣の深い日本大学理工学部の伊藤令枝助教の協力を得た。

西暦		月・日	事項
一二三四	文暦　元		散位大仲臣国兼、当国巡礼之時、武蔵御嶽山上の蔵王権現祭祀の旧趾に止住する（縁起）。
一二五一	建長　三	二・一	大仲臣国兼、大嶺の方に弐螺の音をきき、「二尺五寸」の「推鐘」を鋳造して朝暮にうつ（縁起）。
一二五三	建長　五	二・一八	左衛門尉大仲臣国兼が伊勢御厨の讃岐国で預所職となる（『鎌倉遺文』）。
一二五四	建長　六	春	国兼が一尺二寸の金剛蔵王権現を鑄奉り、「旧」規により「八尺」の宝殿に安置。「四面瑞籬内」に、赤巌・雨師・勝手・子守の四所護法祭祀。一間の前殿（拝殿）に五尺の不動を安置（縁起）。
一二五六	建長　八	二・	国兼が「南贍部州大日本国東海道武蔵国奥院御嶽縁起事」（＝縁起）を執筆する。
一二六四	文永　元	一二・二一	青梅市域塩船観音寺、本尊千手観音立像制作始まる。像高一四四cm。大檀那浄成・栄覚。大仏師法眼快勢・法橋快賢・覚位。胎内墨書「南閻浮提日本国東海道武蔵国塩船寺本尊云々」とある。
一二六七	文永　四	八・―	南都西大寺の忍性は、執権北条時頼や一門の有力者重時の要請で、鎌倉極楽寺に入る。極楽寺は、関東の真言律宗の本拠地となる。
一三〇二	乾元　元	七・二〇	青梅市域天ケ瀬の金剛寺蔵、如意輪観音画像の軸木内に、「金沢（称名寺）住僧、戒円坊祐範之本尊」と墨書。称名寺は、極楽寺とならぶ北条重時らの庇護による真言律宗の寺。祐範は称名寺文書に記載。
一三〇七	徳治　二	一一・二七	「金峯山槌鐘」として大檀那壬生氏女が「大工行重・播磨権守利重」により銅鐘（九〇cm×七五cm）を鋳造奉納。現在亡失（「風土記稿」等）。
一三一二	正和　元	一二・二	社僧世尊寺釈迦（本地）堂旧在の木造釈迦座像の面部内刳に「正和元　ミツノエ年二月日」の墨書銘（青梅天寧寺現蔵）。
一三一四	正和　三	閏二・	優婆夷として御嶽権現に奉仕して八十歳になった壬生氏女が二階楼門を建造。楼上に金色の釈迦像、彩色の地蔵六体、階下に金剛力士二体を造立安置。法華経八巻を六十六部書写。真言律宗の鎌倉極楽寺長老（当代は三世順忍）が登山して供養する。次第は「御嶽山社頭来由記」に壬生氏女が記録。金井家蔵、市指定「大般若経残欠」中の鎌倉期の「法華経・巻一」末尾（銀界・墨書）残欠は、この時のものか。
一三二九	嘉暦　四	二・上旬	世尊寺旧蔵で、二月八日祭に供奉の大般若経が、鎌倉のもと安達泰盛別荘の松谷「関東正宝蔵寺」で、「三輪沙門素慶」により版行（四百一巻断簡の刊記）。
一三三六	建武　四	四・八	あきる野市域五日市横沢の大悲願寺本尊千手観音像（文永二年以前制作）の修理銘に、「仏師極楽寺御作手讃岐法眼円西子息下野房性円」の真言律宗極楽寺付属の仏師名がみえる（「武蔵史料銘記集」）。

一三三八	建武　五	三・一一	「武蔵国金剛蔵王護(権)現鏡　大工入河重吉」の鰐口(径三四・七cm)を安部国守が奉納する(鰐口銘文。御嶽宝物館蔵。以下宝物)。都指定重宝。
一三四〇	暦応　三	五・六、七	御嶽の大般若経刊本を沙門澄融(世尊寺一〇世)が一校、入間郡金子三木の「清原氏女」を「当山入施檀那」とし、「神主大中臣左衛門尉清兼」を「校合時檀那」として校合・修理する(一五・一八巻等奥書断簡)。一八巻末尾、奥書残欠を今回調査で発見。市指定から洩れる。
一三六三	貞治　二	八・六	御嶽山の社僧世尊寺住僧の四世祖栄、八世光信らにより普済寺版の五部の大乗経の第一部、大方広仏華厳経(全六〇巻)刊行開始。巻五の行間に「金峯参詣衆四千二百六十六人」また、巻一二に「御嶽」「正心」とある。世尊寺六世如見の祖先たち、北条氏被官であった児玉党四方田姓の武士、主君北条氏の戦死者の追善を意識して、嘉元三年(一三〇五)の乱、元弘三年(一三三三)鎌倉幕府滅亡が背景となる作善であった。第二部の経典、大集経五〇巻(すなわち大方等大集経三〇巻、同日蔵経一〇巻、同月蔵経一〇巻)は貞治五年(一三六六)から至徳四年(一三八七)までの刊行。光信に、如見、光由も加わる。つづく第三部の摩訶般若波羅密経(全三〇巻)は二〇巻までで、応永七年(一四〇〇)五月以降に中絶未完。全期にわたり版行事業の中心であった八世光信が応永七年三月二八日入寂したためという。巻十一には(御嶽)正心の名がみえる。版行事業は貞治二年(一三六三)より応永七年(一四〇〇)まで三八年間。刊行経典は三部一四〇巻までであった(白石克「現存立川普済寺版について」『書誌学』一八・二〇号所収)。
一三六八	応安　元	六・	「大方等日蔵経　巻九」を「願主比丘光信(世尊寺八世)、同願比丘如見(同六世)」で刊行(奥書写)。御嶽で世尊寺什物の大集経(五〇巻)は二月八日祭に供奉。大集経は、大方等大集経三〇巻、同日蔵経一〇巻、同月蔵経一〇巻、あわせて五〇巻。
一三七〇	応安　三	一一・三	啓端が立川普済寺の物外可什倚像(焼失)の彩色等の施主となる。(「武蔵史料銘記集」)啓端は物外可什禅師の法嗣であった。真言律宗とも考えられる御嶽蔵王権現世尊寺の住であった啓端は禅密僧か。
一三七一	応安　四	夏	禅僧峻翁令山が御嶽山上で四月から五月の間、夏安居して大般若経を披読、麓に下り一冬を過ごす(『峻翁令山和尚行録』)。
一三七八	永和　四	一〇・二五	「武州杣保御岳金峰山蔵王権現霊社」の版本の大般若経を山上偶住の「信女正心発心施財」「修補欠」した旨を直山叟啓端が奥書(巻次不明)。啓端は世尊寺一〇世。二〇〇巻には永和四年孟春日付、同人奥書。
一三八二	永徳　二	三・	大般若経修補の施主の「禅尼正心」、逆修のため無常偈を刻んだ板碑(須崎家蔵)を造立(『青梅市の板碑』)。
一四二五	応永三二	三・三	奥多摩町域小河内金御嶽神社「蔵王大権現」及び「天照大神宮」の額二面を直庵(啓端)が揮亮(町文化財)。

一五一一	永正　八	一一・二〇	弾正忠平氏宗（三田氏）大檀那として三人の子息・師岡氏とともに社殿修覆。神主浜名左京亮重頼、拝殿（世尊寺か）長賢（棟札）。
		一一・二四	右修覆に関わり、一〇月二六日に鎌倉より下向した「仏所下野法橋弘圓（花押）」と「二郎三郎」が、本地仏の釈迦座像を改補修理する（塩船観音寺毘沙門天立像胎内銘。釈迦像は天寧寺蔵で底部に「永正八年十一月廿四日書之」と署名墨書）。
一五五四	天文二三	一一・―	「金嶺（峯）山」宛判物の「制札」が神主家にあった（「武州御嶽蔵王権現内陣神宝目録」黒田家文書。以下「黒田神宝目録」）。天文二三年一一月は、この年七月に始まり征圧された北条氏康に対する古河公方足利晴氏の謀反を背景とした安堵の制札で、三田支配領域への北条氏の介入か。
一五五八	弘治　四	二・　八	「御嶽御剣」として「武州入東郡安松之村野老沢住人済藤《ママ》主計助信廣」が下原「正宗」の太刀奉納（刀身銘文。宝物）。
一五五九	永禄　二	八・二六	「梅溪妙香大姉」「御嶽先浜中肥後内儀也」（『瑞龍山霊簿　上』海祥寺古過去帳写）。
一五六九	永禄一二	九・　三	北条氏康家臣「篠窪治部」の「壱疋一人夫丸」の朱印の奉書が神主家にあった（「黒田神宝目録」）。この年の北条氏邦の鉢形城や氏照の滝山城、小田原城への武田信玄侵攻を背景とした文書か。
一五七一	元亀　二	二・　八	「奉納御剣御嶽蔵王権現」として武州住下原照重が太刀を奉納（刀身銘文。宝物）。
		九・二六	神主名宛北条氏照判物で、「御嶽領可令知行」「五百五拾石（貫か）」の宛行状があった（「黒田神宝目録」）。この時の武田信玄の鉢形城等の攻略、占拠を背景とする文書か。「此外（北条）ニ家中之者より書状書判」二通があったという（同上）。
一五七九	天正　七	八・二三	浜名御竹（ミタケ）殿。樹山寸藤大禅門（『瑞龍山霊簿　上』海禅寺古過去帳写）。
一五九一	天正一九	一一・	大納言源朝臣（徳川家康）の判物で、「多西郡三田之内」に社領三〇石寄進（写本）。
一五九二	文禄　元		徳川家康家臣の依田康真と松平源次郎が、朝鮮渡海の家康の御座船の帆柱材として、御嶽の神木を伐採する（寛政重修諸家譜）。
一五九六	慶長　元	一一・三〇	「御嶽神主浜名肥前、左馬佐父。今の正覚寺開基也」「正覚寺殿在庵長存居士」（『瑞龍山霊簿　上』海禅寺古過去帳写）。
一六〇六	慶長一一	六・	大檀那徳川二代将軍秀忠、大久保石見守を奉行として社殿修造。三田氏の旧臣（野口刑部少輔）藤原秀房が書出（普請算用状）を記録（三田隆弘家文書）。神主浜名助六郎。

一六一〇	慶長一五	一一・吉日	「大久保石見守」、家紋上り藤を彫り透かした釣燈篭一対を寄進(燈籠銘。宝物)。「奉寄進武州三竹蔵王権現」
		九・九	「武州杣保□金峯山神主濱名助六郎吉胤代」に「柏原大工神田図書　作者済藤□□兵衛　本願助左衛門」の一斗俵の鉄鋳の花立(賽銭箱とも)奉納(鉄俵刻銘。宝物)。
一六一七	元和三	一〇・一〇	「正覚寺開基　正覚寺前住骨岫良徹和尚」「浜名長存ト共開基也」(『瑞龍山霊簿　上』　海禅寺古過去帳写)。
一六二三	天和九	二・吉日	「入東郡杣保長淵郷青梅村住人久下善兵衛尉」が「下原山本源次郎(四代照重)の太刀奉納(刀身刻銘。宝物)。刀身に拝殿本尊不動の三摩耶形と、御嶽の鎮守天神の神号を刻む。
一六三〇	寛永七	二・吉日	下原作の太刀奉納(刀身銘文。宝物)。
一六三四	寛永一一	四・二三	「浜名玄蕃子息　左馬之助」(瑞籠山霊簿　上』　海禅寺古過去帳写)。
一六三五	寛永一二		世尊寺一二世高清が三代将軍家光に「御諷経奉納」、係りは寺社奉行安藤右京、役人角田惣左衛門で「御布施廿五貫文被下」(『世尊寺入院日記』)とある。高清の歴世表の寂年は寛永一六年己卯八月一五日。
一六三八	寛永一五		神主浜名助六郎を御師茂右衛門と親類が寺社奉行へ訴訟。神主が勝訴。御師茂右衛門ら御師一同は家来筋との神主申立が認められる。
一六五三	承応二		神主左衛門父浜名助六郎、不調法の事あり過怠として、神主の収入であった散銭は神社の修理料となる。
一六五六	明暦二	五・二二	神主浜名玄蕃が神木伐採、炭に焼いて青梅町(市)にて売立、そのため社僧世尊寺無住、社堂・山内荒廃して、山・坂本の御師六〇坊迷惑と、御師善左衛門ら四人が神主を訴訟。
一六五八	明暦四	三・二七	明暦二年訴訟について寺社奉行より、神主・世尊寺・御師の三方(神主・社僧・御師)へ裁許状下る(明暦捉書)。賽銭は権現修理料、二月八日祭礼の納太刀は神主所管、伐木は公許により、万事三方相談との規定の裁許。
一六五九	万治二	二・八	神主浜名助六郎起筆の祭礼役儀帳(以下祭礼帳)に御甲之役人(平左衛門・十左衛門)・御具足之役人(平右衛門・太兵衛)倶利伽羅・隠岐院の太刀等記録。大鎧二領と鞍・太刀及び大般若経・大集経・法華経の経典三部(散逸)。供奉役の最古の記録(金井家本は現在亡失。久保田家にその写本副本が残る)。
一六六二	寛文二		同年刊行の浅井了意の「江戸名所記　巻一」に日本武尊が祖父ヶ岳(妙見菩薩の御岳)の岩蔵に武具を納めたという武蔵国号起源伝説を載せる(江戸叢書巻之一)。
一六六三	寛文三	二・吉日	武州住藤原重信太刀を高橋市太郎が奉納(刀身銘文。宝物)。

一六六六～七	寛文 六～七		祭礼帳(写本)にこの年度の両祭の記載なし(久保田家文書)。
一六六七	寛文 七		御師善左衛門ら五人の手引により、代官高室四郎左衛門が御嶽神領内の土地測量。神主訴訟して勝訴。善左衛門追放となる。 神主左衛門父助六郎、不如意につき、先規通り散(賽)銭を神主料としてほしい由、訴訟。願の通り、前のごとく神主の料(助成)となる。
一六七一	寛文一一		大風にて、本社等破損。伐木と散銭にて、拝殿、鐘楼まで、神主一人にて補修。
一六七二	寛文一二	二・吉日	川口村西島氏が盛重の太刀奉納(刀身銘文。宝物)。
一六七六	延宝 四		寛文七年に神主助成とした散銭を御師の訴訟によって、修理料に戻し、三方所管とする。
一六七七	延宝 五		神主左衛門、修理料助成に関わって、咎目をうけて拘留。この間、御師一九人、神領内へ、代官高室四郎兵衛下手代を手引して測量させ、御料所編入を図った。結末不明。「祭礼之儀式」(久保田家文書)に「当(延宝五年)九月祭礼、神主依有之不勤」として、流鏑馬祭記録なし。
一六七九	延宝 七	八・一八	承応二年の父助六郎以来の御嶽権現での係争を列挙し、神主の経済と御師統率、神勤の困難を寺社奉行へ愁訴を、現神主浜名左衛門、子息頼母が行う。すべて十二ヶ条、後北条文書や建長八年の縁起に言及し、また、「御嶽祭礼壱年に五度御座候。役人入申候ハ二月八日祭礼、明六ツより四ツ迄拾五人入申ニ、其外之役人者神領百姓相勤申候旧例ニ御座候。又九月廿九日暮六ツより五ツ時迄之内、役人八人入申候。其外に何ニ而も(御師に)社役無御座候」の祭儀の規式の記述がある(片柳光雄家文書)。
一六九一	元禄 四	七・一六	御師久太夫、善太夫、白太夫以下一山惣御師連印で、神主浜名刑部罷免を申し立てた養母との係争調停の上、引きつづき浜名刑部に「頭(神主)」としての補住を希望する旨、寺社奉行へ願い出る(片柳光雄家文書)。
		九・二九	神主浜名左京(刑部の改名であろう)、祭礼役儀帳起筆(万治二年起筆、元禄四年二月八日擱筆の帳に続く)。享保四年九月二九日まで。
一七〇〇	元禄一三	七・二一	五代将軍綱吉、社殿修造。神輿・具足二領・装束寄進という。
		七・二四	修理のため、神主浜名左京、世尊寺、名主前代右京、普請奉行宛、三拾八社堂仏神躰覚書を提出する(須崎裕家文書)。

		八・九	造営完成につき、両普請奉行より、山上・山下御師毎日、社中から「仁王堂」「北南之両道」の掃除申し付ける。惣御師は連印請書を「神主浜名左京殿」と「世尊寺様」へ提出。
		九・一	神主浜名左京印にて、御師茂太夫を御輿警固役に補佐。
		九・二八	「大信心大檀那征夷大将軍源綱吉公」「奉造営金峯蔵王大権現天下泰平御武運長久国家繁盛祈所　敬白」「御普請御奉行　瀧野重右衛門　市川源右衛門」と棟札にある。江戸と越前敦賀の大工の造営。
		一〇・一六	「修覆成就畢テ、辰十月十六日、天下(将軍)へ御目見へ。大般若札・扇子五本入上(タテマツ)ル」(「世尊寺入院日記」次項とともに一七世盛円の代)。次項とともに、「柳営日次記」等と相違する。
		一〇・二六	「世尊寺入院日記」には「右ノ扇子五本入・御札共ニ上ル。十六日は目見へ計り也」とある。
		一〇・二八	「香取大禰宜日記」には、御嶽神主、社僧、江戸城登城、同時造営の香取神社(朱印千石)の大宮司・大禰宜・社僧も共に黒書院にて、造営御礼の御札の祓、扇子献上、将軍綱吉に御目見得、奏者永井伊賀守正敬「香取、三竹神主、社僧共」と披露、諸大名列座前へ罷り出て目見得で「結構至也」とある。「柳営日次記」には白書院とある。
一七〇一	元禄一四	三・一九	権現祭礼の時に釈迦堂前の売場(町場)支配の係争で、神主浜名左京から取り上げられたが、詮議の上、兵左衛門の寛文九年買得が証せられたので、先規通りの運上で、その支配権が認められる。
一七〇二	元禄一五	二・三	神主浜名左京印にて、御師主膳(片柳氏か)を「年寄為(として)の役め」「先規通り」「手長役へ」補任。
		二・六	神主浜名左京印にて、御師高名靭負を「御修覆に太義致」したので笛職に補任(馬場満家文書)。
一七〇六	宝永　三	二・二三	神主浜名左京、青梅又兵衛より檀家買得、五月一五日それを作兵衛へ転売する(鈴木家文書)。
		八・二六	神主浜名玄蕃(前項の左京の子か)、朱印状五代五通、縁起二巻、山神社仕置状(明暦四年掟書)等を、御師久保田掃部ら五人の名主前から受けとる。
		一二・一八	釈迦堂前の祭礼の節の町場を神主浜名玄蕃が兵左衛門から取り戻そうとした件で訴訟され、元禄一三年の裁許にも背く行為として咎目をうけ、御嶽及び江戸一〇里四方を追放に処せられ、神主浜名家は玄蕃の代で断絶する。以後、二年間宝永五年一二月まで、神主不在となる。「祭礼役帳」宝永四年二月八日から宝永五年二月八日までの項には「此度、御頭(神主)無御座候故、世尊寺、御師寄合令相談、先年之通御祭礼相勤申」云々と記す。

一七〇七	宝永　四	七・二〇	一七世の盛円の次に演隆（世尊寺歴代に記録されない）が世尊寺入院、「世尊寺入院日記」を起筆か。さかのぼって一二代高清から、元禄三年（盛円）、安永四年入院の二二代真全に及ぶ記事あり。
		八・三	（神主　不在中）将軍世子誕生祈願のため、世尊寺護摩供、御師は中臣祓執行と申合せ（片柳三郎家文書）。
		八・二九	右の御師による中臣祓執行について万一故障出来の場合の内堅証文、御師三三人連印で作る（片柳光雄家文書）。
一七〇八	宝永　五	一二・一八	大久保加賀守内大原五右衛門次男大原大膳（後に修理、享保五年隠居後、左衛門）時光、神主に着任。
		一二・二二	神主大原と社僧世尊寺が寺社奉行本多弾正少弼に預けおいた朱印状五通受領。
		一二・	御嶽山五ヶ所の権現修理料の地を二分し、半分は神主と世尊寺分、半分は御師分とし、双方より年一分都合二分出金し修理費積立とする申合せ。御師将監と三方印にて取替す。この神主大膳と社僧世尊寺の印は、久保田家の万治二年起筆「祭礼役帳」写本の割印と同じ。
一七〇九	宝永　六	二・八	祭礼役儀に、はじめて大原神主は、大膳と署名。ただし世尊寺と連印。また、この時の将軍綱吉逝去によって祭礼一ヶ月延引して執行の旨は、三方連印。従来は神主署名のみであった。
		二・	『本朝軍器考』（新井白石著）に「武蔵秩父の御嶽社ニ八畠山庄次郎重忠ノ鎧アリ」（巻九）。宝永六年序。元文五年跋。五月刊行。「新井白石日記」宝永三年十月四日条にはすでに書名あり。
一七一二	正徳　二	正・六	神主名代で出府の功により、神主大原修理が御師（橋本）玄蕃・（須崎）兵部を、手長役に任ずる。
		三・五	神主大原修理が神祇道について「従往古当社伝来三部之御祓之音訓幷深秘修法」で「他之神祇道於修行ハ社例乱」すから無用と御嶽山の自遷神道を強調する。
		七・三	久保田掃部ら御師三四人連印で、一山の例として、神主は中臣祈禱牛王守札を御神前で、世尊寺は同じく護摩執行午王守札を売るのが古例であると神主宛の覚えを提出。
一七一三	正徳　三	三・	御師（片柳）内記、万治二年二月より宝永五年九月迄の祭礼写二冊預り証を提出（片柳三郎家。鈴木家）。
一七一八	享保　三	二・八	祭礼帳に「鎧（勘ヶ由・内記）」「鎧（妥女・右衛門）」と記載。
		四・吉祥	「武州多摩郡御嶽金峰山世尊寺閑居（隠居した世尊寺一七世住職）」盛円が生家の小宮谷乙津村軍道（あきる野市）の光明山熊野権現の神主鈴木左京に、「大狐大秘事」の法を伝授（あきる野市鈴木邦夫家文書）。
		九・二九	神主大原修理、社僧世尊寺（演隆）と御師名主五人片柳数馬らの三方が同日の流鏑馬祭の式法の申合せ一札（片柳三郎家・馬場満家文書）。

一七一九	享保　四	六・二八	武州御嶽蔵王権現神宝目録を、神主大原左衛門と当り名主前の（黒田）内膳より寺社奉行役人望月平左衛門宛に提出。大鎧二領とは「卯花おどし」は「日本武尊御召」、「ひをどし」は「畠山重忠着用」とし、円文螺鈿鞍は建長八年以来と記載。流鏑馬鞍二口、神主方古文書や什物も書き上げる（黒田家文書）。
		一一・一六	御師内膳ら七人が、浅羽蔵人初任の二月八日、九月二九日祭礼の序列を乱した下役の御師を訴訟。裁許下る。裁許文中に、大原、浅羽、浅羽二代の新神主は、祭礼の古例不案内なので、世尊寺・御師と相談執行したこと、装束規式は元禄一三年綱吉造営時拝領の「神主江紋紗之狩衣、御師之内年寄共江者布衣装束、其外者白張装束」と述べる。装束規式は不採。役に高下なしと裁許。
		一一・三〇	大原左衛門隠居、浅羽蔵人神主となり、世尊寺演隆（世代表に載らない）、御師名主前五人連印の「三方判形」（端裏書）で、内陣神宝目録を書き上げる。甲冑・鞍は記載なし（馬場満家文書）。
一七二〇	享保　五	一・	前神主大原修理隠居して、左衛門と改称。松平伊豆守内浅羽七郎右衛門二男蔵人を神主に補すか。
		一・	神主浅羽蔵人恒盛、世尊寺と鍵の管理の件で「御本社内陣ニ御神宝宝物等相納リ有之、其御神宝等不残代々神主ニ古来ヨリ御頂ケ之御事」と、現在世尊寺預りの外陣の鍵を神主所持としたい旨、寺社奉行へ願い出る。
一七二一	享保　六	三・　四	浅羽蔵人出府中、江戸牛込養善院にて八代将軍までの御朱印状六通と明暦掟書焼失。安永七年の書上げには重忠の願文も焼失と伝承する。
一七二二	享保　七	六・吉祥	「於世尊寺道場」「権大僧都法印盛円」が「荼枳尼」の「大法・小法」を「武州小宮領軍道村鈴木左京」へ伝授（鈴木邦夫家文書）。
一七二二	享保　七		「於金峰山世尊寺道場、権大僧都法印盛円」が、鈴木左京へ「兵法虎之巻物」を伝授（鈴木邦夫家文書）。
一七二六	享保一一	九・　四	下方貞親、神前にて二領の大鎧を拝写。「武州御嶽鎧之図」を著す。宝物の内として赤糸威を「日本武尊御鎧」、紫裾濃を「秩父重忠奉納鎧」とする（内閣文庫蔵・和学講談所旧蔵・弟子石黒重叟、同年一二月写）。延享三年五月、真野氏（敬則）写本。
一七二七	享保一二	正・一一	世尊寺一七世盛円逝去。生家の熊野権現神主鈴木家の位牌と光明寺過去帳に「権大僧都盛円法印」「享保一二年正月一一日寂」「（神主鈴木）出雲叔父也」とある（清水菊子氏示教）。世尊寺歴代表の盛円没年と一致。熊野権現は「三山（熊野・大岳・御嶽）がけ」（「武蔵名勝図会」）の初峰、光明山に鎮座。
		閏正・　三	八代将軍吉宗、重忠鎧甲・正宗太刀・唐鞍等の神宝上覧を仰せ出す。

		閏正・一一	寺社奉行小出信濃守（丹波薗部城主・二万六七〇〇石）役宅（浅草寺町）へ神宝六点差し出す（信濃守内原九郎右衛門覚）。
		二・五	①重忠鎧　②正宗太刀　③唐鞍　④唐鐙　⑤唐轡　⑥宝寿丸太刀のうち鎧・宝寿丸と正宗太刀が信濃守役宅へ下がり、神主が出頭し受け取る。
		二・一〇	那須家の那須与一の鎧・太刀等も上覧（御城廻状写）。
		二・二三	残りの唐鞍・唐鐙・唐轡が信濃守役宅へ下がり、神主が出頭し受け取る。
			「武州御嶽社鎧注文」（未見）は、この年に成立。赤糸鎧は社伝云「日本武尊御鎧」、紫裾濃鎧は「段威鎧・秩父重忠奉納」とある由（鈴木敬三『甲冑写生図集解説』）。
		三・八	『谷合氏見聞録』に、神宝上覧のため、二月八日の祭は三月八日に延期。倶利伽羅太刀と「緋綴之鎧（赤糸）」は日本武尊、「小桜綴之鎧（紫裾鎧）」は畠山重忠のものとの伝説を記す（清水利家文書）。
		五・	神主浅羽蔵人成住、拝領の白銀で、上覧の次第を刻した神鏡を作る。現在も本殿に奉安。
一七三二	享保一七	正・	「神宝目録」に「日本武尊御鎧甲」「重忠祭鎧甲」「元禄一三年九月常憲院（祭）礼鎧二領寄付の他具足類なし」と記載。また別に、正月一二日付で（享保一六年九月、世尊寺賢隆（歴代表に記載なし）他行届出、以来）世尊寺無住につき鍵取上げのところ、あらためて鍵預けられたので、院代明観寺より神宝預り目録提出。他に記載なき品、大般若経・大集経・法華経の三部の経典、祭鎧など広範囲に書上げ。
一七三四	享保一九	四・二四	寺社奉行井上河内守役人松島久兵衛・山崎弥次右衛門・林喜左衛門より書付をもって、上覧に付き秩父重忠鎧のみ持参の命および出府日程の問合せ。神主浅羽蔵人宛に発す。
		四・二七	河内守宅へ神宝を持参。江戸城中への搬入日は不詳。
		五・五	神宝上覧。以後、城中へ留め置いて御嶽山縁起や旧記についての下問が数度あり。
		五・八	井上河内守役人林喜左衛門より、鎧の小具足有無、刀剣寸尺等の問合せ。
		五・九	寺社奉行役人林喜左衛門より二領の甲冑の部分混合、小具足の有無、鞍の由緒、この他の神宝を逐一書付け提出せよとの達書あり。
		五・一〇	二領の甲冑についての子細、刀剣二八点、その他の神宝目録を神主浅羽蔵人・世尊寺・御師惣代須崎兵部より井上河内守役人の林喜左衛門宛に提出。「御具足二領（市指定有形文化財）是者三十五年已前辰年（元禄一三年）頃、常憲院様拝領」とある。

		六・二〇	前記目録のうち、日本武尊鎧、刀剣二五点、弓矢を持参せよとの達あり。
		七・　二	寺社奉行より、惣体縁起の有無、金之御嶽の称ありやの下問。明朝六ツ時（六時）迄に委細書付にて答申せよとの達書あり。
		七・二五	重忠鎧が城中より井上河内守宅へ下がる。
		七・二七	井上河内守より神主が神宝を受け取る。白銀十枚拝領。
		七・	井上河内守より重忠鎧の破損が甚だしいので、修理を上意により行ったこと。保存のため上箱寄進、念入りに保存せよとの将軍の上意の奉書を下附。
一七三五	享保二〇	正・　六	世尊寺歴代表の一八世日宥、年礼に出府（世尊寺入院日記）。これ以前入院か。歴代表の没年不審。
		正・	寺社奉行より太刀二五腰、矢四本、日本武尊鎧等返却目録下附。重忠鎧の「小札三切」は日本武尊鎧と同じ箱に入れてあったが、今度、別にするとある。
		正・晦日	日本武尊鎧胴の（両面亀甲）緒、御用に付き、留め置かれたが、返却の旨河内守役人の松島久兵衛・山崎弥次右衛門・林喜左衛門より神主へ通知。
			尾州候具足師の岩井権右衛門、御嶽山にて二日間、二領の鎧を生形（原寸紙形）に写す。後日に鎧出来、礼に登山（安永七年三月五日「神宝并宝物伝記」）。
一七三七	元文　二	六・	吉宗所用の鎧を御用具足師岩井源兵衛が制作する。
一七三八	元文　三	六・	世尊寺歴代表の一九世賢弘、檜原村真言宗金剛山宝蔵寺より入院して三年目、明観寺は後住にせぬとの条件で隠居届出。
一七三九	元文　四	六・一五	世尊寺無住となり、観音寺が権現本殿鍵預かる。
		九・	賢弘の次の世尊寺住職希望の明観寺が世話人の御師、兵部・監物を、住職新住妨害と訴訟。元禄一三年造営時、公儀拝領の袈裟衣を横領入質と申し立てる（鈴木家文書）。
一七四〇	元文　五	五・	前掲の『本朝軍器考』刊行。
一七四〇	元文　五		世尊寺歴代表では最後となる二〇世日応入院か。
		一二・	久保田掃部ら惣御師連印にて、神主浅羽蔵人に対し、朱印三〇石は御一人支配、権現奉納金は神主料、神前にて午王守札販売の三ヶ条は神主古例の旨、一札を提出する。

一七四三	寛保　三	一〇・	神主浅羽蔵人、護国寺で開帳の願書に神宝は「武蔵国号之宝器」との将軍吉宗上意と申し立て、神宝の宝蔵建立を希望する。
一七五〇	寛延　三	四・	神主浅羽蔵人成住は、親しく仕えてくれた小野里(後に服部)丹下を法華経と十六善神の祭礼役に補任(服部家文書)。
一七五四	宝暦　四	八・二三	神主浅羽蔵人没。嗣子なし。蔵人取立ての御師服部(小野里)丹下が御朱印七通(写とも)預かる。
一七五四	宝暦四カ	一一・	御具足師の岩井源兵衛の書立に、有徳院徳川吉宗の命で「武州秩父郡金御嶽之神宝　重忠鎧」などを御用掛りの小姓の山本出雲守(茂明)・建部左京亮(秀行)の掛りで享保六丑年より同一七子年まで調査、それらを参考に元文二年に吉宗所用の鎧が出来たとある(戌一一月付)。
一七五六	宝暦　六	一・	松平豊前守内、金井久右衛門の子の金井左門義国、神主に着任。
一七六二	宝暦一二	一・	神主金井左門隠居して、子勇助政国家督。神主着任。
		一一・六	正月の神主・御師の権現参拝の方式が、旧例に違反、また寺地侵犯もあったと社僧世尊寺二〇世住職日応が、神主・御師を訴訟するが、認められず。神前の鍵は前々から世尊寺所持と主張するが、神主から預けられるとの裁許になる。
一七六三	宝暦一三	一一・一八	先年以来の伐木によっての社殿修理願三方不一致で、進捗せず。
一七六六	明和　三	一二・一六	伐木による修覆は、訴訟となり、三方各々謹慎の裁許となる。
一七七一	明和　八	一二・一二	「世尊寺入院日記」では、世尊寺二一世慶伝入院。権現外陣の鍵二つ預かる。
一七七五	安永　四	九・	「世尊寺入院日記」の二二世の真全が入院し外陣の鍵預かり、実質的な最後の住職となる(程なく無住となったらしい。寛政二年の世尊寺再建条目には「二拾年以来無住」とある)。
一七七七	安永　六	八・二〇	江戸橋場神明社神主鈴木兵部の子主水が御嶽権現神主金井勇助政因(左門の子)隠居につき、養子となり、神主を継ぐ。金井左衛門郡胤と称す。
一七七八	安永　七	一・二〇	一〇代将軍家治厄年に付、厄払いのため神宝上覧を神主と御師一同が寺社奉行へ申し出て聴き届けられる。
		二・二〇	神宝出府の日程について、寺社奉行より達し書。
		二・二五	神宝を葵紋付の神具用長持に入れて出山。青梅より青梅街道経由、小川宿へ一泊。翌二六日寺社奉行宅へ神宝搬入。神主は先触状を宿々へ発す。神宝は、甲冑二領、宝寿丸太刀、正宗太刀、鞍・倶利加羅の太刀、長覆輪太刀の七点。

		三・　五	寺社奉行の下問につき、神主「武蔵国号神社神宝并宝物伝記」を差し出す。同日倶利加羅太刀、翌六日には正宗太刀の奉納人等につき寺社奉行役人より問合せ（月番箱文書）。
		四・　一	寺社奉行方へ。江戸城より神宝下がる。寺社奉行方で内見のため逗留。
		四・　六	寺社奉行戸田因幡守方より神宝を受け取る。御師七人警固して即日出立。青梅街道経由。青梅村上町の石川屋七郎兵衛方へ一泊、青梅より畑中経由で帰山。先触状は四月四日に発す。
		四・一〇	神主は在府を命ぜられ、白銀三枚を拝領。
		九・	御嶽社殿大破につき公儀譜請を願い出るが、不許容なので御免富興行・御免勧化を願い出る。
一七七九	安永　八	二・　八	神主金井郡胤、この頃から大輔（大部）と称す。
一七八〇	安永　九	九・	大輔郡胤は高辻中納言家を執奏として、大宮司の称を得る。
一七八一	安永一〇	四・	三の鳥居（鋳銅製鳥居）を丹後城主松平伊豆守資永の助成、橋場神明神主鈴木兵部・兵庫願主として造立。「安永九年十一月吉日　大宮司大仲臣朝臣郡胤」と刻み、「武蔵国号社」の額を掲げる。仁王門には「東国社稷総社御嶽山」と掲げる（風土記稿）。江戸神田住の長谷川刑部の制作。延引しての造立。
一七八一	天明　元	六・三〇	先神主金井勇助没。
		九・	高辻家より御嶽御師は国名免許。前年の神主家の大宮司免許とともに、従来、伝来の一山自選神道を標榜してきた御嶽にとって執奏家より免許の嚆矢である。
一七八二	天明　二	四・一六	浦賀感応院で富興行許可となる。五ヶ年の興行のところ、不振にて翌年中止となる。
一七八六	天明　六	八・　六	神宝の紛失が起こり、手長役御師一三人の格も係争となり、裁許下る。従来の外陣の鍵のほか、上覧の神宝も納めた内陣に鍵をつける（現存）。鍵は神主一人の所持、御扉の開閉・内陣神宝出し入れも神主のみの取りはからい手長も御師一統と同格と確認。すでに世尊寺は無住か。
		一〇・	郡胤病身につき、伜武五郎へ家督、神務を譲り隠居。武五郎は権頭郡明と称す。この年、郡明の子、鄙丸（散位亮郡枝）出生か。
一七八七	天明　七	六・一九	松平越中守定信、老中首座に任ぜられる（一一代将軍家斉）。
		一〇・　六	江戸青山善光寺か泉州堺での富興行を願い出る。
一七九〇	寛政　二	二・二三	寺社奉行板倉周防守より差紙にて、神主権頭郡明出府、二八日出頭。重忠鎧について下問をうける。

一七九一	寛政　三	六・	江戸青山善光寺での富興行延期となる。御免勧化に以後切り替えて願い出をつづける。
一七九二	寛政　四	二・一五	御嶽権現拝殿にて、神宝開帳。四月五日迄。
		六・一五	大宮司権頭郡明没。その子左馬介病身、孫鄙丸幼少なので、祖父郡胤、再び大宮司となる。
		七・二一～八・二〇	江戸橋場　神明社にて、神宝五品開帳。日延一〇日。田安右衛門督、一ツ橋刑部卿・同孝之助拝礼。九月一日以降、尾州・紀州等諸侯が神宝拝礼。九月二八日帰山。開帳は鎧二領・鞍・倶利伽羅・宝寿丸など。
		七・	真崎稲荷（橋場神明社）で神宝開帳の際、大久保酉山『甲冑秘伝　御嶽鎧』を著すという（大田南畝全集）。
		この頃	御用具足師の春日播磨永年代参春日庄助、御用具足師の岩井与左衛門代参岩井与次郎らが登山し、神前で鎧拝見。
一七九三	寛政　五	七・二三	松平定信、老中並びに将軍補佐役を免ぜられる。
一七九四	寛政　六	一一・一八	鄙丸に御師馬場出雲付き添い、寺社奉行へ。郡胤病身に付、孫鄙丸へ神務を譲り隠居の旨願書。当時鄙丸九歳のところ一三歳と届け出る。
		一二・　五	鄙丸大宮司となる。大輔郡胤は隠居して後見となる。
一七九五	寛政　七	二・	幕府御用具足師春日播磨永年編『甲組類函』（一九五三年、明治図書『故実叢書』に収載）で、「武州御嶽社蔵古鎧」の紫裾濃の威色を異制紫裾濃として彩色袖型で示す。「紫裾濃」の称の初出。
一七九八	寛政一〇	一・	鄙丸は大宮司大中臣郡枝として年頭の神札を江戸城へ献上。
		一〇・　七	江戸八丁堀はりま屋九兵衛手代、病気平癒のため武尊鎧（紫裾濃鎧）の落ち屑を乞う。拝礼の上、二〇〇疋奉納。
		一二・　四	伊勢万助貞春『武器図説』全一二冊を一一代将軍家斉へ献上。甲冑二冊目に御嶽の鎧二領を略図示、注文する（加藤一冑所蔵写本）。
一七九九	寛政一一	二・	大宮司金井鄙丸が寺社奉行の土井大炊頭に御府内武家方并三ヶ国へ御免勧化願い出る。願書「大切之神宝等茂籠置」く本社大破すると述べる。
一八〇〇	寛政一二	正・	松平定信の命を奉じて、松平家儒臣蒙斎広瀬政典『集古十種』の「稿本」刊行の序文を作す。
		八・　九	寺社奉行土井大炊頭より寛政四年の橋場神明社での御嶽神宝の開帳の品目につき下問。橋場神明社神主鈴木兵部より答申。

		八・一一	ついで他の神宝、寛政四年御嶽権現拝殿での開帳の品目につき下問。橋場神明に滞在中の大輔郡胤答申。『集古十種』兵器の部の予備調査か。
		一二・	奈良春日大社『春日宝倉甲冑四領図式』（鎧二領、胴丸二領）。同年閏五月に始め一二月に完成する。岩井勝左衛門と同与七郎制作（春日大社文書）。
一八〇一	享和 元（寛政一三）	一・	鄙丸名代として、御師片柳隼人、例年通り鉄砲員数の届けに、寺社奉行へ出頭。届書に松平周防守より裏判頂戴の上、大目付鉄砲掛安藤対馬守へ提出。その折、松平越中守（定信）依頼として、「武尊御鎧其ノ外」の調査の申し入れを受ける。
		二・四	青梅村上町旅籠石川屋七郎兵衛方より先触れで、松平定信用人の小河内弥吉が「侍一人、供一人召連れ」、家臣で画師の星野文良同道登山。大宮司宅へ神宝を移し、鎧二領、太刀など写生。手長御師三人、月番御師二人立会う。初穂料銀一枚、滞在期間不明。
		四・二	奈良甲冑師岩井与七郎宛に松平定信より『春日宝倉甲冑四領図式』写しの依頼がある。与七郎は奈良奉行同心へこの旨届け出る（春日大社文書）。
		四・七	定信へ一一代将軍家斉より『集古十種』献上の命あり（『文恭院殿御実紀』当該月日にこの事みえず。渋沢栄一『楽翁公伝』による）。
		五・一二	小河内弥吉から、先日の取調べで、重忠鎧の兜の後勝鐶を描き忘れたため、その有無と現状写生の依頼の略図入り書状。大宮司（金井郡枝・鄙丸）宛。文中に御隠居様とあるのは郡枝祖父の大輔郡胤である。片柳隼人に金子入り書状を託した由なども述べる（享和元年と推定）。
一八〇二	享和 二	一・	大宮司鄙丸、江戸城へ登城年頭の神札献上。大宮司大仲臣鄙丸と署名。
		一二・一五	金井鄙丸、元服。散位亮（介）郡枝と称す。
一八〇三	享和 三	九・	金井散位亮・官位取得のため、橋場神明社より京都へ出発。
		一〇・二二	高辻家指示により、散位之亮を左近と改める。前年一二月、御師たちが白川家へ入門、鄙丸も白川の褒賞を受けたので高辻家の執奏での官位取得不首尾。翌年七月五日まで在京したため、年頭の鉄砲届が不備となる。
一八〇四	文化 元	八・二〇	右鉄砲一件につき左近弟（郡枝の次男）輔司が大宮司左近名代として出府し、寺社奉行松平右京亮へ出訴して解決。同月、御嶽の人別は左近より届出。

一八〇五	文化　二	三・	御嶽山は寺社奉行直支配の旨、田安代官へ返答。大宮司金井左近と署名。
一八〇六	文化　三	正・	武蔵一国の御免勧化、三月から翌年九月迄で許可となる。
			文化元年から文化三年の間の頼春水の『春水掌録』（『随筆百花苑』四巻）に白川侯松平定信の『集古十種』は碑銘一三冊、鐘銘九冊、扁額一〇冊、旗五冊、弓矢二冊、楽器六冊、文房二冊の七部は刊行したが、甲冑と刀剣は校正未了とある（天岸正男「集古十種の碑銘と古物金石相撲の検討」『歴史考古学』一七一号）。
		六・	浦賀での富興行不振。翌年、所がえ願い出る。
一八〇七	文化　四	一〇・	大宮司金井散位弟、金井輔司の寺社奉行所における席次を別席着座希望の願書。文化三年二月頃から左近は再び散位亮と称する。
		九・二一	輔司は、金井散位亮名代として出府、勧化免状を寺社奉行大久保安芸守へ返納。
一八〇八	文化　五	四・一九	松平定信家臣小河内弥吉、紫裾濃鎧の栴檀板について、奥州の白河より金井大輔、鄙丸宛、問合せの書状。文中に版木は出来た、出版したら早速呈上とある。弥吉事、小河内嘉都美と署名する（文化五年か六年と推定）。
一八〇九	文化　六	三・	一日から三〇日迄、御嶽山上にて開帳。
		七・一九〜八・一五	江戸橋場神明社にて神宝開帳。「武江年表」七月の項にも記載。
		八・一五	松平定信の用人（一八〇石）浜川堤より、金井散位亮宛。すでに刊行の『集古十種』呈上の延引の詫び。印刷や箱作製などで延引の理由を述べる。御嶽より散位亮弟、金井輔司が橋場神明社へ神宝搬入の折に訪問し、散位亮よりの書状を呈し催促したと思われる（文化六年と推定）。
		八・二〇	有馬中務太輔内（久留米藩）松岡清助（辰方）より、神宝を本日、招待、持人三人を遣わす旨、橋場神明社、神主鈴木雅楽之助宛口上書。辰方とともに考証家となる子息松岡行義は時に一五歳。
		八・二三	土井能登守内真鍋彦五郎より土井邸へ神宝招待。御師馬場出雲・片柳長門宛。
		晩秋（九月）	松平定信、『集古十種』兵器類二五冊のうち、甲冑之部一二冊と金一〇〇疋を御嶽へ奉納の旨の書状（後欠）。文化六年と推定。御嶽の甲冑二領は巻之二に載る。赤糸威は「武蔵国多摩郡御嶽権社蔵・赤糸甲冑図」として三七面（一八丁半）、紫裾濃は「同蔵紫裾濃甲冑図」として二五面（一二丁半）。三九㎝×二七・七㎝の特大本、表紙は丁字引（金井家に初版本一二冊現存）。文化六年九月までに、『集古十種』甲冑之部一二冊刊行と推定。

一八〇九	文化 六	一二・六	大宮司金井散位郡枝、松平越中守邸へ『集古十種』等奉納の答礼に参上。箱袱と鮒を献上。この頃までに『集古十種』兵器之部も刊行か。御嶽の武具の中、円文螺鈿鏡鞍は「兵器・馬具一」に「武蔵国御嶽山蔵・鏡鞍図」（七面）、太刀は「兵器・刀剣二」に「武蔵国多摩郡御嶽山社蔵・宝寿丸太刀図」（二面）として収載。
一八一二	文化 九	五・	金井散位亮郡枝、この頃より左衛門と称する。
一八一四	文化一一	九・初	尾張の故実学者、真野安重、文化六年八月橋場神明社での神宝開帳の帰途、自宅へ招き観察。紫裾濃鎧付属の両面亀甲打緒の復元を試みて、御嶽山へ願文一巻とともに奉納する。
一八一五	文化一二	三・一	御嶽山の神楽を、秩父の神主で吉川神道家の学頭の齋藤義彦が記紀によって解釈した『御嶽山大麻止豆及天神社太々御神楽考』三巻を、片柳勘解由家で著す。序文で義彦は御嶽登拝は千度と述べている。天保六年代まで、当家と交流した。
		四・一一〜一三	新編武蔵風土記稿執筆調査のため、八王子の千人同心、組頭塩野所左衛門轍（適斎）と原利兵衛胤明登山、金井大宮司宅で神宝等につき神主の左衛門と叔父蔵人立会調査、一三日には滝本の御師北嶋肥後宅で取調べ（『桑都日記続編』）。その後、文政初年代まで三度、廃寺状況の世尊寺につき原と手付神宮寺豊五郎より問合せの状を大宮司方へ発す。
一八二〇	文政 三	四・	『新編武蔵国風土記稿』多摩郡之部四〇巻完成、昌平坂学問所へ献納（『桑都日記』）。
一八二六	文政 九	二・一九	文政一一年迄、浅草華徳院にて富興行一二回行う。
一八三三	天保 四		松岡辰方門下の本間游清編『尚古鎧色一覧』に、「紫坐濃（すそご）」の威色彩色で「武州御嶽山社蔵古鎧」の袖型収載（『故実叢書』所収）。
一八三四	天保 五	一・	齋藤義彦が『御嶽菅笠』で江戸より御嶽までの道中案内を七五調の道行風の雅文で叙す。挿絵は理川斎良信。御師靭失（俵坊）市正刊行。半紙本表紙とも二〇丁。初版表紙合羽版彩色。
一八三四	天保 五		『江戸名所図会』刊行。前編一〇冊の巻頭、天枢之部に武蔵国号のはじめとして日本武尊の秩父岩倉山へ甲冑埋納之図が載せられる。
一八三九	天保一〇 頃		久留米の有馬藩士で故実学者の松岡行義が登山調査か。赤糸威の模造を藍革威で作成（『後松日記』巻之一五）。『後松日記』巻之四の甲冑製作論で、赤糸威を重忠所用として紫裾濃（日本武尊）は一〇〇年位下降したものとする。なお、行義の父辰方（清助）も文化六年に甲冑を観察している（「随筆大成」所収）。

一八四三	天保一四		柳庵栗原信充の『甲冑図式』に御嶽の鎧二領収載。『集古十種』から転用か。
一八四四	弘化　元		三代豊国「日本武蔵岩倉山之図」（三枚続き）に桜の咲く御嶽での甲冑埋納図を描く。
一八四五	弘化　二	二・―	拝殿に掲げた彩色板絵額「三十六歌仙図」三六面制作。絵は長谷川雪堤、和歌は羽村の坂本千春、関戸の相沢伴主。
		九・一五	御嶽御師片柳勘解由は、二条家雑色として京都御所へ参入。紫宸殿の小石持ち帰る。
		九・一五	御嶽山の神主・御師、二条関白家の御館入免許願書を出す。一二月には神主家より執奏家願書。
一八四八	嘉永　元	一〇・一	田村右京太夫家来、登山、神宝拝見。
一八五〇	嘉永　三	三・一六	二条関白家代参使、御嶽登山代参。
一八五一	嘉永　四	四・二三	二条関白家代参使、御嶽登山代参。
一八五三	嘉永　六	一二・一〇	関白二条殿役所より先代斎信の意向もあり、御嶽山の二条殿祈願所へ清和天皇祭祀の許可。覚書に御嶽は「日本武尊東夷征伐治世安民之御旧跡、武蔵国号之神社ニ而、神君様御信仰」とある。御嶽では、執奏家を希望したが実現せず。
一八六三	文久三頃		水戸侯の鎧拝見希望あり。家臣の今井万吉、登山滞在し下調査を行う。その後、『集古十種』があるので、拝見中止となる。
一八六五	慶応　元	五・―	御嶽では執奏家を特定できず仮に装束免許は吉田家、式法は白川家とする申合せ。
一八六八	慶応　四	三・二八	「神仏判然令」で、仏教的神名書上げ、仏像・仏具は神社から取り除くと示達（四月一〇日再示達）。
		四・　九	山上御師三二戸、正覚寺による仏葬を神葬に改替、祭式を金井家に依頼の連印。四月一九日に神職家は神葬との示達。
		五・―	二月八日祭礼から仏具取除けを一山で申し合せ。
		八・―	神主・御師連印で、神名は「大麻止乃豆天神」として、仁王が本地釈迦像・法華経・大集経・大般若経等仏具の取除きを鎮将府に願い出る。九月聞済み。
一八六八	明治　元	一一・	御師は禰宜と改称すべしとの韮山県より示達。
一八六九	明治　二	正・―	二月八日祭礼の供奉品改替。「法華経」は「当社神名帳」、「大集経」は「弓矢」、「大般若経」は「楯」、「十六善神」軸は、「鎮魂八神廿弐社」、「獅子頭」は「稲」に改める。倶利加羅は御太刀、奥院は御剣と改称。

一八六九	明治　二	正	式年(酉年)大神事を再興し、来る明治六年(酉年)三月二五日から四月一五日迄執行。神宝神器を拝観させる旨を願い出る
		二・　六	神主菩提寺の正覚寺廃寺。住職宏牛は檀家配列帖を開基檀頭金井家に返却、慈愛金八〇両を受け取って退山。
		八・	これ以前に、神宝の「法華経」「大集経」「大般若経」を八王子横山宿の三好久吉に譲渡。横山町妙楽寺に寄進後、焼失という。金井家で奥書・刊記ある十数巻分の該当部分は取りはずして保存または記録した。市有形文化財指定。
一八七四	明治　七	三・二七	神奈川県へ「県社御嶽山神社宝物・奉納物」書上げ提出。紫裾濃鎧は後宇多天皇が、御嶽の武尊社への奉納とする。
一八七五	明治　八	四・―	従来の講を調整して、豊穂講を編成、一括して豊穂講社とする願いを神奈川県に出し、年内に許可される。
一八七八	明治一一	六・	『皇国地誌』編集調査のため、青梅の齋藤真指登山。服部家で調査を行う。「世尊寺歴代表」など諸家古文書提出。
一八七八〜一八八二	明治一一〜一五		月岡芳年(一八三九〜一八九二)画『大日本名将鑑』の日本武尊に、御嶽の甲冑埋納図が描かれる。
一八八八	明治二一	五・―	近世末に設定した「御嶽山八景」について、和歌を募り「御嶽山八景和歌」と一枚刷刊行。
		九・二七	宮内省に臨時全国宝物取調局設置(同三〇年一〇月まで)。委員長に九鬼隆一、取調掛に岡倉天心ら。
一八八九	明治二二	一〇・	西多摩郡三田村役場より御嶽神社へ臨時全国宝物取調局委員長九鬼隆一の出張調査の示達がある。
一八九〇	明治二三	三・	『国華』所収『本邦武装沿革考・六』で川崎千虎が二領の鎧の年代を設定。
		五・	八景の一、富士峯(千本桜)に、藤波教忠の、一枚刷「御嶽山八景」巻頭の和歌を刻んで碑を立てる。
		五・	国宝保存会設置。
		七・二〇〜二一	臨時全国宝物取調局書記兼鑑査主任の川崎千虎が宝物調査を山上で二日間行う。
一八九七	明治三〇	六・　五	古社寺保存法制定。

			小堀鞆音、『常世』に御嶽の円文螺鈿鏡鞍の形式の菊蒔絵鞍を描き、第三回日本絵画協会共進会で、銀牌一席受賞。
一八九九	明治三二	八・一	赤糸威鎧、紫裾濃鎧の二領と鍍金長覆輪太刀、国宝に指定。甲冑の指定としては最も早い。広島の厳島神社の四領の鎧と胴丸、大阪府河内金剛寺の甲冑二三点も同時に指定。
一九〇一	明治三四	三・三〇	日本美術院で御嶽神社宝物修繕につき、三月二〇日までに委託せよとの通知あり。
一九〇二	明治三五	四・	川崎千虎・関保之助、明治二三年の御嶽山での調査に基づき、『縮尺・集古十種』（東陽堂刊行）二巻で御嶽の鎧を解説。
			厳島神社の国宝小桜鎧・黒糸威の修理を文部省が日本美術院へ委託。監修は小堀鞆音・関保之助。鞆音は門人の磯田長秋・棚田暁山とともに従事する。
一九〇三	明治三六	六・	一一月まで日本美術院委託、松原佐久・関保之助監修で御嶽の二領の鎧修理。この修理直前の関保之助撮影という写真が残る。
		一一・二五	松原佐久、修理中の備忘記録執筆。この間、小堀鞆音も素描・観察記録作製。松原佐久の修理備忘記録は、門下の吉川霊華に伝えられた後、霊華門下の山田紫光に伝わったが、現在は所在不明。
一九〇六	明治三九	四・	造皇太神宮庁技手により「御嶽神社宝庫新築設計明細書」作成。関野貞・関保之助ら参画（須崎裕家文書）。一重檜板張、亜鉛板外装の高床の二階の旧宝物館造営（移築現存）。
一九一一	明治四四	四・一七	黒漆太刀（宝寿丸）、国宝に指定。
一九一二	大正　元	八・一七	鰭崎永朋、御嶽の日本武尊伝説により「武尊深山跋渉図」の大額を画き、奉納される（拝殿に現存）。
一九一三	大正　二	六・二〇	都新聞の中里介山『名栗の奥』に高水山からの遠望として「御嶽山がよく見える。林正樹の家であろう。屋根の色まで歴々と見ゆる」と記述。これ以前、御嶽登山したことを示唆する。
		九・一二	中里介山、都新聞に『大菩薩峠―甲源一刀流の巻』の執筆開始。御嶽の甲冑埋納伝説と紫裾濃鎧について後章で言及する。
一九一八	大正　七	四・　八	円文螺鈿鏡鞍、国宝に指定。鞍・韂・鐙・鞦一具。
一九二二	大正一一	五・二〇〜二八	松岡映丘、金鈴社第七回展に『御嶽』（『春の山』『春の御嶽』とも）出品。本社から日の出山方面の尾根の景色を描く。この頃、映丘は御嶽に登山したか。昭和一五年八月号『塔影』松岡映丘追悼号には『春の山』「御嶽の山頂神社附近の春景」と解説される。

一九二三	大正一二	八・一三	関保之助門人で京都の画家の山田紫光(栄太郎。後に吉川霊華、前田青邨の門下)が御嶽登山、甲冑調査(手拓本『集古十種』)。
一九二四	大正一三	三・―	鷲尾順敬、二日にわたり御嶽山採訪。「武蔵御嶽神社神仏分離の始末」として、『明治維新神仏分離史料』に収載。
一九二五	大正一四	三・	東京府より『東京府史蹟名勝天然記念物調査報告書』(第三冊)刊行。
			右報告書に、帝室博物館審査官の後藤守一・画家の堀越紫郷(梶田半古門人)により、御嶽山の武具甲冑や仏具について詳細な調査報告がなされる。コロタイプ写真二五図版収載。
		四・	『武蔵野』(武蔵野会編)五〇巻五号六号合併号(御嶽山特集号)に、山上八郎が「御嶽神社の甲冑と馬具」執筆。二領の鎧を対比論考。鞍・太刀も論考。
一九二七	昭和　二	五・二五	前田青邨、「かねてからあこがれていた御岳山に梶田(半古)先生同門の堀越紫郷氏と同行はじめて登山」「御師の須崎宮次(治)氏の家に泊まり何かと便宜を得」「ほととぎすや、郭公の声をききながら宝庫で」鎧を写生する(『日本の冑』)。
一九二八	昭和　三	二・　八	町場の「神代欅」が国の天然記念物に指定。
		六・二〇	山上八郎著『日本甲冑の新研究』上・下二巻(倭文社)刊行。御嶽の二領の大鎧写真は口絵等に収載。翌年、学士院賞受賞。
一九二九	昭和　四		前田青邨、『洞窟の頼朝』で御嶽の赤糸威を描く(頼朝着用)。第一六回院展に出品し、翌年ローマの日本美術展に出品。朝日文化賞受賞。
			松岡映丘、「屋島の義経」で御嶽の赤糸威を紫裾濃の威色で描く(義経着用)。翌年ローマの日本美術展へ出品。
			小堀鞆音監修で、門下の磯田長秋・伊藤紅雲・小山栄達・丹波緑川が模造鎧制作。栄達は御嶽の赤糸威を黒韋威として模造する。
一九三六	昭和一一	五・　一	『多摩史談』第四―二(多摩神事祭礼号)に御嶽の「日の出祭」についての犬高常彦と須崎茂の山上の神職二氏の論考収載。
一九三六	昭和一一		新文展に石塚晃溪が春の奥の院を描いた『男具那之峯』を出品(同展図録)。
一九三七	昭和一二	三・　一	松岡映丘、国画院一回展に『矢表』出品。赤糸威型の紫裾鎧を描く(義経着用)。

一九三七	昭和一二	四・	磯田長秋、講談社の絵本『教訓画集』に鵯越の畠山重忠を赤糸威の鎧着用で描く。
			昭和七・八年頃、小野田光彦が模造した御嶽の赤糸威鎧を東京帝室博物館（東博）が購入。威糸は茜染で深見重助、金物は藤島三郎制作。東博所蔵。
一九三九	昭和一四	三・一	満州重工業開発会社総裁の鮎川義介より、満州国建国七周年の記念として、皇帝へ御嶽の赤糸威鎧を復元して献上する（山上八郎監修、明珍宗義・宗恭制作。鍬形・小具足など補作）。
一九四〇	昭和一五	一一・	紀元二千六百年奉祝美術展で、安田靫彦が「義経参着」を出品。紫裾濃着用の義経を描く。
一九四一	昭和一六	九・	六回院展に、安田靫彦が赤糸威と頼朝を描き左隻とし、『義経参着』を右隻に組み合せて、『黄瀬川の陣』一双として出品。
		一二・八	関保之助が御嶽登山。明治三六年甲冑工石井善之助の修理風景の写真二枚を再奉納（社蔵写真裏書）。
一九四八	昭和二三	四・二七	旧本殿（元禄一三年造営）・宝壽丸太刀・鉄製俵が国重要美術品に指定。
一九五二	昭和二七	一一・三	旧本殿と銅製鰐口（建武四年銘）が都の有形文化財指定となる。
		一一・二	赤糸威（大）鎧が国宝に指定。
一九五五	昭和三〇	一一・三	社殿・境内が市の史蹟に指定。
一九五七	昭和三二	二・一九	「円文螺鈿鏡鞍」が国宝に指定。鞍・鐙・轡・鞦ともに。
		三・一	『日本の冑―前田青邨スケッチ集』（限定二〇〇部・六八図・解説鈴木敬三。一九五七年一〇月、中央公論美術出版）に赤糸威兜のスケッチ収載のために、前田青邨、御嶽山へ登山し、制作。須崎茂方へ宿泊。
			赤糸威二図はこの時のもの。紫裾濃一図は昭和二年のもの。
		四・二五	安永年代、江戸真先稲荷より伝承とされる太々神楽が都の無形文化財に指定。
一九六〇	昭和三五	一一・三	御嶽山一の鳥居（御岳一丁目）が市史蹟に指定。
一九六四	昭和三九	一一・二三	御嶽菅笠道中記版木（俵坊靱矢家蔵）が都の有形文化財に指定。
			金井家所蔵の大般若経残欠等一括が市有形文化財に指定。
一九六八	昭和四三	一一・三	元禄一三年寄進の神輿・釣燈籠（大久保石見守寄進）・縣仏・蒔絵鞍（一具）・神楽面（六校）・黒漆三組大盃が市の有形文化財に指定。また滝本の大杉・参道杉並木が市の天然記念物に指定。

一九七六	昭和五一	一〇・一	現「宝物館」開館（昭和四九年解体の元禄一三年造営の鐘楼と嘉永年代の額殿跡地）。
		一一・三	元禄造営時寄進かとされる金小札段威二枚胴具足、また金剛丸鞘太刀拵二口・兵具鎖太刀拵残欠（二連）・金銅長覆輪太刀拵残欠など中世太刀装が市有形文化財に指定。
一九七九	昭和五四	一二・八	『甲冑素描集』（中村春泥画・鈴木敬三解説。吉川弘文館）に御嶽の鎧二領収載。
一九八四	昭和五九		『東京都指定有形文化財武蔵御嶽神社旧本殿修理工事報告書』刊行。
一九八九	平成元	三・二四	馬場家御師住宅（井戸端馬場家居住）が都の有形文化財に指定。
一九九三	平成五	一一・一八	武蔵御嶽神社より社報『武州みたけ』創刊。年二回刊。平成二七年九月現在四五号刊。連載は「神社の杜」四五回目。「宝物シリーズ」二五回目（隔回）。
一九九六	平成八	三・三一	平成五年より青梅市事業、赤糸威鎧復元、模造完工。制作西岡文夫による。監修は山岸素夫・齋藤愼一。 「武蔵御嶽神社所蔵　国宝赤糸威鎧」市教委より刊行。調査研究編の執筆は山岸素夫・齋藤愼一。制作編の執筆は西岡文夫・西岡千鶴。

武州御嶽山 主要研究文献解説

滝 沢　博

「武州御嶽山史の研究」（齋藤典男著・昭和45年1月・隣人社刊。平成5年11月・文献出版より復刊）

この著作は、のちに述べる「武州御嶽山信仰史の研究」の著者である西海賢二氏が、その「まえがき」で「武州御嶽山に関連した論考はかなりにのぼるが、本格的に研究されたものは、齋藤典男氏のものであり、これ一冊をもってして武州御嶽山史を語れるといっても過言ではないと思わわる」と評されているように、御嶽山の研究では第一級の著作であると思われる。蔵王権現から始まって、その後の神社史と、神社経営の主要な役割を果してきた大宮司・御師集団・そして世尊寺の社僧による「三方・相談」による実態など、この書によって始めて明らかにされたものである。

本書の成立について齋藤氏はつぎのように「はしがき」で述べられている。

> 1960年８月、当時立正大学院在学中の筆者は、東京都教育委員会の嘱託として、東京都文化財総合調査団古文書班の一員であった。(中略)以降、個人的な調査としてではあるが(中略)約四年間にわたって(中略)登山すること数十回におよんだ。結果、とうとうこれを大学院の卒論のテーマとすることになった(中略)。そして一九六七年六月、青梅市教育委員会の滝沢博氏に筆者の卒業論文をお見せしたところ、氏がこれに大いに共感を示されて印刷刊行することを勧められ、一九六七年十月、滝沢氏の紹介にて隣人社の宮沢氏にお会いし、(中略)ここに日本史研究叢書シリーズの一巻として出版されることとなったのである。

このように私にとっても30数年前からの、大変かかわりのある印象の深い著作である。

しかしながら、齋藤氏も著作の中で延べられているように、実は、齋藤氏が大いに参考とした著作が. すでに戦前書きあげられ、原稿のままであったが、御岳山上御師の片柳太郎氏のところに保管されていたのである。その著書名は「稿本 武州御嶽権現御師の研究」というものであった。

「稿本 武州御嶽権現御師の研究」（福島恒春著）

この書が書きあげられた年代を、齋藤氏は昭和10年頃とされている。御岳山のケーブルカーの記述などから、この年頃から昭和16〜7年頃の著作と思われる。刊行はされず、原稿は片柳太郎氏が保管されているが、昭和24年頃、物資が極度に不足していた時代、片柳氏は他の若手御師数人の協力を得て、ガリ版刷のものを発行しており、今回の調査では、藤本荘（片柳三郎家）と丸山荘（黒田忠雄家）で、それぞれ手にとってみることができた。揃いの更紙が手に入らなかったとみえて、用紙の質も、大きさもまちまちで、印刷も不鮮明であった。内容も、もとの原稿に、かなり補注のような形で片柳氏ほか御師の意見や記述が挿入されており、むしろこれはない方がよかったのではないかと思われる。

もともとこの著作は、戦前のある時期、御嶽神社の社司であった大高某（年代はいまのところ不確定）が若干資料を集めていたらしく、それを子息の大高常彦氏（青山師範学校教授）が更に調査研究を進めたが、多忙のため完成には至らなかった。それを教え子であった福島恒春氏が引き継いで原稿にまとめ、片柳太郎氏に託した、ということのようである。福島氏は戦後、全国中学校長会々長を勤めるような人であり、参議院議員選挙にも立候補したこともあるという（残念ながら落選）。20年程前、80数歳となられており、八王子にお住みであったと聞いている。

いずれにしても、御岳山の戦前における最初の研究であり、立派な著作で、今回の本調査においても基本的な文献であると考えられる。

つぎにあげられる文献として、前にも述べた「武州御嶽山信仰史の研究」をあげることができる。

「武州御嶽山信仰史の研究」（西海賢二著・昭和58年４月・名著出版刊）

この書は、前二著の実績をふまえつつ、主に民俗学の手法をとり入れながら研究をされている。とくに、神社や御師集団の経営・生活基盤をささえてきた関八州にまたがる御嶽講の講集団の実態と御師とのかかわり方に焦点があてられ、その方面で参考になる著作である。

以上が御嶽山神社および御師集団に関する研究の３つの大きな業績であるが、これとは別に、御岳山上の御師であった片柳太郎氏の諸著作を見逃すわけにはいかない。とくに明治・大正・昭和前期・後期の御師の生活の移り変わりなどは、著者が実見し、実体験してきただけに、貴重な証言であると思われる。

幕末から明治初めにかけてのイギリスの外交官アーネスト・サトウの「日本旅行日記」（平成４年１月）の、明治10年４月、同14年７月の、青梅街道沿道の記述や、御岳山上の御師家に宿泊した時の記録は、別の面で御岳山の様子を知ることができ、大宮司であった金井家（御岳山荘）に保存されている古文書（諸外国の外交官やその夫人の旅行許可書の写）の記事と符合するところがあり、興味をひかれるのである、金井家には外交官パークスが宿泊したこともあって、そのウィスキー瓶も保存されており、また使用した石油ランプもあったのであるが、昭和50年代、私が青梅市郷土博物館に勤務していたときに、展示用に借用し、あやまって割ってしまったという苦い経験がある。

また、天保５年に板行された「御嶽山道中記・御嶽菅笠」（現在・御嶽神社で復刻版を販売）の著者・斎藤義彦については、金井家文書等の中にも若干みられるが、「埼玉県人物誌」上巻・昭和38年３月（埼玉県立文化会館）に、約８頁にわたってその事蹟が書かれている。

〔付記〕　本稿は『法政大学多摩地域社会研究センター研究年報』3（1999年）に収録されたものを再録した。

武州御嶽山 研究文献目録

川　崎　　渚

以下の文献などを参考にして作成した。
滝沢博「武州御嶽山の研究・諸論文について」
青梅市郷土博物館編『もっと青梅を知るために―青梅地域史文献目録―』
武蔵御嶽神社及び御師家古文書学術調査団編『古文書にみる武州御嶽山の歴史』

アーネスト・サトウ
「日本旅行記」 1877年(平凡社東洋文庫　1992年所収)
天野佐一郎
「文学上より御嶽山たる御嶽山」『武蔵野』7-5・6（武州御嶽号） 1925年
「御嶽山の今昔」『多麻史談』3-4　1935年
「御嶽神社と其神事」『武蔵野』22-12　1935年
稲葉松三郎・滝沢博(校訂)
『玉川泝源日記』慶友社　1970年
稲村坦元
「御嶽神社の史料・遺物に就いて」『武蔵野』7-5・6（武州御嶽号） 1925年
乾　賢太郎
「御嶽講と信仰―近世から近代への展開―」『古文書にみる武州御嶽山の歴史』岩田書院　2015年
岩橋清美
「武州御嶽山に見るヤマトタケル由緒の創出と展開」『人文研究紀要』68・創立30周年記念号Ⅱ　中央大学人文科学研究所　2010年
靫矢嘉史
「近世神主と幕府権威―寺社奉行所席次向上活動を例に―」『歴史学研究』803　2005年
「武州御嶽山の近世的成立―武蔵国地域大社の一事例として―」早稲田中・高等学校『早稲田―研究と実践―』31　2009年
「近世武州御嶽山の神社と神職」『多摩のあゆみ』145　2012年

「在地神職の秩序意識―武州御嶽山を事例に―」『歴史評論』743　2012年
＊本書に改題のうえ収録。
「御師と神社―武州御嶽山御師の特色―」『古文書にみる武州御嶽山の歴史』岩田書院　2015年
青梅市教育委員会
『古文書目録(御岳山文書)』『青梅市史史料集』7　1967年
『武蔵御嶽神社国宝赤糸威鎧―調査考察・復元模造報告書―』　1997年
青梅市郷土博物館
「御岳山の板碑等調査」『青梅市文化財保護指導員会活動報告書』3　1987年
『もっと青梅を知るために―青梅地域史文献目録―』　1998年
大石真人
「武州御嶽をめぐる雨乞」『あしなか』40　1954年
大高常彦
「御嶽神社の日出祭」『多麻史談』4-2　1936年
大高常彦・木代修一
「近世に於ける武州御嶽御師の生活」『史潮』6-3　1936年
数馬広二
「武州御嶽山における剣術流派に関する一研究―天然理心流を中心として―」『日本武道学会第27回大会発表抄録』　1994年
片柳太郎
「武蔵御岳山昔語り」『西多摩郷土研究』3　1952年
「武蔵御岳山史年表」『西多摩郷土研究』8　1953年
「武蔵御岳山太々神楽について」『西多摩郷土研究』17　1955年
「武州御嶽昔語り(前編)」御嶽山　1956年
「武州御嶽昔語り(后編)」御嶽講真神部　1956年
「武州みたけ昔語り　続編(御師巻・部落巻・合冊)」御嶽山　1959年
『御嶽講来し方遥かに』御嶽講真神部　1962年
葛飾区郷土と天文の博物館
『かつしかブックレット4・新小岩御〆講―武蔵御岳神社奉納大しめ縄141年―』　1994年
加藤章一
「武州御嶽の信仰について」『宗教研究』35-3　1961年
「神仏分離と御嶽御師」『宗教研究』36-3　1963年

「神仏分離と御嶽信仰」『日本民俗学』128　1980年
金井国俊
「武蔵御嶽神社の素面神楽と面神楽について」『青梅市文化財保護指導委員会活動報告書』8　1992年
「武蔵御嶽神社式年大祭覚え書き」『青梅市文化財保護指導委員会活動報告書』10　1994年
金山正好
「武州御嶽山の大般若経」『多摩郷土研究』59　1985年
木代修一
「近世における武州御岳御師の生活」『日光山と関東の修験道』〈山岳宗教史研究叢書8〉名著出版　1979年
菊池山哉
「御嶽神社の太占祭」『多麻史談』4-2　1936年
黒田　耕
「神道家齋藤義彦大人について―「御嶽菅笠」作者の生涯―」『武州みたけ』35　武蔵御嶽神社編集　2010年
国学院大学史学会
「武州御嶽神社の研究」『武蔵野』39　1960年
国立国会図書館　山書を読む会
『御嶽山一石山紀行』国会国立図書館　1980年
齋藤愼一
「御岳神社大鎧偶感―杣と漆と壬生平氏―」『多摩郷土研究』47　1975年
「国宝 赤糸縅鎧」『武州みたけ』2　武蔵御嶽神社編　1994年
「市指定文化財 釣燈籠」『武州みたけ』3　1994年
「国宝 赤糸威大鎧の古い鍰」『武州みたけ』4　1995年
「都指定有形文化財 銅製鍔鰐口」『武州みたけ』5　1995年
「重要美術品 鉄製俵」『武州みたけ』6　1996年
「国宝 円文螺鈿鞍」『武州みたけ』7　1996年
『御嶽菅笠を読む―御神宝青梅街道をゆく―』御岳山観光協会主催御嶽山文化講座第3回レジュメ　1996年
『八代将軍吉宗と御嶽の御神宝』御岳山観光協会主催御嶽山文化講座第5回レジュメ　1997年
『武蔵御嶽神社の流鏑馬神事』御岳山観光協会主催御嶽山文化講座第6回レジュメ　1998年

『武蔵御嶽山と日本武尊伝説―白き狼と甲冑―』御岳山観光協会主催御嶽山文化講座第7回レジュメ　1998年
「金剛蔵王権現の懸仏」『武州みたけ』14　2000年
「三鱗紋兵具鎖太刀の帯執金物」『武州みたけ』16　2001年
「鍍金長覆輪太刀」『武州みたけ』18　2002年
「黒漆太刀―宝壽丸―」『武州みたけ』20　2003年
「倶利伽羅太刀」『武州みたけ』22　2004年
「両面亀甲の組紐と模造・奉納の記」『武州みたけ』25　2005年
「「将軍上覧」と『集古十種』―武蔵御嶽神宝の存在感―」『歴史的環境の形成と地域づくり』法政大学地域研究センター叢書5　名著出版　2005年
「紫裾濃大鎧の古い緘」『武州みたけ』29　2007年
「紫裾濃大鎧の兜」『武州みたけ』31　2008年
「紫裾濃鎧の大袖」『武州みたけ』33　2009年
「紫裾濃鎧の銅」『武州みたけ』35　2010年
「紫裾濃鎧の脇楯」『武州みたけ』37　2011年
「紫裾濃鎧の栴檀板」『武州みたけ』39　2012年
「紫裾濃鎧の鳩尾板」『武州みたけ』41　2013年
「円文螺鈿鞍の三鞦」『武州みたけ』43　2014年
「円文螺鈿鏡鞍・杏葉形宝珠透文鉄轡」『武州みたけ』45　2015年
「日の出祭と流鏑馬祭―中世の祭礼―」『古文書にみる武州御嶽山の歴史』岩田書院　2015年
「将軍上覧と御嶽御神宝」『古文書にみる武州御嶽山の歴史』岩田書院　2015年
「国宝 円文螺鈿鏡鞍 一具」『武州みたけ』47　2016年

斎藤梅郁

「御嶽山と御嶽菅笠」『多麻史談』3-2　1935年
「武州御嶽大嶽の研究」『史蹟名勝天然記念物』13-10、14-2・3・8　1939年

齋藤典男

『武州御嶽山史の研究』隣人社　1970年（文献出版復刻 1993年）

斎藤義彦

『御嶽山道中記・御嶽菅笠』　1834年

佐藤虎雄

「武州御嶽の蔵王権現」『神道史研究』6-5　1958年
「武州御嶽考―特に蔵王権現について―」『天理大学学報』26　1958年

清水　利
「御嶽山麓の洪水防石と北島美知衛翁」『多麻史談』8-1　1940年
須崎　茂
「再び御嶽神社太占祭に就いて」『多麻史談』11-1　1943年
角田清美
「御岳渓谷の温泉群」『青梅市文化財保護指導員活動報告書』13　1997年
関口恒雄
「御嶽山関連鎌倉時代文書の信憑性をめぐって―『鎌倉遺文』データベース利用の一例―」『経済志林』66-3・4　1999年
世田谷区立郷土資料館
『特別展社寺参詣と代参講図録』　1992年
滝沢　博
「武州御嶽山の研究・諸論文について」『法政大学多摩地域社会研究センター研究年報』3　1999年
多摩郷土研究の会
『御岳菅笠道中記(天保5年刊復刻版)』　1970年
鶴岡春三郎
「御嶽山と狼信仰」『武蔵野』7-5・6（武州御嶽号）　1925年
東京都教育委員会
『青梅市御岳神社御師集落文化財調査報告』　1986年
東京都教育庁社会教育部文化課
『青梅市御岳神社御師集落文化財調査報告』　1986年
東京都教育庁生涯学習部文化課
『歴史の道調査報告書第三集青梅街道』　1995年
鳥居龍蔵
「御嶽の有史以前」『武蔵野』7-5・6（武州御岳号）　1925年
長沢利明
「武州御嶽講と代参」『西郊民俗』172　2000年
「武州御嶽講と御師の配札」『西郊民俗』174　2001年
中島利一郎
「御嶽山の狼信仰と亜細亜地方系民族」『武蔵野』25-3　1938年
西海賢二
「武州御嶽講の様相」、『歴史研究』176、新人物往来社　1975年
「武州御嶽講の成立と展開」『多摩郷土研究』50　1976年

「武州御嶽山信仰と講社」『日光山と関東の修験道』〈山岳宗教史研究叢書8〉　名著出版　1979年
「近世山岳信仰の一断面―武州御嶽講を素材にして―」『えとのす』11　1979年
「武州御嶽講の組織と運営」『あしなか』164　山村民俗の会　1979年
『武州御嶽山史料と民俗』泰州学舎　1979年
「武州御嶽山の祭礼諸役について」『常民文化研究』4　1980年
『武州御嶽山信仰史の研究』名著出版　1983年
『山岳信仰と地域社会　上　武州御嶽山信仰』岩田書院　2008年
馬場憲一
「御嶽村の支配と五人組制度―金井家文書「五人組帳」より―」『多摩のあゆみ』123　2006年
「武州御嶽権現社の江戸開帳―金井家文書「江戸護国寺での出開帳許可願書」より―」『多摩のあゆみ』131　2008年
「武州御嶽権現社の御免勧化―金井家文書「武相甲三ヶ国御免勧化許可願書」より―」『多摩のあゆみ』132　2008年
「武州御嶽権現社の富籤興行―金井家文書「富興行諸入用取決め一札」より―」『多摩のあゆみ』133　2009年
「八王子千人同心の地誌探索補充調査―金井家文書「世尊寺につき問合せ覚」より―」『多摩のあゆみ』139　2010年
「武州御嶽山の御師と檀那―馬場猛仲家文書「檀那売り渡し手形」より―」『多摩のあゆみ』145　2012年
「武州御嶽山の社殿修復と資金調達」『古文書にみる武州御嶽山の歴史』岩田書院　2015年
原島貞一
「奥多摩籠城の武士団―御岳神社の社宝をめぐって―」『多摩郷土研究』52　1978年
福島恒春
『稿本武州御嶽権現御師の研究』未刊行　1935～1944年
古谷　清
「武州御嶽山記事」『郷土研究』3-4　1925年
御嶽神社
『御嶽神社の祭り』百水社　1996年

峰岸直太郎
「玉川兄弟の御岳山遙拝所跡」『多摩郷土研究』62　1990年
三輪善之助
「御嶽山上の遺物」『武蔵野』7-5・6（武州御嶽号）　1925年
武蔵御嶽神社修理委員会
『東京都指定有形文化財　武蔵御嶽神社旧本殿修理工事報告書』　1983年
武蔵御嶽神社及び御師家古文書学術調査団編
『武蔵御嶽神社及び御師家古文書学術調査報告書（Ⅰ）―金井家文書目録―』法政大学多摩地域社会研究センター・青梅市教育委員会　2001年
『武蔵御嶽神社及び御師家古文書学術調査報告書（Ⅱ）　武州御嶽山文書第一巻―金井家文書(1)―』法政大学・青梅市教育委員会　2004年
『武蔵御嶽神社及び御師家古文書学術調査報告書（Ⅲ）　武州御嶽山文書第二巻―金井家文書(2)―』　2005年
『武蔵御嶽神社及び御師家古文書学術調査報告書（Ⅳ）　武州御嶽山文書第三巻―金井家文書(3)―』　2009年
『武蔵御嶽神社及び御師家古文書学術調査報告書（Ⅴ）　武州御嶽山文書第四巻―金井家文書(4)―』　2010年
『武蔵御嶽神社及び御師家古文書学術調査報告書（Ⅶ）　片柳三郎家文書目録・片柳光雄家文書目録・北島浩之家文書目録・黒田忠雄家文書目録・須崎裕家文書目録・服部喜助家文書目録』　2011年
『古文書にみる武州御嶽山の歴史』　岩田書院　2015年
村上　直
「大久保長安と武蔵御嶽神社」『法政大学多摩地域社会研究センター研究年報』3　1999年　＊本書に再録
「近世初期の武州御嶽山」『古文書にみる武州御嶽山の歴史』岩田書院　2015年
森田聖子
「喜多見の御嶽講」『世田谷区文化財調査報告集』9　世田谷区教育委員会　1998年
山上八郎
「御嶽神社の甲冑と馬具」『武蔵野』7-5・6（武州御嶽号）　1925年
山口昭博
「武州御岳御師の旦廻活動―天保期を中心として―」『青梅市御岳集落文化財調査報告』東京都教育庁社会教育部文化課　1986年

米崎清実
　「御嶽山の参詣と観光」『古文書にみる武州御嶽山の歴史』岩田書院　2015年
鷲尾順敬
　「武州御嶽社神仏分離の始末」『新編明治維新神仏分離史料』3　名著出版　1983年

あとがき

ここでは、本書が刊行されるに至った「武蔵御嶽神社及び御師家古文書学術調査」の取り組みの経緯とその調査活動の成果などを述べ「あとがき」とする。

調査の経緯

本書刊行の契機となった「武蔵御嶽神社及び御師家古文書学術調査」は一九九五年から法政大学と青梅市教育委員会とが共同で行ってきた調査である。法政大学がこの学術調査に取り組むことになったのは、今から三十四年前の一九八四年四月に、法政大学の一部の学部が都心から移転し東京都町田市に多摩キャンパスが開設された時に遡る。多摩キャンパス開設とともに、法政大学では「幅広い活発な学問研究および教育の活動を通じて、地域社会との文化的交流を積極的に促進する」ために東京都の西部に位置する多摩地域の古文書学術調査事業を計画し、一九八六年から八王子市高尾町の高尾山薬王院所蔵の古文書調査、一九九二年からは日野市高幡の高幡山金剛寺所蔵の古文書調査を行ってきた。その古文書学術調査の最後に挙がっていたのが、青梅市御岳山の武蔵御嶽神社及び御師家で所蔵する古文書の調査であった。

その武蔵御嶽神社と御師家が所蔵する古文書調査は一九九五年、法政大学と青梅市教育委員会との間で協定を結んで共同で実施することとなり、同年十月に調査団が結成され、予備調査が開始された。予備調査は一九九九年三月まで続けられ、武蔵御嶽神社と一七軒の御師家の古文書約四万七〇〇〇点の状況を把握することができ、予備調査の結果、その後、一期五年とし全体で五期二十五年をかけて本格調査に取り組むことになった。

そして、一九九九年四月から第一期の本格調査（団長・村上直名誉教授。二〇一〇年度からは筆者が団長を担当。調査団委員は文末に掲載）が始まり、二〇〇四年度末までに古文書目録一冊、史料集二冊を刊行し、調査対象とした古文書のマイクロフィルム撮影を行った。続いて第二期調査は二〇〇五年度からスタートすることになるが、調査に先立って諸般の事情から本格調査については当初の計画を変更し、予算を縮小し調査期間も残り二期十年に短縮して行うことを確認して開始した。第二期調査はほぼ順調に進み二〇〇九年度末までに六軒の御師家の古文書目録と史料集二冊を刊行し、調査対象の古文書のマイクロフィルム撮影も行った。

二〇一〇年度からは第三期学術調査を開始し、八軒の御師家と武蔵御嶽神社の所蔵古文書を調査対象とし、それら古文書のデジタル撮影を行い、古文書目録二冊と史料集一冊、さらに市民向け図書と研究論文集を公刊することとし、二〇一五年度末に一九九五年十月から始めた本学術調査を終了した。

調査活動の成果と公表

前述のような調査活動の中で、予備調査が開始されてから三年目の一九九八年十一月十日に青梅市民を対象に武蔵御嶽神社がある御岳山の東京都御岳ビジターセンターで「公開講演会イン御岳山」を開催し、村上直団長の「大久保長安と武蔵御嶽神社」と題した講演と、筆者による予備調査の成果と今後の本格調査での取り組みなどが報告された。二〇〇四年十月二十八日付の東京都多摩地域のタウン誌『アサヒタウンズ』には本学術調査が取り上げられ、大学・自治体、さらに市民の協力の下での共同研究によって地域史研究の進展に資するとともに、地域文化の向上に貢献してきていることが紹介され、本学術調査の社会的意義が広く認められることになった。同時に同年十二月五日に法政大学の多摩キャンパス開設二十周年を記念して、多摩地域の市民を対象にしたシンポジウム「多摩の古社寺と文化遺産―高尾山薬王院・高幡山金剛寺・武蔵御嶽神社の歴史と文化財―」が八王子市学園都市センターで開催されたが、その折には本学術調査団の齋藤愼一氏や筆者から、調査で明らかになった歴史的な事実などが報告され、当日参加した研究者・市民など二五〇名余の人たちに研究成果の一部が披露された。また二〇一一年一月～四月に東京都江戸東京博物館の分館江戸東京たてもの園（小金井市）で開催された特別展「武蔵御嶽神社と高尾山薬王院」に本学術調査団がこれまで行ってきた調査研究の成果を提供し、調査団の齋藤愼一・靱矢嘉史両氏が記念講演を行った。来館者の感想は好評で、本学術調査が都民にも広く知られることになった。

一方、一九九五年以来実施してきた本学術調査を通して明らかになった研究成果を社会に還元し、御嶽山の歴史を知ってもらうことを目的に、二〇一三年九月から十二月にかけて、市民を対象に調査団のメンバーが分担して連続講座「古文書にみる武州御嶽山の歴史」（全七回）を開催し延べ六〇〇名以上が受講し好評を博した。

刊行物等の調査成果

予備調査・本格調査と二十年余の歳月をかけて実施してきた本学術調査であるが、この調査期間に、調査対象とした古文書の保存と活用を目的に、調査対象とした古文書のほぼ全てをマイクロフィルムで撮影しデジタル化するとともに現像写真版冊子を作成した。同時に調査成果として本書以外に左記のような刊行物を発行した。

(1)古文書目録（発行はいずれも、法政大学・青梅市教育委員会）

・『武蔵御嶽神社及び御師家古文書学術調査報告（Ⅰ）―金井家文書目録―』（二〇〇一年三月）

・『武蔵御嶽神社及び御師家古文書学術調査報告（Ⅵ）―片柳三郎文書目録―』（二〇一〇年三月）

・『武蔵御嶽神社及び御師家古文書学術調査報告(Ⅶ)―片柳光雄家文書目録―』(二〇一〇年三月)
・『武蔵御嶽神社及び御師家古文書学術調査報告(Ⅷ)―北島浩之家文書目録―』(二〇一〇年三月)
・『武蔵御嶽神社及び御師家古文書学術調査報告(Ⅸ)―黒田忠雄家文書目録―』(二〇一〇年三月)
・『武蔵御嶽神社及び御師家古文書学術調査報告(Ⅹ)―須崎裕家文書目録―』(二〇一〇年三月)
・『武蔵御嶽神社及び御師家古文書学術調査報告(Ⅺ)―服部喜助家文書目録―』(二〇一〇年三月)
・『武蔵御嶽神社及び御師家古文書学術調査報告(Ⅻ)―片柳三郎家文書目録 片柳光雄家文書目録 北島浩之家文書目録 黒田忠雄家文書目録 須崎裕家文書目録 服部喜助家文書目録―』(二〇一一年三月)
・『武蔵御嶽神社及び御師家古文書学術調査報告(ⅩⅢ)―青木正次家文書目録 靱矢栄三家文書目録 北島泰年家文書目録 影山隆久氏所蔵(齋藤家)文書目録 久保田英明家文書目録 鈴木伊織家文書目録 橋本傳家文書目録 馬場満家文書目録 武蔵御嶽神社(月番箱)文書目録―』(二〇一五年三月)

(2)史料集(発行はいずれも、法政大学・青梅市教育委員会)
・『武蔵御嶽神社及び御師家古文書学術調査報告(Ⅱ) 武州御嶽山文書 第一巻―金井家文書(1)―』(二〇〇四年三月)
・『武蔵御嶽神社及び御師家古文書学術調査報告(Ⅲ) 武州御嶽山文書 第二巻―金井家文書(2)―』(二〇〇五年三月)
・『武蔵御嶽神社及び御師家古文書学術調査報告(Ⅳ) 武州御嶽山文書 第三巻―金井家文書(3)―』(二〇〇九年三月)
・『武蔵御嶽神社及び御師家古文書学術調査報告(Ⅴ) 武州御嶽山文書 第四巻―金井家文書(4)―』(二〇一〇年三月)
・『武蔵御嶽神社及び御師家古文書学術調査報告(ⅩⅣ) 武州御嶽山文書 第五巻―御師諸家文書―』(二〇一六年三月)

(3)市民向け図書
・『古文書にみる武州御嶽山の歴史』(岩田書院 二〇一五年三月)

以上、本書の「あとがき」として、本書刊行の契機となった学術調査の経緯とその調査活動で得られた成果の公表状況、さらに刊行物等の成果について述べてきたが、本書は二十年余におよぶ調査研究の総仕上げとして刊行したものである。ご一読の上、学術研究の成果とともに、東京都の多摩地域で初めて大学と自治体が協定を結び、古文書の目録作成や解読などに市民の方々の参加を仰ぎ、大学と地元の研究者との共同で調査研究を実施し、時代の先駆けとなる画期的な試みの中から誕生した一書として、本書を記憶に留めていただければ幸いである。

二〇一八年二月一日

武蔵御嶽神社及び御師家古文書学術調査団　団長

馬場　憲一

【調査団委員】

村上　直　　齋藤　愼一

滝沢　博　　米崎　清実

靱矢　嘉史　　乾　賢太郎

齋藤　慎一（さいとう・しんいち）1934年生まれ
元 東京都立立川高等学校教諭
『青梅市の板碑』（青梅市教育委員会、1980年）
『国宝赤糸威鎧』（共同執筆、青梅市教育委員会、1997年）
「「将軍上覧」と『集古十種』」
（馬場憲一編『歴史的環境の形成と地域づくり』名著出版、2005年）

滝沢　　博（たきざわ・ひろし）1936年生まれ
元 青梅市史編纂担当主幹
『青梅市史』（1966年）
『羽村町史』（1972年）
『増補改訂 青梅市史』上下（1995年）
『青梅市史史料集』第1～51巻 等の編纂に携わる

川崎　　渚（かわさき・なぎさ）1985年生まれ
元 羽村市郷土博物館学芸員
「神仏分離の一考察－武州日原村を中心に－」（『明日へ翔ぶ』2、風間書房、2011年）
「西多摩村（現羽村市）の二つの駅」（『羽村市郷土博物館紀要』29、2015年）

【執筆者紹介】　掲載順

村上　　直（むらかみ・ただし）1925年生まれ　2014年2月10日逝去
元 法政大学名誉教授
『天領』（人物往来社、1965年）
『江戸幕府の代官群像』（同成社、1997年）
『論集 代官頭大久保長安の研究』（揺籃社、2013年）

靭矢　嘉史（うつぼや・よしふみ）1976年生まれ
早稲田中学校・高等学校教諭
「近世神主と幕府権威－寺社奉行所席次向上活動を例に－」（『歴史学研究』803、2005年）
「神職の集団化と幕府支配－武蔵国独礼神主層を事例に－」
（井上智勝・高埜利彦編『近世の宗教と社会2 国家権力と宗教』吉川弘文館、2008年）
「近世前期の在地神職組織－武蔵国西部「北野方」を事例に－」
（『早稲田－研究と実践－』37、早稲田中学校・高等学校、2015年）

馬場　憲一（ばば・けんいち）1947年生まれ
法政大学大学院教授
『近世都市周辺の村落と民衆』（雄山閣出版、1995年）
『大久保長安に迫る－徳川家康を支えた総代官－』（共著、揺籃社、2013年）
「近世における高尾山薬王院の歴史－古文書調査活動と地域史像の創出を踏まえて－」
（『山岳修験』58、2016年）

米崎　清実（よねざき・きよみ）1959年生まれ
武蔵野市立武蔵野ふるさと歴史館学芸員
『蜷川式胤「奈良の筋道」』（中央公論美術出版、2005年）
「近世後期における多摩の寺院と地域社会－後住選任、什物管理をめぐって－」
（馬場憲一編『歴史的環境の形成と地域づくり』名著出版、2005年）
「村の定杭－近世後期の公共圏の境界－」（『法政史学』64、2005年）

乾　賢太郎（いぬい・けんたろう）1979年生まれ
大田区立郷土博物館学芸員
「職縁が結ぶ参拝講－八王子市内の高尾山講を事例に－」
（長谷部八朗編『「講」研究の可能性』2013年、慶友社）
「御嶽講と信仰－近世から近代への展開－」（武蔵御嶽神社及び御師家古文書学術調査団編『古文書にみる武州御嶽山の歴史』2015年、岩田書院）
「髙尾山と鉄道開発－京王電鉄を事例に－」（『山岳修験』58、2016年）

武州《ぶしゅう》御嶽《みたけ》山《さん》の史的研究

2018年（平成30年）3月　第1刷　350部発行　　**定価［本体5,400円＋税］**

編　者　武蔵《むさし》御嶽《みたけ》神社《じんじゃ》及び御師《おし》家《け》古文書《こもんじょ》学術調査団（団長：馬場憲一）

発行所　有限会社岩田書院　代表：岩田　博　　http://www.iwata-shoin.co.jp

〒157-0062 東京都世田谷区南烏山4-25-6-103　電話03-3326-3757 FAX03-3326-6788

組版・印刷・製本：新日本印刷

ISBN978-4-86602-030-3 C3031 ¥5400E

			本体価	刊行年月
918	小林　健彦	越後上杉氏と京都雑掌＜戦国史13＞	8800	2015.05
919	西海　賢二	山村の生活史と民具	4000	2015.06
920	保坂　達雄	古代学の風景	3000	2015.06
921	本田　　昇	全国城郭縄張図集成	24000	2015.07
922	多久古文書	佐賀藩多久領 寺社家由緒書＜史料選書４＞	1200	2015.07
923	西島　太郎	松江藩の基礎的研究＜近世史41＞	8400	2015.07
924	根本　誠二	天平期の僧と仏	3400	2015.07
925	木本　好信	藤原北家・京家官人の考察＜古代史11＞	6200	2015.08
926	有安　美加	アワシマ信仰	3600	2015.08
927	全集刊行会	浅井了意全集：仮名草子編５	18800	2015.09
928	山内　治朋	伊予河野氏＜国衆18＞	4800	2015.09
929	池田　仁子	近世金沢の医療と医家＜近世史42＞	6400	2015.09
930	野本　寛一	牛馬民俗誌＜著作集４＞	14800	2015.09
931	四国地域史	「船」からみた四国＜ブックレットH21＞	1500	2015.09
932	阪本・長谷川	熊野那智御師史料＜史料叢刊９＞	4800	2015.09
933	山崎　一司	「花祭り」の意味するもの	6800	2015.09
934	長谷川ほか	修験道史入門	2800	2015.09
935	加賀藩ﾈｯﾄﾜｰｸ	加賀藩武家社会と学問・情報	9800	2015.10
936	橋本　裕之	儀礼と芸能の民俗誌	8400	2015.10
937	飯澤　文夫	地方史文献年鑑2014	25800	2015.10
938	首藤　善樹	修験道聖護院史要覧	11800	2015.10
939	横山　昭男	明治前期の地域経済と社会＜近代史22＞	7800	2015.10
940	柴辻　俊六	真田幸綱・昌幸・信幸・信繁	2800	2015.10
941	斉藤　　司	田中休愚「民間省要」の基礎的研究＜近世史43＞	11800	2015.10
942	黒田　基樹	北条氏房＜国衆19＞	4600	2015.11
943	鈴木　将典	戦国大名武田氏の領国支配＜戦国史14＞	8000	2015.12
944	加増　啓二	東京北東地域の中世的空間＜地域の中世16＞	3000	2015.12
945	板谷　　徹	近世琉球の王府芸能と唐・大和	9900	2016.01
946	長谷川裕子	戦国期の地域権力と惣国一揆＜中世史28＞	7900	2016.01
947	月井　　剛	戦国期地域権力と起請文＜地域の中世17＞	2200	2016.01
948	菅原　壽清	シャーマニズムとはなにか	11800	2016.02
950	荒武賢一朗	東北からみえる近世・近現代	6000	2016.02
951	佐々木美智子	「産む性」と現代社会	9500	2016.02
952	同編集委員会	幕末佐賀藩の科学技術 上	8500	2016.02
953	同編集委員会	幕末佐賀藩の科学技術 下	8500	2016.02
954	長谷川賢二	修験道組織の形成と地域社会	7000	2016.03
955	木野　主計	近代日本の歴史認識再考	7000	2016.03
956	五十川伸矢	東アジア梵鐘生産史の研究	6800	2016.03

岩田書院 刊行案内（25）

			本体価	刊行年月
957	神崎　直美	幕末大名夫人の知的好奇心	2700	2016.03
958	岩下　哲典	城下町と日本人の心性	7000	2016.03
959	福原・西岡他	一式造り物の民俗行事	6000	2016.04
960	福嶋・後藤他	廣澤寺伝来 小笠原流弓馬故実書＜史料叢刊10＞	14800	2016.04
961	糸賀　茂男	常陸中世武士団の史的考察	7400	2016.05
962	川勝　守生	近世日本石灰史料研究Ⅸ	7900	2016.05
963	所　理喜夫	徳川権力と中近世の地域社会	11000	2016.05
964	大豆生田稔	近江商人の酒造経営と北関東の地域社会	5800	2016.05
000	史料研究会	日本史のまめまめしい知識１＜ぶい＆ぶい新書＞	1000	2016.05
965	上原　兼善	近世琉球貿易史の研究＜近世史44＞	12800	2016.06
967	佐藤　久光	四国遍路の社会学	6800	2016.06
968	浜口　尚	先住民生存捕鯨の文化人類学的研究	3000	2016.07
969	裏　直記	農山漁村の生業環境と祭祀習俗・他界観	12800	2016.07
970	時枝　務	山岳宗教遺跡の研究	6400	2016.07
971	橋本　章	戦国武将英雄譚の誕生	2800	2016.07
972	高岡　徹	戦国期越中の攻防＜中世史30＞	8000	2016.08
973	市村・ほか	中世港町論の射程＜港町の原像・下＞	5600	2016.08
974	小川　雄	徳川権力と海上軍事＜戦国史15＞	8000	2016.09
975	福原・植木	山・鉾・屋台行事	3000	2016.09
976	小田　悦代	呪縛・護法・阿尾奢法＜宗教民俗９＞	6000	2016.10
977	清水　邦彦	中世曹洞宗における地蔵信仰の受容	7400	2016.10
978	飯澤　文夫	地方史文献年鑑2015＜郷土史総覧19＞	25800	2016.10
979	関口　功一	東国の古代地域史	6400	2016.10
980	柴　裕之	織田氏一門＜国衆20＞	5000	2016.11
981	松崎　憲三	民俗信仰の位相	6200	2016.11
982	久下　正史	寺社縁起の形成と展開＜御影民俗22＞	8000	2016.12
983	佐藤　博信	中世東国の政治と経済＜中世東国論６＞	7400	2016.12
984	佐藤　博信	中世東国の社会と文化＜中世東国論７＞	7400	2016.12
985	大島　幸雄	平安後期散逸日記の研究＜古代史12＞	6800	2016.12
986	渡辺　尚志	藩地域の村社会と藩政＜松代藩５＞	8400	2017.11
987	小豆畑　毅	陸奥国の中世石川氏＜地域の中世18＞	3200	2017.02
988	高久　舞	芸能伝承論	8000	2017.02
989	斉藤　司	横浜吉田新田と吉田勘兵衛	3200	2017.02
990	吉岡　孝	八王子千人同心における身分越境＜近世史45＞	7200	2017.03
991	鈴木　哲雄	社会科歴史教育論	8900	2017.04
992	丹治　健蔵	近世関東の水運と商品取引 続々	3000	2017.04
993	西海　賢二	旅する民間宗教者	2600	2017.04
994	同編集委員会	近代日本製鉄・電信の起源	7400	2017.04

岩田書院 刊行案内（26）

			本体価	刊行年月
995	川勝　守生	近世日本石灰史料研究10	7200	2017.05
996	那須　義定	中世の下野那須氏＜地域の中世19＞	3200	2017.05
997	織豊期研究会	織豊期研究の現在	6900	2017.05
000	史料研究会	日本史のまめまめしい知識２＜ぶい&ぶい新書＞	1000	2017.05
998	千野原靖方	出典明記 中世房総史年表	5900	2017.05
999	植木・樋口	民俗文化の伝播と変容	14800	2017.06
000	小林　清治	戦国大名伊達氏の領国支配＜著作集１＞	8800	2017.06
001	河野　昭昌	南北朝期法隆寺雑記＜史料選書５＞	3200	2017.07
002	野本　寛一	民俗誌・海山の間＜著作集５＞	19800	2017.07
003	植松　明石	沖縄新城島民俗誌	6900	2017.07
004	田中　宣一	柳田国男・伝承の「発見」	2600	2017.09
005	横山　住雄	中世美濃遠山氏とその一族＜地域の中世20＞	2800	2017.09
006	中野　達哉	鎌倉寺社の近世	2800	2017.09
007	飯澤　文夫	地方史文献年鑑2016＜郷土史総覧19＞	25800	2017.09
008	関口　　健	法印様の民俗誌	8900	2017.10
009	由谷　裕哉	郷土の記憶・モニュメント＜ブックレットH22＞	1800	2017.10
010	茨城地域史	近世近代移行期の歴史意識・思想・由緒	5600	2017.10
011	斉藤　　司	煙管亭喜荘と「神奈川砂子」＜近世史46＞	6400	2017.10
012	四国地域史	四国の近世城郭＜ブックレットH23＞	1700	2017.10
014	時代考証学会	時代劇メディアが語る歴史	3200	2017.11
015	川村由紀子	江戸・日光の建築職人集団＜近世史47＞	9900	2017.11
016	岸川　雅範	江戸天下祭の研究	8900	2017.11
017	福江　　充	立山信仰と三禅定	8800	2017.11
018	鳥越　皓之	自然の神と環境民俗学	2200	2017.11
019	遠藤ゆり子	中近世の家と村落	8800	2017.12
020	戦国史研究会	戦国期政治史論集　東国編	7400	2017.12
021	戦国史研究会	戦国期政治史論集　西国編	7400	2017.12
022	同文書研究会	誓願寺文書の研究（全２冊）	揃8400	2017.12
024	上野川　勝	古代中世 山寺の考古学	8600	2018.01
025	曽根原　理	徳川時代の異端的宗教	2600	2018.01
026	北村　行遠	近世の宗教と地域社会	8900	2018.02
027	森屋　雅幸	地域文化財の保存・活用とコミュニティ	7200	2018.02
028	松崎・山田	霊山信仰の地域的展開	7000	2018.02
029	谷戸　佑紀	近世前期神宮御師の基礎的研究＜近世史48＞	7400	2018.02
030	秋野　淳一	神田祭の都市祝祭論	13800	2018.02
031	松野　聡子	近世在地修験と地域社会＜近世史48＞	7900	2018.02
032	伊能　秀明	近世法制実務史料 官中秘策＜史料叢刊11＞	8800	2018.03
033	須藤　茂樹	武田親類衆と武田氏権力＜戦国史叢書16＞	8600	2018.03